Robert Lescarbeau
Maurice Payette
Yves St-Arnaud

Profession: consultant

4e édition

gaëtan morin
éditeur

Profession : consultant
4e édition

Robert Lescarbeau, Maurice Payette et Yves St-Arnaud

© Les Presses de l'Université de Sherbrooke, 1985
© Les Presses de l'Université de Montréal, 1990, 1996
© gaëtan morin éditeur ltée, 2003

Révision linguistique : Yvan Dupuis

Données de catalogage avant publication (Canada)

Lescarbeau, Robert

  Profession : consultant

  4e éd.

  Publ. antérieurement sous le titre : *Devenir consultant.*
  Sherbrooke, Québec : Presses de l'Université de
  Sherbrooke, 1985.
  Comprend des réf. bibliogr. et un index.

  ISBN 2-89105-824-0

  1. Consultants.   2. Conseillers de gestion.   I. Payette,
Maurice.   II. St-Arnaud, Yves. 1938-   .   III. Titre.
IV. Titre : Devenir consultant.

HD69.6.L47 2003   658.4'6   C2002-941265-X

gaëtan morin éditeur

CHENELIÈRE ÉDUCATION

7001, boul. Saint-Laurent
Montréal (Québec)
Canada H2S 3E3
Téléphone : (514) 273-1066
Télécopieur : (514) 276-0324
info@cheneliere-education.ca

ISBN 2-89105-824-0

Dépôt légal : 3e trimestre 2003
Bibliothèque nationale du Québec
Bibliothèque nationale du Canada

Imprimé au Canada

2   3   4   5   6   A   09   08   07   06   05

Nous reconnaissons l'aide financière du gouvernement du
Canada par l'entremise du Programme d'aide au développement de l'industrie de l'édition (PADIÉ) pour nos activités
d'édition.

Tableau de la couverture :
Sans titre
Œuvre de **Dimitri Loukas**

Né dans l'île de Chio, en Grèce, Dimitri
Loukas a passé son enfance en France ;
il est maintenant citoyen canadien.
Peintre autodidacte intéressé par le
postcubisme et la géométrisation du
gestuel, il produit des œuvres contenant
de multiples déformations spatiales et
chromatiques des objets et des person-
nages à travers une organisation logique
de lignes fluides.

On trouve ses toiles dans plusieurs
musées et collections privées et
publiques, tant en Amérique du Nord
qu'en Europe. Elles sont présentées à la
Galerie Michel-Ange de Montréal.

DANGER

LE
PHOTOCOPILLAGE
TUE LE LIVRE

Profession: consultant

4ᵉ édition

TABLE DES MATIÈRES

Partie II
La composante méthodologique

CHAPITRE 4

CHAPITRE 5

CHAPITRE 6

PARTIE III
La composante relationnelle

INTRODUCTION

D ans une société organisée, plusieurs types de professionnels ont pour tâche de mettre au service de leurs concitoyens un savoir et un savoir-faire spécialisés. Dans le secteur des sciences humaines, les professions se multiplient : on parle de psychologues, de sociologues, de psychosociologues, de politicologues, de sexologues, de criminologues, de travailleurs sociaux, d'agents de relations humaines, de conseillers matrimoniaux, de conseillers en orientation, de conseillers en gestion, de conseillers en relations de travail, d'experts en ceci ou en cela, etc. Un trait commun à la plupart de ces intervenants est l'exercice d'une fonction-conseil : ils utilisent les connaissances acquises dans leurs disciplines respectives pour résoudre des problèmes ou proposer différents types de changement en réponse aux besoins des individus, des couples, des groupes, des organisations ou des communautés qui font appel à leur expertise. Ils sont tous, en quelque sorte, des experts-conseils.

La notion de consultant est utilisée dans ce volume pour caractériser un type d'intervenant dont la compétence porte moins sur le contenu des situations qu'on lui soumet que sur les processus de changement. Le consultant se distingue de l'expert-conseil par le fait qu'il aide ses interlocuteurs à utiliser leurs propres ressources. Ses compétences lui permettent moins de résoudre des problèmes que de rendre ses clients capables de résoudre leurs problèmes. On dit que c'est un spécialiste du processus plutôt qu'un expert du contenu ; il subordonne l'expertise à la gestion d'un processus de changement.

En raison de cette particularité, le consultant ne se définit pas en fonction d'un milieu particulier ni en fonction d'un type unique de problème. Il peut intervenir dans une variété de milieux : une entreprise de production ou de services, un organisme gouvernemental ou paragouvernemental, un établissement hospitalier ou scolaire, une coopérative ou un organisme communautaire, etc. Il peut traiter des situations aussi variées qu'un conflit entre des personnes, une rivalité entre unités d'une même organisation, un projet de développement organisationnel, un projet de développement de compétences, une clarification de rôles, une planification stratégique ou une évaluation de programme. Dans toutes les interventions du consultant, on observe une même façon systématique d'aborder la situation, d'associer ses interlocuteurs à l'analyse de la situation, de formuler un problème, et de planifier, de gérer et d'évaluer un changement avec les personnes concernées.

Il existe différents modèles d'intervention, chacun reposant sur des valeurs particulières, une conception de la vie en société et une tradition professionnelle. Depuis nombre d'années, les trois auteurs de ce volume exercent le métier de consultant en relations humaines. Le modèle qu'ils présentent ici résume leur expérience de consultants et de formateurs. Il a été diffusé pour la première fois en 1985 sous le titre *Devenir consultant, instrument autogéré de formation*. Cette publication s'adressait à des personnes désireuses de se former à l'exercice du métier de consultant. Les réactions à cet ouvrage, son utilisation dans différents contextes de formation et la réflexion constante des auteurs sur leur propre pratique professionnelle ont conduit, en 1990, à une nouvelle publication. Celle-ci n'a pas repris les exercices pédagogiques ni les études de cas déjà publiés en 1985 ; elle était entièrement consacrée à la présentation, à l'illustration et à la discussion d'une deuxième version du modèle d'intervention. Elle comblait ainsi certaines lacunes décelées depuis la première diffusion, en plus d'apporter de nouveaux développements.

La diffusion de l'édition de 1990 a mené au constat que le modèle d'intervention proposé pouvait amorcer, dans une multitude de milieux, une réflexion stimulante sur la pratique professionnelle. De nombreux étudiants de différentes disciplines, désireux de concevoir l'exercice de leur profession dans une perspective systémique, s'en sont inspirés au cours de leur formation. Des professionnels œuvrant dans une variété de domaines ont aussi utilisé l'approche pour ajuster ou modifier leur façon d'intervenir auprès d'individus ou de groupes. Les contacts des auteurs avec maints utilisateurs ont permis de cerner des lacunes et de recevoir des suggestions fort pertinentes visant à corriger ou à enrichir certains chapitres, et même à en rédiger de nouveaux. En conséquence, une troisième édition a vu le jour en 1996 ; il s'agit d'une révision complète de l'édition de 1990.

Aujourd'hui, les auteurs, en fin de carrière, ont décidé de rédiger une quatrième édition pour donner suite aux commentaires et aux suggestions que ne cesse de susciter l'utilisation de plus en plus répandue du modèle présenté dans *Profession : consultant*. Cette quatrième édition se veut sous le signe de la simplification. Une analyse plus raffinée du modèle d'intervention et une réflexion constante sur les interventions qui se diversifient de plus en plus ont permis de réorganiser les quatre composantes de base du modèle initial. Deux de ces composantes, dites méthodologique et technique, ont été fusionnées, car elles sont indissociables dans la pratique. La composante relationnelle demeure ce qu'elle était. Enfin, la composante dite synergique, qui soulignait l'utilisation et le développement des ressources du milieu, s'est avérée tellement fondamentale qu'elle devait être traitée en tout premier lieu : elle oriente toute l'intervention et traduit la conception même du changement sur laquelle repose l'ensemble du modèle. En conséquence, la mobilisation du milieu est traitée dans un chapitre de la première partie qui présente les fondements du modèle. Les auteurs demeurent convaincus que les véritables agents de changement sont les membres mêmes de l'organisation dans laquelle le consultant intervient ; leur modèle est fondamentalement un modèle d'assistance au changement que désirent entreprendre des personnes ou des organisations.

Un autre élément majeur de la simplification est la réduction importante des sous-étapes (plus de 40 au total) qui décomposaient le processus d'intervention. La présentation même de la gestion du processus est changée. Les ensembles d'étapes regroupées en six catégories (l'entrée, le contrat, l'orientation, la planification, la réalisation et la terminaison) dans les éditions précédentes ont fait place à un modèle en six étapes. Chacune peut faire l'objet d'une séquence d'activités qui reprennent l'essentiel des anciennes sous-étapes. Nombre de celles-ci sont fusionnées pour mieux refléter ce qui se passe concrètement lorsqu'on applique le modèle dans la réalité. La deuxième étape a été rebaptisée : on parle désormais d'entente plutôt que de contrat pour dissiper le caractère commercial ou juridique que pouvait évoquer l'ancien terme.

Enfin, la quatrième édition a donné lieu à un rajeunissement de la présentation. Des schémas ont été refaits pour une meilleure illustration des concepts et des processus. Tous les instruments ont été révisés, séparés du texte de base et reportés en annexe. Certains ont été supprimés, leur contenu étant intégré dans le texte des chapitres à caractère méthodologique. La longue description d'une intervention qui faisait l'objet du deuxième chapitre de l'édition de 1996 a été supprimée au profit d'une plus grande variété d'exemples intégrés dans tous les chapitres.

Toutes ces modifications ont été faites, cependant, avec un souci de continuité afin que les utilisateurs des éditions antérieures n'aient aucune difficulté à s'ajuster. La nouvelle édition est en parfaite harmonie avec les précédentes : elle ne propose pas un modèle différent, mais un modèle simplifié et adapté à la pratique actuelle de la consultation.

La refonte a conduit à une structure plus organique du livre. La partie I expose les fondements du modèle intégré de la consultation : les notions de base (chapitre 1), la mobilisation du milieu (chapitre 2) et l'éthique du consultant (chapitre 3). La partie II, consacrée à la composante méthodologique, traite de la gestion du processus d'intervention en présentant successivement six étapes : l'entrée (chapitre 4), l'entente (chapitre 5), l'orientation (chapitre 6), la planification (chapitre 7), la réalisation (chapitre 8) et la terminaison (chapitre 9). Bien que de multiples éléments techniques soient intégrés dans ces chapitres, la partie II se termine par un chapitre sur l'utilisation et la production d'instruments (chapitre 10). La partie III, consacrée à la composante relationnelle, traite de la relation de coopération (chapitre 11), puis associe coopération et efficacité en soulignant, illustrations à l'appui, comment le consultant accroît sa compétence dans l'action (chapitre 12).

Les auteurs sont heureux d'enrichir leur œuvre grâce à la collaboration de nombreux utilisateurs du modèle. Ils remercient particulièrement les personnes suivantes pour la qualité et la pertinence de leur contribution : Michèle Morneau, de la Faculté des sciences infirmières de l'Université Laval, et Raymonde Pilon, du Département des communications de l'UQAM, ainsi que Jacques Grisé, du Département de management de l'Université Laval, Serge Rochon, du Département des communications de l'UQAM, et Alain Rondeau, du Service de l'enseignement du management de HEC Montréal. Les auteurs souhaitent que de nouveaux lecteurs trouvent utile le renouvellement de la présentation pour bâtir et améliorer l'efficacité de leur propre modèle d'intervention.

Comme dans les éditions précédentes, les auteurs ont travaillé en étroite collaboration : le contenu de chaque chapitre est entièrement assumé par les trois auteurs de sorte que l'ensemble du volume constitue une véritable intégration des savoirs et du savoir-faire de chacun.

Robert Lescarbeau

Maurice Payette

Yves St-Arnaud

PARTIE I

LES FONDEMENTS DU MODÈLE

CHAPITRE 1
Les notions
de base

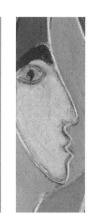

Rien n'est plus théorique qu'une bonne pratique.

L e modèle présenté dans les pages suivantes s'inscrit dans la tradition du *courant dit des relations humaines,* amorcé par Kurt Lewin dans les années 1940. Il intègre de plus, pour chacun des auteurs, le résultat d'une quinzaine d'années de pratique professionnelle (consultation, formation, recherche-intervention), de réflexion personnelle et d'interaction entre trois univers : la psychologie des relations humaines, le développement organisationnel et l'intervention communautaire. Les auteurs ont été particulièrement influencés par les travaux de Gordon et Ronald Lippitt (1978) et par ceux de Chris Argyris et Donald Schön (1974).

Avant de présenter les particularités du modèle, deux notions fondamentales seront précisées : la notion de processus et la notion de consultant.

1.1   LE PROCESSUS

À l'origine d'une intervention, il existe toujours une situation particulière qui amène une ou plusieurs personnes à demander l'aide d'un intervenant ou à se montrer réceptives face à une offre de services professionnels. Il s'agit, par exemple, d'un problème à résoudre, d'une difficulté à surmonter, d'une amélioration à trouver ou d'un apprentissage à faire. Selon l'approche proposée ici, la façon de procéder pour arriver à une solution est tout aussi importante que la solution elle-même. La compétence spécifique du consultant repose en bonne partie sur sa connaissance des processus, sur son habileté à en construire et à en gérer.

1.1.1 Le mot « processus »

Le mot « processus », utilisé fréquemment dans le contexte de l'intervention, mérite quelques explications. C'est en soi un concept assez simple, mais son usage de plus en plus répandu nécessite des nuances, amène des subtilités et occasionne des ambiguïtés.

Quelques exemples d'usage courant serviront de point de départ à ces explications. En informatique, le traitement des données est un processus ; en psychologie, on parle de processus cognitifs, affectifs, développementaux, etc. ; en industrie, les transformations de la matière brute en produits finis se font à travers des processus ; les gestionnaires d'entreprises sont des spécialistes de processus : la solution de problèmes, la prise de décision, le changement, le développement ; en pédagogie, on étudie et on facilite les processus d'apprentissage. À l'analyse de ces exemples, quatre éléments ressortent :

1. **Une série d'opérations.** Il s'agit d'activités distinctes, d'étapes définies ou simplement d'un cheminement, d'une démarche.

2. **Un enchaînement logique.** L'ordre des opérations ne se fait pas au hasard, mais selon un déroulement relativement rigoureux et systématique. Les opérations se succèdent selon des rapports logiques, chacune étant habituellement préalable à la suivante. Cet enchaînement n'est pas nécessairement linéaire ; il est parfois circulaire au sens où il constitue un cycle permettant la reprise de certaines opérations. Dans tout processus, on décèle une forme de régularité dans la répétition des activités.

3. **Un mouvement.** Un processus est en soi dynamique et actif, constamment en mouvement ou facilitant le mouvement. Dans les dictionnaires, le mot « processus » est relié à « progrès » et à « progresser ».

4. **Une transformation.** Les opérations d'un processus sont orientées vers une fin et doivent normalement mener à un produit. Chacune est nécessaire pour atteindre le résultat visé ; elle ajoute quelque chose à celles qui précèdent. En termes cybernétiques, le processus est ce qui permet de transformer un *input* en un *output,* ou de faire passer d'un état à un autre.

Ces considérations conduisent à la définition suivante :

> Un processus est une suite dynamique et rigoureuse d'opérations accomplies selon un mode défini, dans le but de transformer de la matière ou de l'information.

Le concept de processus englobe des distinctions qui en facilitent la compréhension et aident à éviter certaines confusions. Par exemple, on opposera le processus au résultat, au produit ou au but. Ce qui se passe en cours de route ou durant les opérations devient aussi important que le but atteint. Ainsi, la façon d'apprendre d'un client et les choses qu'il vit durant le processus préoccupent le formateur autant que le savoir ou les compétences acquises. Pour distinguer les phénomènes dynamiques (comme ce qui se passe entre les personnes au sein d'une organisation) des phénomènes statiques (comme les niveaux hiérarchiques et la division des tâches), certains auteurs comme Schein (1969) opposeront le processus à la structure. Dans la même ligne de pensée, mais avec certaines nuances, Goodstein (1978) fera la distinction entre le contenu et le processus : par exemple, ce qui est dit dans une communication et ce qui se passe entre les personnes qui communiquent.

1.1.2 L'intervention comme processus

La plupart des auteurs qui traitent de la consultation présentent l'intervention comme un processus, c'est-à-dire une série d'opérations ou d'actions menées par l'intervenant en vue de transformer une situation particulière ou un problème en une nouvelle situation plus souhaitable et plus adéquate. On tente alors de distinguer et de définir clairement les différentes étapes, et de montrer les liens dynamiques entre elles ; on signale les enjeux propres à chaque opération. Il s'agit non seulement d'un cadre conceptuel, mais aussi d'une véritable méthodologie d'intervention qui se veut efficace et qui permet d'atteindre les résultats visés. Parmi les responsabilités de l'intervenant figure celle de gérer le déroulement de cette séquence d'opérations, c'est-à-dire :

- de planifier le déroulement du processus aussi bien dans son ensemble que dans chacune de ses étapes ;

- de choisir et d'utiliser une instrumentation adéquate pour appuyer le déroulement du processus ;

- de prendre les décisions requises pour s'assurer que le processus se déroule de façon à produire les effets attendus ;

- de coordonner les activités et les ressources au cours du processus ;

- d'évaluer et de superviser le déroulement ; cela implique que l'intervenant juge, au cours de toute l'intervention,
  - de l'atteinte des objectifs de chaque étape ;
  - de l'opportunité de passer à une nouvelle étape ;
  - de la nécessité d'apporter des correctifs.

Le nombre d'étapes du processus d'intervention peut varier selon les auteurs et selon les types d'intervention.

1.1.3 L'intervention portant sur les processus

L'importance relative accordée à certains éléments d'une situation diffère selon le modèle d'intervention. En reprenant la distinction déjà mentionnée entre le processus et le contenu, on peut distinguer deux types de modèles utilisés par les praticiens. Les uns amènent l'intervenant à se préoccuper presque exclusivement du contenu, c'est-à-dire de la nature du problème à résoudre et des solutions adéquates à apporter (Bordeleau, 1986) ; les autres aident l'intervenant à gérer une démarche qui guide les personnes du milieu dans un processus de changement (Capelle, 1979 ; Gallessich, 1982). Le terme « consultant » utilisé ici désigne les professionnels qui adoptent cette seconde approche. Les exemples suivants permettront de différencier ces deux approches.

Un centre de réhabilitation pour jeunes délinquants se préoccupe depuis un certain temps d'assurer la continuité de ses efforts de rééducation. Il élabore un programme visant la réinsertion sociale des bénéficiaires au sortir de l'établissement. À supposer que l'aide d'un professionnel soit demandée, on peut imaginer deux scénarios différents d'intervention : un premier mettant en scène un intervenant spécialiste en rééducation ; celui-ci analysera les besoins des bénéficiaires, ainsi que les compétences et les ressources des éducateurs, s'inspirera des modèles de réinsertion sociale existants et proposera un programme complet comportant des objectifs réalistes, des moyens adéquats et des instruments d'évaluation ; il aidera ses clients à bien comprendre le sens et les exigences de ce programme et pourra s'assurer que le démarrage se fera correctement ; un second où l'intervenant, un consultant au sens du présent ouvrage, invitera les éducateurs à bien formuler les besoins auxquels ils veulent répondre, à s'entendre sur une approche de réinsertion sociale qui convient à leur situation, à se concerter pour choisir des objectifs réalistes et concrets, de même que des stratégies adéquates et efficaces, puis, au besoin, à acquérir des habiletés nouvelles pour gérer un tel programme. Avec l'aide du consultant, les éducateurs élaboreront une méthode simple mais utile pour mettre en place leur programme puis, après un certain temps, pour l'évaluer et y apporter des correctifs.

Dans un autre contexte, des superviseurs font appel à un professionnel pour améliorer leur mode de supervision. Un premier intervenant évaluera la situation dans laquelle ses clients exercent leurs fonctions de supervision, analysera les différents modèles disponibles, en choisira un, puis proposera à ses clients l'emploi d'une méthode qu'il jugera pertinente, et leur enseignera celle-ci. Un second intervenant, le consultant, aidera ses clients à cerner et à définir leurs insatisfactions, puis leur proposera une méthode de travail à laquelle ils pourront eux-mêmes apporter les correctifs appropriés en utilisant leurs ressources et leur expérience personnelle de la supervision. Les clients créent ainsi leur propre méthode plutôt que d'utiliser le produit fourni par un professionnel.

Ces exemples illustrent bien les deux orientations *produit* et *processus* exposées dans le tableau suivant, largement inspiré de Thiébaud et Rondeau (1995, p. 94).

TABLEAU 1.1
La distinction entre l'intervenant centré sur le produit et le consultant centré sur le processus

Orientation *produit*	Orientation *processus*
Par orientation *produit,* on se réfère à toute formule de gestion visant tant la mise en place d'une philosophie de gestion (ex.: la qualité totale) que l'élaboration d'une pratique de gestion (ex.: le mode de rémunération).	Par orientation *processus,* on entend la manière dont un système fonctionne et produit ses résultats (ex.: les modes de résolution de problèmes, la communication interpersonnelle, etc.).
Le problème vécu par le système-client est lié à l'absence de cette philosophie ou de cette pratique, et l'intervenant utilise son *produit.* Le *produit* est considéré comme ayant une valeur intrinsèque. Il comprend une procédure d'application. Il est censé produire les résultats escomptés si celle-ci est utilisée adéquatement.	Le problème vécu par le système-client est lié à l'existence de processus sociaux inadéquats. Les *processus* sont considérés comme le facteur clé dans l'apparition d'un problème et dans sa résolution. L'amélioration des *processus* du client implique des activités d'analyse et d'apprentissage nécessitant une collaboration étroite avec le consultant.
Le rôle de l'intervenant est de produire un diagnostic et des recommandations à l'aide de connaissances et d'outils dont il possède la maîtrise et qui sont susceptibles de corriger les déficiences dépistées.	Le rôle du consultant est d'établir une relation d'aide à travers laquelle il cherche à développer les capacités d'un client à résoudre ses problèmes. Le consultant est un *spécialiste du processus.*

▼

▼

Le rôle du client est de fournir les informations demandées et de s'efforcer d'appliquer les solutions préconisées.	Le rôle du client est de s'engager dans toute la démarche, de l'analyse à la mise en œuvre. Il assume lui-même la recherche des solutions.
La logique du changement découle de la rationalité même du *produit* et nécessite que le client en soit convaincu.	La logique du changement découle de la relation d'aide dont le but est de faciliter l'émergence de *processus* plus fonctionnels chez le client.
Le client développe ses compétences par rapport à la définition du problème et au *produit* utilisé.	Le client accroît ses compétences à analyser et à résoudre des problèmes. Il acquiert la capacité de *s'aider lui-même*.
Le succès de la méthode dépend avant tout :	Le succès de l'approche dépend avant tout :
■ de la formulation correcte du problème ;	■ de la relation de collaboration établie entre le client et le consultant ;
■ de l'adéquation entre le problème et le *produit* ;	■ de la disponibilité du client et de sa capacité à s'interroger sur ses *processus* pour les améliorer ;
■ de la capacité du client à accepter et à appliquer les solutions recommandées.	■ du lien existant entre les *processus* pris en compte et les problèmes à résoudre.

Entre ces deux extrêmes, soit l'intervention portant uniquement sur le contenu et celle qui se limite à la gestion d'un processus, il y a des modèles intermédiaires, qui amènent le consultant à agir simultanément sur le contenu et sur le processus (French et Bell, 1999).

Un organisme d'éducation permanente décèle, par exemple, un besoin dans différents milieux ; il peut faire appel à un consultant qui exercera un rôle de formateur. Celui-ci pourra procéder à une analyse des besoins, puis créer un environnement pédagogique où les participants prendront connaissance d'un modèle présenté par lui ; chacun de ces participants pourra également se l'approprier dans des mises en situation où il appliquera ce modèle en l'adaptant à sa personnalité, avec l'aide du groupe d'apprentissage.

Prenons, comme autre exemple, une équipe de direction d'un collège qui fait appel à un consultant pour améliorer son mode de fonctionnement. Tout en gérant un processus qui permettra à l'information de circuler entre les personnes concernées, le consultant peut énoncer certains principes du bon fonctionnement d'une équipe de gestion et aider ses interlocuteurs à les appliquer dans leur situation particulière.

Même lorsqu'il privilégie la gestion d'un processus, le consultant applique, au cours de ses interventions, différentes grilles théoriques qui lui permettent de comprendre et d'améliorer les interactions sur les plans individuel, interpersonnel, *groupal,* organisationnel ou communautaire.

1.2   LE CONSULTANT

Le terme « intervenir » désigne une action directe et délibérée entreprise au sein d'un système d'activités humaines dans le but d'évaluer, de consolider ou de modifier une situation donnée. L'intervention exige le recours à une personne extérieure, capable d'évaluer avec un certain recul la situation en cause. Dans le présent modèle, cette personne sera désignée par le terme « consultant ».

1.2.1   Le consultant et le modèle intégré

Le terme « consultant » est utilisé dans plusieurs contextes, et chacun de ceux-ci peut lui donner un sens particulier. Dans le modèle intégré présenté ici, le consultant est un professionnel qui gère un processus de changement ; il se différencie de l'expert-conseil, qui donne un avis professionnel sur un contenu particulier. On distingue le *consultant externe,* qui n'est pas un employé de l'organisation où il intervient, du *consultant interne,* qui est membre du personnel de l'organisation en question sans appartenir à l'unité où il est appelé à intervenir.

L'insistance mise sur la notion de processus et sur l'interaction est intimement liée à une conception particulière de l'intervention. Le consultant qui s'inspire de ce modèle facilite le changement dans une organisation, dans un groupe ou chez un individu en misant sur les capacités et les ressources des personnes concernées. Les recherches de Laprise et Payette (2001) indiquent que, selon une perspective communautaire, les personnes ou les groupes qui ont recours à un consultant préfèrent une expertise de processus à une expertise de contenu ou de prescription.

Le consultant s'inscrit dans une approche de renforcement de l'autonomie, de manière à ce que les gens deviennent progressivement plus compétents et capables de résoudre leurs problèmes, de travailler eux-mêmes à l'amélioration de leur situation ou de leur savoir-faire. Il contribue ainsi à assurer le développement optimal des ressources humaines et des systèmes d'une organisation.

Le consultant interne et le consultant externe

Certaines caractéristiques différencient le consultant interne du consultant externe ; leur situation respective influe non seulement sur leur relation avec le milieu d'intervention, mais aussi sur l'orientation de leur travail. Voir le tableau 1.2.

TABLEAU 1.2
Les caractéristiques du consultant interne et du consultant externe

Les liens avec l'organisation

Le consultant interne

- est employé d'une organisation ; il y occupe une fonction de conseil (*staff*) ;
- n'a pas d'autorité sur les secteurs de production ou de services ;
- est soumis aux règles qui s'appliquent à toutes les catégories de personnel ;
- maintient un lien permanent avec l'organisation, puisqu'il fait partie de sa structure ;
- connaît bien la culture du milieu dont il fait partie, ce qui lui permet de s'y ajuster rapidement lors de ses interventions et de faire évoluer progressivement cette culture ;
- se doit d'être d'abord fidèle à l'organisation et à son développement, donc de respecter les valeurs, les politiques et les priorités du milieu.

Le consultant externe

- est soit un travailleur autonome, soit l'employé d'une entreprise professionnelle qui regroupe des consultants ;
- entretient des liens de fournisseur de services avec l'organisation qui recourt à ses ressources :
  - un lien avec l'organisation par l'intermédiaire de la personne désignée comme client ;
  - un lien limité par la durée du contrat.

▼

▼

- passe dans le milieu de façon temporaire ;
- doit rapidement se familiariser avec la culture de l'organisation et en tenir compte dans son intervention ;
- peut, de par son statut, remettre en cause certaines pratiques de l'organisation ou proposer un recadrage important ;
- doit, de par l'entente établie, être loyal à son client représentant l'organisation qui utilise ses ressources ;
- n'est pas soumis aux règles de l'organisation, mais doit en tenir compte.

L'expertise

Le consultant interne

- tend à accroître sa polyvalence en développant progressivement une expertise dans un secteur particulier, comme la gestion du changement, le développement des ressources humaines, la formation, la gestion, etc.

Le consultant externe

- est surtout un généraliste intervenant dans des milieux diversifiés et à propos de problématiques variées, d'où sa grande polyvalence ;
- s'inspire aussi bien d'une approche *produit* que d'une approche *processus* avec une compétence principale qui s'exerce habituellement dans la gestion des processus.

Le pouvoir d'agir

Le consultant interne

- intervient dans un secteur particulier à la suite d'un mandat ;
- doit avoir reçu l'autorisation de son supérieur hiérarchique de s'occuper d'un dossier spécifique ;
- peut difficilement refuser un mandat, quoiqu'il lui arrive d'en proposer une reformulation, même si sa marge de manœuvre est limitée ;
- considère les personnes auprès desquelles il intervient comme des clientes et conclut une forme d'entente avec elles.

Le consultant externe

- intervient dans le milieu selon les limites de l'entente formelle conclue avec son client, auprès du système-client tel que défini dans son contrat ;
- peut accepter ou refuser des mandats qui ne sont pas prévus dans son contrat ;
- peut aussi interrompre son intervention si les conditions prévues dans le contrat ne sont pas satisfaites.

▼

▼

L'imputabilité

Le consultant interne

■ rend des comptes à son supérieur hiérarchique ;

■ le tient régulièrement au courant de ses activités ;

■ prend avec lui les décisions importantes en cours d'intervention ;

■ lui remet normalement un rapport de son intervention.

Le consultant externe

■ rend des comptes à son client ;

■ l'informe régulièrement du déroulement de l'intervention ;

■ prend avec lui toute décision non prévue par le contrat ;

■ prépare avec son client un rapport d'intervention qui peut parvenir aux autorités supérieures de l'organisation.

Les conditions de travail

Le consultant interne

■ reçoit une rémunération sous forme de salaire ;

■ jouit des mêmes facilités (local, mobilier, services de secrétariat) de l'organisation que les autres employés professionnels.

Le consultant externe

■ reçoit les honoraires prévus par le contrat ;

■ assume lui-même ou par l'intermédiaire de son entreprise les services de secrétariat ; son bureau personnel est son lieu de travail principal.

Comme on peut le constater, la différence entre la situation du consultant interne et celle du consultant externe est relativement importante. Toutefois, chacun exerce la même profession et peut s'inspirer du même modèle d'intervention. Le modèle intégré s'applique à l'un et à l'autre, à condition qu'on y apporte les ajustements requis. Le lecteur notera cependant que les étapes du processus présentées dans la partie II ont été élaborées en fonction de la situation du consultant externe. Le consultant interne pourra très bien s'en inspirer pour gérer son processus de consultation et déterminer les modifications appropriées à sa situation.

1.3   UNE APPROCHE SYSTÉMIQUE

Dans l'approche systémique, *intervenir* signifie s'efforcer d'influer sur un ensemble de facteurs, d'éléments interdépendants ou de composantes d'une situation. Définir une situation, selon cette approche, c'est éviter de la considérer de façon isolée et tenter plutôt de décloisonner les perceptions. Le consultant s'applique alors à cerner les facteurs en interaction. Dans la recherche de correctifs ou d'apprentissages, il tient compte de cette interdépendance, sachant qu'une modification apportée à l'une des parties aura un effet sur les autres. Il s'efforce de faire évoluer tous les facteurs susceptibles de contribuer au changement désiré.

Généralement, le système sur lequel porte l'intervention du consultant existe indépendamment de cette intervention : la situation, objet de son action, existe avant que l'intervention ne commence et continue à exister, de façon modifiée, par la suite. Parfois, le consultant crée un système relativement indépendant des systèmes naturels existants. C'est le cas des sessions de formation en dehors du milieu de travail habituel ou d'un groupe de tâches relié à l'intervention. L'approche systémique rend le consultant conscient de l'impact de son action sur les systèmes naturels où ses clients se retrouveront après son départ.

Dans son intervention, le consultant ne se conduit pas comme le seul responsable de l'évolution de la situation, mais comme une ressource collaborant avec d'autres ressources. La situation appartient de droit et de fait aux membres du système où il intervient. Dans un système permanent, il évite en particulier de favoriser un sous-groupe au détriment d'un autre. Il concourt à développer le potentiel humain de tout un chacun. Il favorise la concertation entre les différents éléments du système, chaque membre occupant pleinement le champ de ses responsabilités et respectant le champ de compétence des autres membres.

1.3.1   La notion de système

La notion de système est essentielle pour comprendre le modèle intégré de consultation. On la retrouve dans l'ensemble de la documentation sur le changement organisationnel. Tessier et Tellier (1990-1992) ont dressé un inventaire aussi complet que possible des notions clés et des principales théories qui constituent le cadre de référence utilisé dans le domaine de la consultation. Dans le volumineux index thématique (59 pages du tome 9), le mot « système » est omniprésent. En outre, on y trouve 19 rubriques (deux pleines pages) qui l'utilisent, sans compter les autres rubriques qui, sans commencer par le mot « système », le contiennent (approche systémique, théorie générale des systèmes, changement dans les systèmes, etc.). Aujourd'hui, les notions de système et d'organisation sont intimement reliées (Bertrand et Guillemet, 1989). Dans ce contexte, le mot «système» désigne des ensembles d'interactions entre des personnes, des groupes, des organisations, des communautés et la société prise globalement.

Dans le présent modèle, le mot «système» est utilisé couramment pour désigner la ou les personnes à qui s'adresse l'intervention; on parle toujours du système-client plutôt que du client. Le terme «client» réfère à la personne (parfois au groupe) qui, dans le système-client, a la responsabilité ultime d'engager ou non la personne qui intervient, d'élaborer avec elle le projet d'intervention, puis d'approuver en cours de route les décisions qui sont prises. L'emploi de l'expression «système-client» souligne que toute intervention en relations humaines concerne des interactions entre des personnes, des groupes, des sous-groupes, des organisations ou des institutions. Le système-client est l'ensemble des personnes et des groupes qui seront invités à participer à certaines étapes de l'intervention ou qui seront directement affectés par cette intervention.

Une vieille définition du système, empruntée à la biologie (Rosnay, 1975, p. 93), est encore d'actualité: il s'agit d'«un ensemble d'éléments en interaction dynamique, organisés en fonction d'un but». Dans le domaine de la consultation, on ne peut intervenir sans prendre en considération un ensemble de facteurs, d'éléments interdépendants ou de composantes d'une situation. Dès les années 1970, on considérait que l'étude de l'activité humaine exigeait une approche systémique; pour Kast et Rosenzweig (1991, p. 304), qui ont retracé l'apparition de cette notion dans les sciences humaines, le système est défini comme «un tout organisé ou complexe: un assemblage ou une combinaison de choses ou de parties formant un tout complexe ou unifié». Sur le plan méthodologique, la notion de système permet d'articuler un savoir approprié à l'étude des situations complexes. On a pu montrer, par exemple, que les conclusions de recherches en laboratoire sur les petits groupes (Latane, Williams et Harkins, 1979) aboutissaient à des conclusions en contradiction flagrante avec les observations des praticiens, précisément parce qu'on avait négligé de considérer le système-groupe (St-Arnaud, 1982, p. 144). Argyris et Schön (1974), Argyris (1980) et Schön (1983), dans le prolongement des innovations méthodologiques introduites par Kurt Lewin (1951), ont élaboré une méthode en vue d'étudier le système professionnel-client par la genèse d'un savoir utilisable dans des situations de vie réelles.

1.3.2 Le système professionnel-client

Le terme «système» sert aussi à désigner l'ensemble des interactions entre les personnes qui interviennent et le système-client. L'intervention consiste à créer un

système provisoire, appelé « système professionnel-client », et à traiter l'information qui circule à l'intérieur de ce système pendant toute la durée de l'intervention.
La gestion d'un processus d'intervention fait partie des compétences relationnelles
qui seront décrites plus loin.

L'intervention peut se comparer à un système de traitement de l'information.
Un ordinateur, par exemple, est un instrument conçu pour traiter toutes sortes de
questions. Essentiellement, il est construit à partir d'une science du *comment* ; ses
circuits traitent des données en suivant un certain nombre de règles inscrites dans
un programme. Il peut ainsi servir à diverses fins : résoudre un problème de mise en
marché, élaborer un diagnostic médical, jouer aux échecs, traiter un texte, tenir une
comptabilité ou guider un vaisseau spatial. La science intrinsèque du *comment* peut
servir divers usagers relativement à différents types de données et d'applications.

Lorsqu'une ou plusieurs personnes font appel aux services d'un consultant,
tout se passe comme si elles lui demandaient l'accès à une science du *comment*. Le
consultant, au départ, dispose rarement de programmes tout faits qui permettent
de donner une réponse rapide aux questions qu'on lui pose. Il offre cependant à ses
interlocuteurs d'entreprendre une démarche systématique pour recueillir et traiter
les données selon une méthode éprouvée.

Avant de présenter les composantes du modèle d'intervention, il est utile de
schématiser le système professionnel-client et de définir certains concepts de base.
La figure 1.1 résume les principaux éléments du système qui se crée lorsque
débute une intervention.

1.3.3 Le système et ses frontières

L'approche systémique sert à mettre de l'ordre dans une réalité complexe afin de
mieux la comprendre et d'agir sur elle de façon efficace. Lors d'une intervention,
il est presque impossible d'isoler un facteur précis du système-client qui cons-
tituerait la cause unique d'un effet non désiré et qu'il suffirait de modifier pour
éliminer cet effet. Dans d'autres domaines, en médecine par exemple, il arrive que
l'intervenant puisse attribuer un symptôme particulier à une cause précise, comme
le médecin qui diagnostique une amygdalite ; il suffit de supprimer l'amygdale pour
voir disparaître le symptôme. Dans un système d'activités humaines, il est rare que
le diagnostic soit aussi simple. Si, dans une association, des personnes se plaignent,
par exemple, d'un manque généralisé de participation ou de motivation, la difficulté sera attribuée à un ensemble de facteurs. Certains membres pourraient invo-
quer le fait que les objectifs visés ne font plus partie des priorités de l'ensemble.
D'autres pourraient imputer la baisse de motivation au mode de fonctionnement de

FIGURE 1.1
Le système professionnel-client

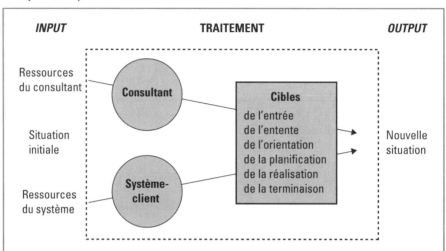

l'association. D'autres encore pourraient attribuer la situation à des conflits inter-personnels ou à un manque de compétence.

Dans la plupart des situations où l'on fait appel à un consultant, il est même dangereux de chercher à isoler une cause unique. C'est pourquoi le consultant privilégie une approche systémique, qui lui permet de considérer un ensemble d'éléments reliés les uns aux autres. De ce point de vue, chaque intervention comporte une composante de recherche. Pour procéder à une telle recherche et répondre aux exigences d'un client, il faut renoncer à contrôler toutes les variables intervenant dans la situation à modifier.

Grâce à l'approche systémique, le consultant aborde ce genre de situation complexe en agissant sur quelques éléments clés. L'intervention consiste à créer un système provisoire, le *système professionnel-client,* et à traiter l'information qui y circule pendant toute la durée de l'intervention.

Dans la figure 1.1, le grand rectangle définit la frontière du système professionnel-client. D'une part, il représente une frontière matérielle : le lieu où se déroule l'intervention. D'autre part, il indique une frontière psychologique : le type de problème à traiter et les rôles que chacun des partenaires sera appelé à jouer au cours de l'intervention. Si, par exemple, on fait appel à un consultant au sein d'une équipe de travail, on demandera que toutes les personnes concernées par le problème prennent part à l'intervention ; on exigera aussi du consultant la confidentialité pour que l'information qui circule dans le système ne soit pas utilisée à d'autres fins que l'intervention.

La frontière du système professionnel-client est définie par un ensemble de règles du jeu, dont certaines sont implicites, et d'autres, précisées au point de départ. Une question cruciale se pose alors : qui aura accès à l'information ? Les personnes en question devront être désignées au moment de la définition du système professionnel-client.

La frontière du système professionnel-client est très précise, et il est important qu'elle le soit, mais cela ne veut pas dire qu'elle est fixée une fois pour toutes. Dès qu'une relation s'établit entre un consultant (ou une équipe de consultants), d'une part, et au moins un membre du système-client, d'autre part, le système de traitement de l'information se met en branle. Déjà il y a un *input*, un traitement qui se manifeste dans le dialogue entre les partenaires, et un *output,* qu'on recherche implicitement.

1.3.4 *L'input*

L'information qui entre dans le système professionnel-client pour y être traitée est de deux ordres. Avant même que le système ne soit créé, deux réalités se révèlent, l'une sans relation avec l'autre. Il y a, d'une part, un savoir et un savoir-faire, un réservoir de ressources capitalisées par le consultant dans l'exercice de sa profession. Il existe, d'autre part, un système doté de ses propres ressources : la connaissance du milieu, la culture organisationnelle, l'histoire de la situation initiale, etc. L'interaction entre ces deux types de ressources est suscitée par une série d'événements vécus comme insatisfaisants par une ou plusieurs personnes. Désignés comme la *situation initiale,* ces événements sont à l'origine du système professionnel-client. Une intervention peut débuter de deux façons : soit par une demande de consultation, soit par une offre de services. Dans le premier cas, la situation initiale mène à une demande adressée au consultant dans le but précis de mettre en rapport les ressources d'un milieu et celles du consultant. Ce dernier servira d'intermédiaire entre le réservoir de connaissances et la situation pour laquelle on le consulte, tandis que le demandeur agira comme intermédiaire entre le milieu et le consultant. Dans le second cas, le consultant, vu sa connaissance globale de différents milieux, offre ses ressources à des individus ou à une clientèle cible susceptibles d'en profiter. La genèse du système professionnel-client est représentée hors du système, à gauche du schéma de la figure 1.1 ; on y retrouve les ressources du consultant, les ressources actuelles ou potentielles du système-client, ainsi qu'une situation initiale. Dès que le contact est établi, le consultant met à contribution son bagage de ressources pour introduire dans le système toute l'information pertinente et pour la traiter en vue d'améliorer la situation initiale.

1.3.5   Le traitement

Le modèle intégré permet de traiter la situation initiale selon un processus très rigoureux qui décompose l'ensemble de l'intervention en plusieurs activités, regroupées de façon à en déterminer les étapes. Celles-ci peuvent varier selon les interventions, mais le modèle intégré regroupe les activités en six catégories de base : l'entrée, l'entente, l'orientation, la planification, la réalisation et la terminaison. La description détaillée de ces étapes fera l'objet de la partie II (chapitres 4 à 9), consacrée au déroulement de l'intervention.

Tout au long de la démarche, le consultant dispose de méthodes et d'instruments particuliers pour cueillir et traiter l'information nécessaire à la progression de l'intervention. De plus, chaque étape constitue un sous-système comportant en propre son *input* et son *output*. Par exemple, l'*input* de l'entrée correspond à la demande d'intervention adressée au consultant. L'*output* prend toujours la forme d'un résultat observable dans le système professionnel-client. Ainsi, au terme de l'entrée, l'*output* sera l'engagement du consultant à préparer un projet. Chaque *output* intermédiaire doit être atteint de façon satisfaisante avant que l'on puisse s'engager dans l'étape suivante ; il en devient alors l'*input*. La figure 1.2 présente l'agencement des six étapes avec leurs *inputs* et leurs *outputs*.

1.3.6   L'*output*

Dans tout système, le but visé est la clé permettant de comprendre l'interaction entre les éléments. Lorsqu'on a compris, par exemple, que le but du système *œuf* est de produire un poussin, il devient possible de comprendre la présence des éléments qui interagissent à l'intérieur de l'œuf. De même, le système professionnel-client existe en fonction d'un but. Comme ce système se crée dès qu'il y a interaction entre les partenaires, le but n'est pas aussi évident que dans le cas de l'œuf. La détermination du but constitue même une caractéristique des systèmes humains. Dans le système professionnel-client, la formulation du but permet de définir assez précisément le degré de coopération qui s'est établi entre l'intervenant et ses interlocuteurs. La recherche de concertation justifie en partie l'importance accordée aux étapes de l'entrée et de l'entente. C'est là qu'on détermine,

FIGURE 1.2
L'agencement des étapes de l'intervention

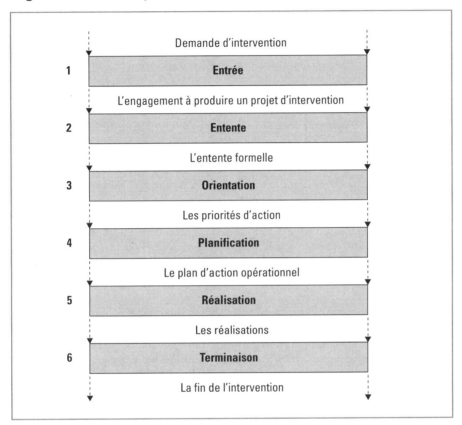

dans les grandes lignes, le type d'*output* visé au cours de l'intervention, quitte à le préciser ou à le modifier par la suite, à mesure que l'information requise devient disponible. L'*output* lui-même ne pourra être observé qu'au terme de l'intervention. Tous les œufs ne produisent pas les poussins attendus ; de même, toutes les interventions ne produisent pas les résultats attendus. Il faudra donc évaluer au terme du traitement si l'*output* déterminé au point de départ a été atteint.

Dans la figure 1.1, les flèches de gauche à droite indiquent le passage de l'*input* à l'*output* ; elles symbolisent la trajectoire ou le processus d'intervention. Partant de la *situation initiale,* le système-client vise implicitement un *output* qui deviendra la *situation nouvelle.* L'action de l'intervenant, par ailleurs, est ordinairement dictée par des objectifs professionnels qui privilégient certains types d'*output*. Un désaccord sur la formulation de l'*output* peut fort bien surgir au point de départ. Par exemple, un client demande un instrument pour évaluer les gestionnaires, alors que le consultant propose que les gestionnaires établissent d'abord leurs forces et leurs faiblesses. Les étapes de l'entrée et de l'entente permettent d'harmoniser ces divergences et d'assurer le consensus nécessaire à la poursuite de l'intervention.

1.4   **LES RÔLES DU CONSULTANT**

Au cours d'une intervention, le consultant est appelé à trouver et à proposer les moyens d'atteindre les buts fixés. Pour ce faire, il dispose d'une batterie de moyens et d'outils polyvalents. Il peut aussi, à l'occasion, créer des instruments appropriés à l'intervention. Le répertoire des méthodes et des techniques d'intervention est abondant ; il fait l'objet de publications spécialisées[1]. Le consultant bâtit sa polyvalence en s'exerçant à maîtriser plusieurs rôles, chacun associé à une méthodologie particulière comprenant des stratégies d'intervention adaptées au type de situation. La nomenclature des rôles et le découpage des situations rattachées à chaque rôle varient selon les auteurs (Gallessich, 1982 ; Lippitt et Lippitt, 1978). La typologie présentée ici est une mise à jour de la nomenclature présentée dans l'édition précédente (Lescarbeau, Payette et St-Arnaud, 1996). La figure 1.3 inventorie l'ensemble des rôles que le consultant peut être appelé à exercer au cours d'interventions en relations humaines.

Le cercle du haut représente le consultant. Dans la partie inférieure du schéma, l'ensemble des cercles désigne les divers systèmes et sous-systèmes, composantes potentielles d'un système-client au cours d'une intervention : une communauté, une organisation, un groupe d'apprentissage, un ou plusieurs sous-groupes organisationnels, un ou plusieurs petits groupes, une ou plusieurs dyades, un ou plusieurs individus.

---

1. Voir Pfeiffer et Jones (1982) ; Pfeiffer et Goodstein (1990) ; Garneau et Larivey (1994).

FIGURE 1.3
Les rôles du consultant

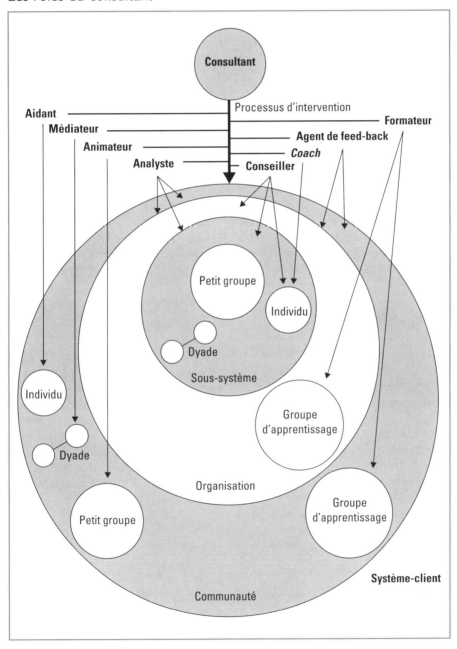

La flèche centrale symbolise le processus d'intervention. L'ensemble des mots reliés à cette flèche constitue la liste des rôles que le consultant peut jouer au cours d'une intervention. Les flèches verticales entre les rôles et les éléments du système-client pointent les interlocuteurs du consultant dans l'exercice de chacun de ces rôles. Dans certains cas, plusieurs types d'interlocuteurs peuvent être concernés. Une description sommaire de chaque rôle clarifiera les concepts.

1.4.1 L'agent de feed-back

Le consultant joue un rôle d'agent de feed-back lorsque, au cours d'une intervention, il utilise une méthode éprouvée pour recueillir de l'information dans un système, pour organiser cette information et pour la retourner au système de sorte à enrichir et à valider les données, puis à s'entendre sur les suites à donner. La méthode d'enquête axée sur le feed-back est directement associée à l'exercice de ce rôle ; en plus d'utiliser des procédés applicables aux rôles d'analyste et d'animateur, cette méthode nécessite la détermination du champ d'investigation, la planification d'un processus de circulation de l'information et le contrôle de la qualité des instruments élaborés (Lescarbeau, 1994).

1.4.2 L'aidant

Le consultant exerce un rôle d'aidant lorsqu'il structure une intervention pour répondre aux besoins d'un individu qui désire résoudre un problème personnel, prendre une décision, liquider des tensions accumulées, planifier une action difficile, intégrer un feed-back, accepter un échec, modifier un comportement, etc. Les méthodes mises au point dans le contexte de la psychologie humaniste, notamment grâce à la contribution de Carl Rogers (1977), sont très utilisées, mais elles ont été adaptées de façons diverses pour convenir davantage à une relation dite d'aide ponctuelle (St-Arnaud, 2001a). C'est un modèle conçu pour activer les ressources de la personne aidée ; l'intervenant assigné à ce rôle soutient son client pour qu'il donne un sens à son expérience, pour qu'il fasse des choix éclairés et pour qu'il agisse de façon à répondre à ses besoins.

1.4.3 L'analyste

Le rôle d'analyste est associé à un processus de collecte systématique de données reliées à une situation que l'on veut changer au sein d'un système, puis à la production d'un document destiné à favoriser le changement souhaité. La rédaction d'une expertise sur un problème particulier est un bon exemple des fonctions rattachées à ce rôle. La recherche évaluative est une méthode très utilisée (voir, par exemple, Lecompte et Rutman, 1982 ; Zuniga, 1994) ; elle implique l'utilisation de procédés particuliers à la collecte de données (questionnaires, interviews, échantillonnage), et d'autres, à l'analyse des données (analyse de contenu, analyse statistique).

1.4.4 L'animateur

Le consultant devient animateur lorsqu'il aide un groupe restreint à prendre des décisions, à procéder à une autoévaluation, à s'organiser, à accomplir une tâche particulière, etc. (voir Allaire, 1992 ; Landry, 1995 ; St-Arnaud, 2002a). Le rôle d'animateur est mis à contribution dans certains modèles d'intervention qui nécessitent, par exemple, d'animer des groupes de soutien ou de consolider des équipes (voir, notamment, Dyer, 1987 ; Lescarbeau, 1998). Des méthodes comme le *processus de solution de problème (PSP)* (Richard, 1995) ou la *méthode du groupe optimal* (St-Arnaud, 2002a) sont utilisées, chacune avec des procédés spécifiques : ordre du jour, *brainstorming,* opération prise de contact, opération cible commune, axe de participation, cercles d'interaction, séance de régulation, etc.

1.4.5 Le *coach*

Le consultant joue un rôle de *coach* lorsqu'il accompagne une personne et qu'il lui sert de guide dans une démarche de changement au sein d'un groupe ou d'une organisation. L'intervention poursuit un double but : produire le changement désiré et soutenir les apprentissages de la personne « accompagnée » pour qu'elle puisse procéder à terme à d'autres démarches semblables sans l'aide de spécialistes. Cette méthode est décrite dans la documentation professionnelle sous différents vocables (moniteur, tuteur, mentor, conseiller pédagogique), mais on parle de plus en plus de *coaching* ou de *coach,* même si l'association avec le *coach* sportif n'est pas appropriée (voir, par exemple, Gendron et Faucher, 2002 ; Lescarbeau, 1993, 1998).

1.4.6 Le conseiller

Le conseiller aide une personne ou un groupe soit dans la recherche et l'élaboration d'une solution à un problème particulier, soit dans la détermination d'un processus qui permettra à d'autres personnes de gérer une intervention. Lorsqu'il joue un rôle de conseiller, le consultant traite un contenu spécifique dans son champ de compétences sans nécessairement assumer la responsabilité de l'intervention ou de la partie de l'intervention en cours (voir, par exemple, Bordeleau, 1986) ; sa responsabilité première est de décoder la situation qu'il faut changer, et ce, à partir des modèles publiés dans la documentation professionnelle et scientifique.

1.4.7 Le formateur

Le consultant exerce un rôle de formateur lorsqu'il intervient en tant que personne-ressource auprès d'un groupe d'apprentissage pour exécuter une activité visant l'acquisition d'habiletés interpersonnelles ou professionnelles. La *méthode dite de laboratoire,* objet de nombreuses recherches, est bien documentée et comporte un répertoire abondant de procédés appropriés aux différents objectifs visés : jeu de rôle, simulation, étude de cas, exercice structuré (voir, par exemple, Cooper et Heenan, 1980 ; Fortin, 1992). L'objectif de l'intervention est de produire de nouveaux apprentissages dans le système-client.

1.4.8 Le médiateur

Le médiateur aide les membres d'un système interpersonnel à échanger du feed-back entre eux, à concilier des divergences, à dénouer un conflit ou à négocier une action commune. Il peut faire appel à des méthodes et à des techniques propres à l'exercice de rôles d'aidant, d'animateur ou d'agent de feed-back, mais l'intensification des interventions de médiation au cours des dernières années a entraîné l'élaboration de méthodes particulières. Selon Carrière (1992, p. 408, citant Carpenter et Kennedy, 1988), ces méthodes consistent en ce qui suit :

> [...] une série d'opérations qui peuvent, *grosso modo,* s'apparenter au modèle suivant : faire l'analyse du conflit, élaborer une stratégie adéquate, trouver une définition commune du problème, déterminer une procédure acceptable pour mener une négociation, identifier les enjeux et les intérêts de chaque partie, développer un éventail d'options pour solutionner le problème, s'entendre sur une solution et décider des formes concrètes de la mise en application.

Le rôle de médiateur, comme celui d'aidant, consiste surtout à assister les personnes concernées de façon qu'elles résolvent elles-mêmes leurs divergences.

I.5   LES COMPOSANTES DU MODÈLE D'INTERVENTION

Au-delà des particularités reliées aux rôles qu'exerce le consultant, le modèle d'intervention proposé ici repose sur deux composantes[2] indissociables l'une de l'autre : la *composante méthodologique,* qui décrit la façon de gérer chacune des six étapes du processus et leur enchaînement, de même que l'utilisation de techniques appropriées ; et la *composante relationnelle,* qui concrétise, dans chaque interaction, la complémentarité des ressources en vue d'une mobilisation du milieu.

La figure 1.4 schématise le système professionnel-client en soulignant ces deux composantes, ainsi que les sous-systèmes qui constituent les grandes étapes du

FIGURE 1.4
Les composantes du modèle d'intervention

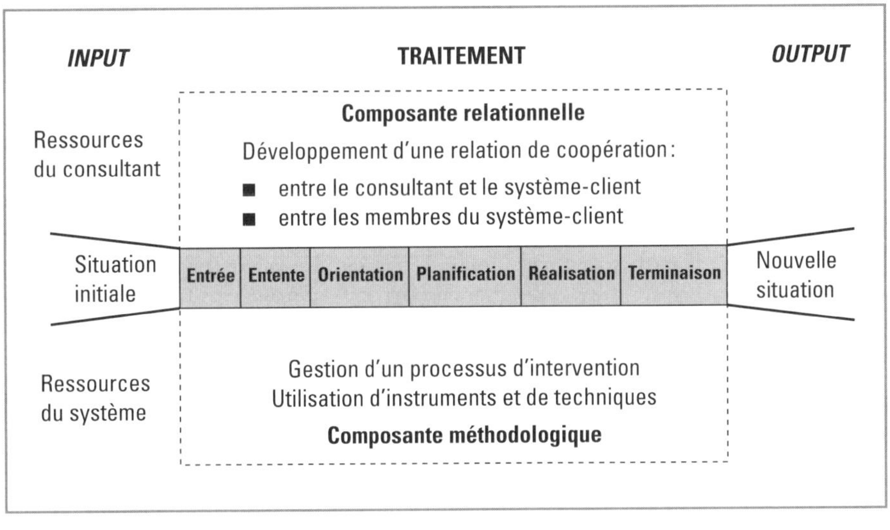

2. Les versions antérieures du modèle intégré comprenaient quatre composantes. Elles sont maintenant ramenées à deux. La composante méthodologique (elle comprend l'ancienne composante technique) et la composante relationnelle. Celle-ci inclut les relations entre les membres du système-client, un élément important de l'ancienne composante synergique. La mobilisation des ressources du milieu, rattachée à l'ancienne composante synergique, fait maintenant l'objet du chapitre 2 en raison de son importance ; elle donne au modèle intégré sa visée fondamentale.

processus d'intervention. La ligne horizontale au centre du schéma montre les étapes. Les composantes, représentées au-dessus et au-dessous de la ligne horizontale, illustrent l'influence qu'elles exercent sur le déroulement de l'intervention.

1.5.1 La composante méthodologique

En tant que spécialiste du « comment », le consultant utilise, en collaboration avec son système-client, une façon rigoureuse de gérer l'intervention pour transformer la situation initiale en une situation nouvelle. Il se fait le gardien des différentes cibles[3] et de leur enchaînement logique : il prend la direction du processus.

Par l'application d'une science du « comment » au système-client, le consultant devient le gestionnaire d'un processus d'intervention qui permet de traiter systématiquement la situation requérant ses services professionnels. La gestion du processus de consultation fera l'objet de la partie II, où les chapitres 4 à 9 traitent successivement des six étapes.

La composante méthodologique comprend une dimension technique. À mesure que le processus se déroule, on a besoin de faire circuler l'information dans le système et d'assurer la rigueur, la précision et l'efficacité de l'intervention. Le consultant dispose d'un répertoire d'instruments ; il choisit les plus appropriés aux besoins du système professionnel-client. Le cas échéant, il adapte les instruments ou en construit d'autres, advenant que ceux qui sont déjà disponibles ne conviennent pas à la situation du moment. Par conséquent, le consultant peut devenir aussi un pourvoyeur d'instruments et de techniques. L'annexe propose une série d'instruments qui seront introduits dans la partie II, le chapitre 10 complétant cette partie et traitant du consultant comme pourvoyeur d'instruments.

1.5.2 La composante relationnelle

Sans une coopération entre le consultant et le système-client, le modèle d'intervention ne peut fonctionner. Le consultant offre à ses clients une méthode

---

3. La cible d'une étape ou d'une séquence particulière est le résultat visé par le consultant et le système-client ; ces derniers canalisent leurs efforts pour l'atteindre.

rigoureuse pour traiter toutes sortes de problèmes ou pour faciliter des apprentissages. Il reconnaît qu'il a réussi à se faire accepter quand le système-client s'engage avec lui à formuler un résumé de la situation initiale et à progresser vers l'*output*. Il établit cette coopération grâce à ses habiletés interpersonnelles. La coopération se définit en fonction de trois éléments de base : la poursuite d'un but commun, la reconnaissance de champs de compétence respectifs et le partage du pouvoir en fonction des champs de compétence.

Le consultant est ainsi un agent de coopération : pour intervenir efficacement dans un système, il ne lui suffit pas de posséder certaines expertises ; il doit aussi avoir les compétences spécifiques permettant de travailler de façon coopérative avec les personnes concernées. La partie III traite de cette composante du modèle.

Une autre dimension de la composante relationnelle est la préoccupation du consultant de mobiliser les ressources du milieu, non seulement sur le plan de la formulation de la situation problématique, mais aussi et surtout sur le plan de la recherche de moyens pour la changer. Les buts visés par l'intervention ne peuvent être atteints de façon durable sans une utilisation des ressources du système où elle se déroule. En cours de route, le milieu assume progressivement la responsabilité du changement. À cause de la complémentarité entre le contenu et le processus, aucune intervention antérieure ne peut être reproduite intégralement. La composante relationnelle du modèle permet au consultant de s'associer étroitement aux membres du système-client pour améliorer l'impact de l'intervention dans le milieu.

Tous les interlocuteurs du consultant participent, à différents degrés, à un processus de changement, qu'il soit personnel, interpersonnel, institutionnel ou social. L'intervention est entreprise précisément parce qu'un changement est souhaité. Comme elle vise la meilleure utilisation possible des ressources dont disposent les participants, le consultant ne peut intervenir sans être un catalyseur de ressources. Le chapitre 2 traitera de la mobilisation du milieu, objectif ultime de toute intervention.

1.6   L'EFFICACITÉ DE L'INTERVENTION

L'efficacité se définit comme la « capacité de produire le maximum de résultats avec le minimum d'effort » (*Le Petit Robert*).

1.6.1   Les facteurs d'efficacité

La somme d'expériences sur laquelle se fonde la formulation du modèle présenté ici permet d'affirmer que l'efficacité de l'ensemble de l'intervention est directement reliée à deux facteurs d'efficacité, dont chacun correspond à une des composantes du modèle.

Par rapport à la composante méthodologique, on peut poser que l'efficacité de l'intervention est directement proportionnelle à la rigueur, à la logique et à la cohérence dont le consultant fait preuve dans son cheminement progressif vers l'amélioration de la situation initiale. Cette rigueur suppose une maîtrise des différentes étapes du processus et une compréhension de son caractère circulaire. Souvent, le consultant devra revenir sur des étapes ou des activités qu'il croyait terminées, intégrer des facteurs imprévus et adapter un processus qui, compte tenu des circonstances, deviendrait trop rigide si le modèle était suivi à la lettre. L'efficacité de la gestion du processus repose donc sur la capacité d'atteindre les différentes cibles marquant le déroulement de l'intervention, sans dépense inutile d'énergie de la part du consultant et du système-client.

Une gestion efficace est aussi tributaire de la qualité technique de l'intervention. L'intervenant se présente avec un répertoire d'outils éprouvés et a la capacité d'en construire de nouveaux, le cas échéant. Son efficacité suppose donc la question suivante : l'instrumentation à laquelle il recourt est-elle suffisante et pertinente ou, au contraire, sa lourdeur entraîne-t-elle un gaspillage d'énergie qui serait mieux utilisée autrement ?

L'efficacité de l'intervention dépend aussi de la composante relationnelle. Dans la mesure où la coopération représente une composante essentielle du modèle, l'efficacité du système professionnel-client passe par la capacité d'établir et de maintenir la coopération avec un minimum d'effort. Le savoir-faire requis pour tisser une relation coopérative de qualité ne diffère pas des autres savoir-faire : au début, il exige beaucoup de travail et d'efforts. Selon le principe « c'est en forgeant que l'on devient forgeron », c'est en coopérant que l'on devient efficace dans ses relations interpersonnelles. La partie III abordera la façon de *forger* des relations de coopération.

Le développement des ressources du milieu, relié à la qualité de la coopération, est aussi une condition d'efficacité qui impose à l'intervention un cadre très précis : le respect des particularités de chaque milieu ou de chaque personne engagée dans le système professionnel-client. Être efficace à ce niveau se traduit par une capacité à saisir les implications du changement personnel et institutionnel, et à comprendre et à gérer les résistances au changement de manière à faire émerger de nouvelles ressources et à accroître l'efficacité des personnes ou du système.

1.6.2 Les critères d'efficacité

Le présent modèle constitue la synthèse de l'expérience de professionnels qui, dans leur pratique, en ont vérifié la pertinence. Il évolue cependant, d'où l'importance de le soumettre à une évaluation rigoureuse. Il ne faut toutefois pas confondre les moyens d'être efficace et l'efficacité elle-même. Les facteurs d'efficacité décrits précédemment constituent des hypothèses de travail pour le consultant qui entreprend une nouvelle intervention. On lui prédit qu'il sera efficace s'il gère rigoureusement un processus en utilisant des instruments appropriés et s'il établit et maintient une qualité de relation coopérative en adaptant son intervention au système dans lequel il intervient. Toute intervention nouvelle devient une occasion de vérifier et, au besoin, de critiquer le modèle. En conséquence, évaluer l'efficacité de l'intervention suppose des critères relativement indépendants des moyens utilisés pour produire les résultats observés au terme de l'intervention. Le tableau 1.3 propose des critères d'efficacité.

TABLEAU 1.3
Les critères d'efficacité

Critères généraux	Critères spécifiques
	Une intervention professionnelle a été efficace si l'on est en mesure d'observer que :
■ Atteinte des objectifs	la situation qui a suscité l'intervention s'est transformée dans la direction souhaitée, c'est-à-dire que les objectifs de l'intervention ont été choisis adéquatement et ont été atteints, en conformité avec les critères établis en commun ;
■ Absence d'effets secondaires	toutes les incidences actuellement observables sont positives, c'est-à-dire qu'on ne remarque aucun effet secondaire indésirable : conflit latent, compétition, incapacité d'intégrer le feed-back reçu, etc. ;
■ Enracinement	les changements effectués commencent à s'enraciner et seront, selon toute probabilité, durables ;
■ Transfert des responsabilités	les membres du système-client se sentent davantage responsables du changement et disposent des moyens nécessaires à sa poursuite ;
■ Rentabilité	le bilan dressé par le consultant et les participants permet de conclure que les bénéfices (résultats, incidences, retombées) sont supérieurs ou, à tout le moins, équivalents aux dépenses engagées (énergie, temps, argent) ;

▼

▼

■ Pertinence	Le déroulement et les résultats de l'intervention permettent de conclure que celle-ci était pertinente : d'une part, elle a permis de traiter le fond du problème, et elle s'inscrivait dans les orientations et les priorités du système ou des personnes en cause ; d'autre part, le choix des cibles d'intervention était approprié aux besoins du milieu.

CONCLUSION

En plus de systématiser l'expérience de consultants ayant travaillé dans différents domaines, le modèle présenté ici fournit un cadre général qui intègre plusieurs éléments du *courant des relations humaines* dans lequel il se situe. Le consultant qui utilise le présent modèle adopte une approche systémique : il interagit avec un système-client dont il définit les frontières. Sa contribution la plus importante vient de sa connaissance des processus et de son habileté à les gérer. Il facilite le changement en misant sur les ressources des membres du système dans lequel il intervient ; il joue différents rôles selon les besoins de l'intervention.

L'application du modèle suppose une habileté à gérer le processus d'intervention en utilisant des techniques appropriées et à maintenir une relation de coopération de façon à mobiliser les ressources du milieu. L'efficacité peut être évaluée à partir de critères objectifs qui devraient apparaître au terme d'une intervention qui a été gérée rigoureusement.

VÉRIFICATION DES CONNAISSANCES

Le lecteur peut évaluer les connaissances qu'il a acquises au cours du présent chapitre en répondant aux questions suivantes, puis en vérifiant ses réponses à l'aide du corrigé placé à la suite de cet exercice.

Est-il vrai ou faux que les auteurs soutiennent les énoncés suivants ?

		VRAI	FAUX
1.	Un ensemble d'opérations disposées dans un ordre quelconque correspond à un processus.	☑	☐
2.	Évaluer et contrôler le déroulement du processus impliquent que, au cours de toute l'intervention, l'intervenant juge uniquement de l'atteinte des objectifs de chaque étape.	☐	☑
3.	Le terme « intervenir » désigne une action directe et délibérée, entreprise au sein d'un système d'activités humaines, dans le but d'évaluer, de consolider ou de modifier une situation donnée.	☑	☐
4.	Le consultant partage la responsabilité de faire évoluer la situation initiale.	☐	☐
5.	Le consultant doit miser sur les ressources et les capacités des personnes concernées par la situation à faire évoluer.	☑	☐
6.	Le consultant aspire à ce que les acteurs deviennent progressivement plus aptes à résoudre leurs problèmes, à travailler eux-mêmes à l'amélioration de leur situation ou de leurs compétences.	☑	☐
7.	L'*output* prend toujours la forme d'un résultat observable dans le système professionnel-client.	☑	☐

▼

▼

	VRAI	FAUX

8. L'expression d'un désaccord important entre le consultant et ses interlocuteurs sur la formulation de l'*output* d'une intervention rend celle-ci impossible. ☐ ☑

9. Le modèle intégré est constitué de trois composantes : la composante relationnelle, la composante méthodologique et la composante technique. ☐ ☑

10. La coopération se définit en fonction de deux éléments de base : l'atteinte d'un but commun et le partage du pouvoir. ☐ ☑

11. En raison de la complémentarité qui existe entre le processus et le contenu, aucune intervention antérieure ne peut être reproduite intégralement par le consultant. ☑ ☐

12. Pour déterminer l'efficacité d'une intervention, le consultant et le client n'ont qu'à observer les signes suivants : ☐ ☑

    a) Les objectifs de l'intervention ont été atteints en conformité avec les critères établis en commun ;

    b) Aucun effet secondaire indésirable n'est relevé ;

    c) Les changements effectués commencent à s'enraciner.

CORRIGÉ

12. *Faux*	11. *Vrai*	10. *Faux*	9. *Faux*
8. *Faux*	7. *Vrai*	6. *Vrai*	5. *Vrai*
4. *Vrai*	3. *Vrai*	2. *Faux*	1. *Vrai*

CHAPITRE 2
La mobilisation du milieu

$$3 + 3 = 6 ; 3 \times 3 = 9$$

Une des caractéristiques du modèle intégré est de faciliter la responsabilisation du milieu. Le consultant qui s'en inspire associe activement le client à la démarche, favorise la mobilisation des ressources humaines et appuie l'appropriation de l'intervention par les membres du système-client. Tout cela fait de ce modèle un catalyseur de ressources dans le milieu où il est appliqué.

2.1   L'EFFET CATALYSEUR

Dès qu'il commence à interagir dans un milieu, le consultant cherche à établir et à maintenir une relation de coopération avec le demandeur, avec le client et avec l'ensemble du système-client ; c'est la composante relationnelle du modèle, déjà décrite. Par la gestion des étapes de l'*entrée* et de l'*entente,* le consultant s'assure aussi de réunir les conditions favorables à l'établissement d'une relation de coopération entre les membres du système-client, qui, à son tour, permettra la pleine utilisation des ressources du milieu. Ces deux composantes du modèle forgent ce qu'on appelle l'*effet catalyseur.*

Dans son sens premier, un catalyseur est une substance qui, sans subir elle-même aucune transformation, provoque l'accélération d'une réaction chimique lorsqu'elle est mise en présence des ingrédients qui sont en réaction. Par analogie, ce terme décrit assez bien ce qui se passe lorsqu'un consultant intervient dans un milieu ; par exemple, lorsqu'il favorise la circulation de l'information, invite les personnes concernées à mettre en commun leurs perceptions de la situation initiale ou à choisir les changements prioritaires à effectuer. Tout au long de l'intervention, les outils qu'il utilise et sa méthode de travail visent la concertation entre les membres du milieu ; il appuie les efforts individuels et collectifs. On pourrait critiquer l'élément de la définition citée plus haut [...] *sans subir aucune transformation,* car le consultant évolue, lui aussi, à travers l'intervention ; mais l'analogie tient quand même dans la mesure où le changement visé n'est pas de modifier le consultant, mais certains éléments du système.

L'effet catalyseur se manifeste dès l'entrée : les questions du consultant ont souvent pour objectif de situer la démarche dans une perspective nouvelle ; elles mobilisent de nouvelles énergies et attirent l'attention sur les ressources propres du milieu pour formuler la situation initiale. Par exemple, si un gestionnaire demande de conduire un atelier sur les styles de leadership à l'intention de ses cadres intermédiaires, le consultant propose une intervention qui permet aux personnes concernées de participer à l'examen des malaises vécus relativement à l'exercice de leur autorité. L'approche utilisée invite les interlocuteurs du consultant à se poser de nouvelles questions et à considérer des avenues inexplorées. L'effet catalyseur se poursuit à l'étape de l'entente, lorsque le consultant incite le client et les membres du système-client à s'engager formellement dans un projet de changement qui fait appel à leurs ressources. Des engagements personnels se prennent, des ressources sont mobilisées, des responsabilités sont réparties. Et il en va ainsi tout au long de l'intervention.

L'effet catalyseur est inhérent au modèle intégré et découle du système de valeurs que le consultant véhicule : participation, responsabilité, prise en charge personnelle et collective, coopération, respect des différences, partage du pouvoir en fonction des compétences de chacun, etc. L'utilisateur du modèle serait en contradiction avec les valeurs qu'il professe s'il ne devenait pas en pratique un catalyseur de ressources et s'il ne contribuait pas activement à la mobilisation des ressources du milieu.

Les compétences que le consultant cherche à mettre en œuvre sont reliées à la gestion du changement et aux relations interpersonnelles. Les membres du système-client sont sollicités pour évaluer leur mode de fonctionnement, déterminer les forces et les faiblesses du milieu et définir des pistes de changement. Leurs compétences interpersonnelles, leur savoir-être, leur savoir et leur savoir-faire permettent l'établissement d'une relation synergique entre eux.

C'est principalement dans l'action que s'exerce l'influence du consultant. L'intervention est souvent l'occasion, pour le client et les membres du système-client, de faire l'expérience d'un type de rapports humains différent de celui auquel ils sont habitués dans leur travail quotidien. Cette ascendance est, bien sûr, en relation avec l'efficacité même de l'intervention ; elle est déterminée par la façon d'agir du consultant, qui expose ouvertement ses intentions, démystifie son propre rôle et partage avec le client ses préoccupations dans la gestion du processus. Son pouvoir de persuasion est d'autant plus grand qu'il y a cohérence entre son discours et ses actions.

2.2 L'UTILISATION DES COMPÉTENCES DU MILIEU

En raison du modèle d'intervention, le consultant aborde le milieu avec un certain nombre de jugements *a priori* concernant la compétence des personnes qui y travaillent. Il estime que le client et les membres du système-client sont en mesure de collaborer au choix d'une démarche susceptible de faire évoluer la situation initiale, de préciser les pistes à étudier, de discerner les facteurs qui influent sur cette situation, de choisir des priorités d'action pouvant la faire évoluer, bref, de contribuer activement au déroulement de l'intervention. Il entre dans un milieu où il trouvera des ressources variées.

2.2.1 Les ressources privilégiées

Dans le modèle intégré, le client est une ressource privilégiée. Au cours des étapes de l'*entrée* et de l'*entente,* il contribue à préciser les critères d'évaluation et à donner à la démarche ses premières directions. Au moment de l'*orientation,* il participe activement à la détermination des pistes d'investigation et à la préparation de la collecte de données. Pendant le *déroulement,* il est associé aux décisions d'importance concernant la gestion du processus. Il contribue tout aussi activement au contenu. Au même titre que les autres membres du système-client, il fournit sa perception des faits, décide en définitive des priorités de changement et communique sa position sur l'atteinte des objectifs. Sa connaissance du milieu est mise à contribution tout au long de la démarche.

Les membres du système-client ont aussi, à différents degrés, l'occasion d'infléchir le processus, d'abord lorsque la démarche leur est proposée, puis en cours de route, lorsque des options leur sont présentées. Même les éventuelles résistances peuvent contribuer à orienter positivement le processus. Ces personnes alimentent activement le contenu quand, par exemple, elles réagissent à la définition de la situation initiale, fournissent leurs perceptions des facteurs à considérer, valident les données présentées par le consultant, et participent au choix des priorités, ainsi qu'à la planification et à l'évaluation de l'intervention.

Il arrive que les membres du système-client contribuent encore plus étroitement au processus, par exemple lorsque le budget est insuffisant pour confier toutes les activités requises à des ressources externes ou lorsque le client souhaite que certains membres du milieu profitent de l'intervention pour acquérir des compétences nouvelles liées au processus même de la consultation. Toutefois, avant de s'engager dans ce type d'association, on doit répondre affirmativement aux deux questions suivantes :

- Est-on assuré qu'il n'y aura pas d'impact négatif sur l'intervention en cours ?

- Les bénéfices seront-ils supérieurs aux coûts ?

Dans certains cas, la perte d'objectivité conséquente au recours à des ressources du milieu pourrait avoir un impact négatif. Pour cette raison, on évite ordinairement ce type d'association lors de conflits interpersonnels, de négociations, d'évaluations ou lorsque l'expertise doit jouer un rôle de premier plan. Autre contre-indication : les bénéfices peuvent être inférieurs aux coûts quand une formation onéreuse est entreprise pour préparer les membres du système-client à accomplir des tâches qu'ils n'auront pas l'occasion d'accomplir par la suite.

Voici quelques exemples de tâches dont des membres du système-client peuvent s'acquitter si rien ne s'y oppose : animer une réunion, conduire des entrevues, traiter des données, observer une activité, convoquer une réunion, prendre contact avec des ressources externes, coordonner des activités, préparer un dossier, mettre des listes à jour ou photocopier des documents.

Dans certaines interventions, il est vraiment avantageux que des membres du système-client fassent partie, avec le consultant externe, d'un comité *ad hoc* (*task force*) ou d'un groupe de travail chargé d'encadrer l'ensemble de la démarche. Ces personnes ont comme mandat de participer à la gestion du processus de l'intervention et de seconder le consultant dans ses tâches. Celui-ci évite de les placer en situation de conflit d'intérêts. Il clarifie avec soin ce qui est attendu de chacun et les limites de chaque contribution. Il veille à ce que tous aient une préparation et une instrumentation adéquates. Dans certains cas, il s'entoure d'un groupe de travail pour traiter les données recueillies et les présenter ensuite au système-client. Une telle pratique augmente le nombre de personnes activement engagées dans l'intervention, contribue à assurer la continuité de celle-ci et permet de s'ajuster constamment aux besoins du milieu.

2.2.2 Les ressources du consultant interne

Dans une organisation complexe, il arrive que la direction ou une unité de travail fasse appel, pour des raisons valables, à un consultant externe, alors qu'un consultant interne ou une équipe de conseillers font partie du système. Le consultant externe doit normalement prendre contact avec le consultant interne pour, à tout le moins, l'informer de sa présence et voir si leur collaboration peut s'avérer pertinente. Certes, il peut être avantageux d'associer le consultant interne à l'intervention, pourvu que les risques de compétition soient écartés et que la concertation entre les deux consultants soit assurée. Le consultant interne peut participer à l'intervention de façon occasionnelle ou continue.

La connaissance qu'a le consultant interne du milieu peut servir à répertorier les réactions probables à certaines propositions ébauchées par le consultant externe. Par ailleurs, une contribution continue nécessite que le consultant interne prenne part aux principales décisions sur la gestion de l'intervention ; ce qui relève de l'un et de l'autre doit faire l'objet d'une entente explicite. Quelles que soient les modalités de participation, le consultant externe évite, dans la mesure du possible, de placer le consultant interne dans des situations embarrassantes ; l'intervention devrait contribuer à consolider la crédibilité de ce dernier dans son propre milieu. En règle générale, le consultant externe a avantage à l'informer régulièrement de l'évolution du dossier, puisqu'il est susceptible d'assurer le suivi et parfois même de compléter la démarche entreprise par le consultant externe.

2.2.3 Les ressources techniques

Une intervention entraîne habituellement un surcroît de tâches dans certains services, notamment en secrétariat et en gestion. Il importe donc de s'entendre avec le client sur certains points : qui va fournir les directives, quelles sont les échéances courantes, sous quelle forme les données doivent-elles être soumises ? Il convient aussi d'informer les personnes concernées de ces ententes en précisant, par exemple, la contribution attendue, la charge de travail prévisible et la période de pointe prévue. Lorsqu'un travail doit être produit, il importe d'en préciser les particularités, les échéances et l'utilisation qui en sera faite.

2.3   LES RESSOURCES EXTERNES

Privilégier les ressources du milieu ne signifie pas ignorer les ressources exté-rieures. Le consultant se définit comme un spécialiste du processus ; il est donc facilement en mesure de reconnaître, d'une part, les limites de ses connaissances techniques et, d'autre part, les besoins du milieu en ressources externes au cours de l'intervention. Dans leur nomenclature des rôles du consultant, Lippitt et Lippitt (1978) décrivent même un rôle d'agent de liaison pour préciser les moda-lités d'utilisation des ressources externes.

Au cours d'une intervention, on doit parfois faire appel à des personnes qui possèdent une expertise dans un domaine particulier et les adjoindre au milieu où se déroule l'intervention. Ces experts (un ingénieur-conseil, un conseiller juridique, un informaticien, un spécialiste en dotation, un conseiller en formation, etc.) possèdent un savoir très utile sinon nécessaire à l'intervention. Leurs ressources seront utilisées avec profit pour inventorier des pistes d'investigation, évaluer des choix ou résoudre un problème technique.

Avant de recourir à ce type de ressources, le consultant et son client doivent s'assurer qu'elles contribueront efficacement au succès de l'intervention, par exemple en améliorant la qualité de l'information disponible, en augmentant la variété des solutions à considérer ou en facilitant l'acceptation des priorités de changement.

Advenant qu'on décide d'utiliser de telles ressources, il est important de pré-ciser au préalable les termes de leur contribution : ce qu'on attend d'elles (le résultat escompté, la limite de leur rôle, le pouvoir qui leur est reconnu), à quel moment leur aide sera sollicitée (pour quelle opération, par qui, par quel moyen, dans quel cadre) et quelle utilisation sera faite des données recueillies.

Le recours à des experts comporte deux défis. Le premier concerne le consul-tant lui-même : une forme de compétition risque de s'installer entre la personne-ressource associée à l'intervention et lui. Pour éviter cet écueil, le consultant doit donc assumer la responsabilité de créer et de maintenir les conditions favorables à la coopération. Le deuxième défi consiste à faire respecter la démarche entreprise ; cette dernière doit demeurer celle des membres du système-client. Il est donc important de bien définir les besoins du milieu et de préciser l'apport de l'expert. Une rencontre préalable servant à exposer le sens de la démarche et les limites du mandat, ainsi qu'à arrêter les modalités du suivi, s'avère généralement un investis-sement profitable.

2.4   Le développement de compétences nouvelles

Il ne suffit pas de mobiliser les ressources existantes du milieu et d'agencer les compétences reconnues du client et du système-client avec les besoins de l'intervention. Il arrive souvent que le consultant ne trouve pas dans le milieu les compétences requises pour effectuer certaines opérations, comme animer une réunion, mener une entrevue, analyser des données, etc. Trois choix permettent alors de mener à bien ces tâches : en charger le consultant, recourir à des ressources externes ou rendre certaines personnes du milieu capables de les assumer correctement. Cette dernière option paraît de toute évidence nettement préférable lorsque les conditions s'y prêtent. Par exemple, pour la collecte de l'information, des gestionnaires peuvent, avec une formation préalable et une instrumentation adéquate, mener quelques entrevues. En acceptant certaines responsabilités dans l'intervention, le client et les membres du système-client deviendront progressivement les premiers responsables du processus de changement. Avec l'accord du client, l'intervention peut alors inclure un volet didactique et contribuer au développement des compétences de certaines personnes appelées à s'associer activement à la démarche.

Certaines conditions favorisent l'acquisition de compétences. L'attitude du consultant est déterminante à cet égard. Il doit faire preuve d'un intérêt réel pour le perfectionnement des personnes avec lesquelles il collabore ; cette conviction l'empêchera de céder à la tentation de se rendre indispensable. Pour paraphraser un proverbe bien connu, son souci d'enseigner à pêcher à celui qui a faim doit être plus grand que celui de lui donner un poisson.

Pour aider une personne à se former, il faut aussi manifester une attitude d'accueil et de considération, ainsi qu'un désir de contribuer à son progrès. Cette ouverture est impossible si l'on ne se sent pas soi-même en sécurité. Un consultant constamment sur la défensive ne peut être attentif aux besoins de son interlocuteur ni lui fournir l'appui souvent nécessaire pour faire face au défi d'un apprentissage significatif. Il tend à contrôler les activités de façon excessive. Le consultant confiant accepte de prendre une place discrète et ne cherche pas à s'attribuer le succès de l'intervention quand vient le temps des évaluations.

Enfin, il est évident que, s'il est dans l'impossibilité de faire confiance à ses interlocuteurs, le consultant ne peut favoriser le développement des ressources du milieu. Il le favorise naturellement s'il croit au potentiel des participants, s'il juge que les nouvelles compétences contribueront au mieux-être des gens du milieu plutôt qu'au renforcement du pouvoir personnel de quelques individus au détriment des autres.

Le client a, de son côté, une part importante de responsabilité dans le développement de ses ressources humaines ; s'il croit spontanément qu'une organisation gagne à offrir de nouveaux défis à ses employés, il favorisera l'apprentissage du personnel. Cela signifie que des personnes seront tôt ou tard invitées à assumer plus de responsabilités, à atteindre de nouveaux buts et à participer davantage à la gestion de l'entreprise. Tout cela implique que le client est ouvert à la délégation.

Le développement des ressources du milieu exige aussi une certaine disponibilité de la part du client. En effet, celui-ci doit consacrer du temps à discuter avec le consultant du choix des scénarios, à approfondir les motifs qui sous-tendent certaines orientations, à clarifier et à évaluer diverses opérations, à acquérir des habiletés additionnelles, etc. Un client surchargé a rarement l'état d'esprit nécessaire pour ce genre de choses.

Le client ouvert au développement des ressources du milieu est convaincu des avantages de miser sur les compétences de son personnel. S'il refuse de partager son influence ou s'il se sent menacé par l'amélioration des ressources de ses subalternes, il ne pourra ni voir d'un bon œil ni appuyer les efforts que déploie dans ce sens le consultant dont il a retenu les services. Assez souvent, il fait des apprentissages au cours de l'intervention. Conscient de ses propres limites, il ne se perçoit pas comme diminué par le fait qu'il ne sait pas tout ni menacé par le consultant doté d'un savoir différent du sien et complémentaire. Il se sent en sécurité et en confiance ; il n'est pas de ceux qui s'efforcent d'apprendre *en cachette*. Il apprend de sa participation à l'intervention en formulant des questions, en précisant ce qu'il découvre de neuf, en cultivant de nouvelles préoccupations, en se prêtant à une démarche de recherche-action, en composant avec l'incertitude et l'ambiguïté... Le soutien discret du consultant peut faciliter cette démarche. D'autres conditions concernent l'ensemble du milieu d'intervention : la confiance interpersonnelle, la participation des cadres et des employés, et l'ouverture au développement sont autant d'éléments qui facilitent le développement des ressources.

Le terrain est plus propice à l'amélioration des ressources du milieu lorsqu'il existe un certain degré de confiance entre les cadres et leurs employés. Sans ce sentiment de sécurité, les acteurs se demanderont constamment s'ils ne sont pas en train *de se faire avoir,* selon l'expression populaire ; ils n'auront pas l'ouverture d'esprit nécessaire à des apprentissages en profondeur. Sans confiance mutuelle, il est difficile de prendre des risques ou d'explorer des domaines inconnus. Un climat de respect et d'entraide permet de s'exposer aux erreurs et de les reconnaître, sans crainte que celles-ci ne soient utilisées par la suite au détriment des personnes qui apprennent.

La participation des cadres et des subalternes à l'amélioration du système est un autre facteur à considérer. Quand les gestionnaires se perçoivent comme les seuls responsables de cette évolution, il y a peu d'ouverture réelle pour le perfectionnement des subalternes. Quand les subalternes doivent se limiter à exécuter aveuglément des directives, la probabilité de faire appel aux compétences qu'ils ont acquises au cours d'une intervention est très faible. Dans de telles conditions, mettre l'accent sur le développement des ressources aurait pour effet d'ajouter une nouvelle source de frustration à celles qui sont déjà existantes.

2.5	LE *COACHING*

Le *coaching*, un type d'intervention abordé dans le chapitre 1, constitue une démarche de formation. Le consultant a régulièrement l'occasion de mener à bien, avec un client, une démarche qui favorise l'apprentissage dans l'action. Certains gestionnaires demandent ainsi à un consultant de les aider dans une ou plusieurs activités de développement organisationnel et de les amener à acquérir de nouvelles compétences. Il arrive aussi qu'un consultant propose d'accompagner des personnes du milieu et d'agir comme *coach* auprès d'elles, permettant ainsi au client d'assumer seul la responsabilité de l'intervention (Lescarbeau, 1998).

Le *coaching* constitue une avenue habituellement efficace, qui favorise aussi bien la responsabilisation que le développement des ressources d'un milieu. Plusieurs auteurs ont étudié ce type d'intervention (Allenbaugh, 1983 ; Gendron et Faucher, 2002 ; Lescarbeau, 1992, 1998) et ont élaboré différentes méthodes d'intervention. Ainsi, Lescarbeau (1992) indique les particularités de l'intervention de *coaching* lors des étapes de l'entrée et de l'entente ; il met en garde contre certains pièges et insiste sur quelques éléments à clarifier avant de s'engager dans la démarche avec un client. Il propose, de plus, une méthode de travail qui s'articule autour de rencontres régulières de mise au point et il fournit, à cet effet, une structure type pour encadrer ces rencontres. Le consultant *coach* doit se préoccuper de certains aspects, comme le développement de l'autonomie du client et de sa confiance, le partage du leadership, l'enrichissement du réservoir de connaissances scientifiques du client et l'apprentissage dans l'action.

2.6	**La responsabilisation**

Le modèle intégré conçoit la consultation comme un processus interactif visant à mobiliser les ressources d'un système pour l'amener à déterminer lui-même ses problèmes et pour concevoir des solutions créatrices et efficaces. Le consultant n'a rien du thaumaturge ou du sorcier mystificateur ; il mise plutôt sur la capacité qu'ont les gens d'un milieu à assumer leurs responsabilités. Un des six critères d'efficacité introduits au chapitre 1 porte sur la responsabilisation : une intervention sera efficace si les membres du système se sentent davantage responsables du changement provoqué et s'ils sont outillés pour poursuivre les changements amorcés.

Plusieurs concepts courants désignent le but visé par la mobilisation du milieu : la prise en charge, l'appropriation, l'autodéveloppement, le développement autogéré, la participation, etc. (Payette, 1984). Certains auteurs ont proposé des définitions de la *prise en charge* ; celle d'Ayotte et Lamothe (1983, p. 7) mérite d'être mentionnée :

> C'est l'action d'un individu, groupe ou organisme qui consiste à prendre l'initiative d'apprécier sa situation, de la modifier dans le sens souhaité en tenant compte de sa mission, de son mandat et de ses responsabilités et en utilisant toutes les ressources disponibles, et de répondre de ses actions aux autorités concernées ou d'assumer ses responsabilités.

Lorsqu'il s'engage dans une intervention, le consultant ne peut présumer que la responsabilisation et la prise en charge vont de soi. Plusieurs obstacles risquent de survenir. Par exemple, un client souhaite parfois s'en remettre à un consultant pour être libéré des préoccupations que lui cause la situation initiale. Il arrive qu'il vive un sentiment d'impuissance : il se trouve dans une situation difficile qu'il n'arrive pas à définir de façon satisfaisante et qu'il a déjà tenté de résoudre avec tous les moyens à sa disposition. Il peut donc être porté à la passivité et s'attendre à ce que le consultant règle enfin son problème.

Le consultant, de son côté, peut être tenté de prendre lui-même en charge les problèmes du milieu et d'assumer des responsabilités qui ne lui reviennent pas. Ses attitudes et ses comportements peuvent facilement compromettre le processus de responsabilisation et entraîner la dépendance du milieu à son égard. Le besoin de se sentir utile, en réalisant soi-même beaucoup d'activités, est un piège qui guette sans cesse le consultant. Son rôle de catalyseur de ressources l'aidera à répondre autrement à son besoin.

Dès le début, le consultant doit préparer son départ de façon à ce que le milieu, engagé dans un processus de changement, devienne progressivement le seul artisan de son développement. Dans la rédaction de l'entente, il veillera à ce que le partage des responsabilités prévoie l'engagement progressif du milieu. Il est normal que, d'entrée de jeu, il accepte de prendre beaucoup de responsabilités et de pouvoir ; cependant, les étapes du processus décrites dans le modèle intégré sont conçues de façon à amener progressivement le milieu à acquérir les connaissances, les capacités et les outils dont il a besoin pour s'approprier l'intervention. La figure 2.1 illustre, à chaque étape de la consultation, les cheminements respectifs du consultant et du milieu. Il s'agit de deux courbes théoriques indiquant le déroulement idéal d'une intervention qui tient compte de la mobilisation du milieu. Le consultant, dont le degré de responsabilité est élevé au début de l'intervention, prépare graduellement son départ. Le milieu, de son côté, assume de plus en plus la responsabilité du processus de changement. Les deux courbes sont interdépendantes en ce sens que les comportements du consultant influent sur ceux du milieu, et vice versa : plus le consultant s'en tient à des rôles d'appui et d'encadrement, plus le milieu s'approprie le processus de changement.

Parmi les facteurs qui favorisent le processus de responsabilisation, il y a, d'une part, le fait de reconnaître que la situation appartient au milieu et, d'autre part, la disponibilité du milieu vis-à-vis de l'intervention.

Le problème appartient au système et concerne les membres du système-client. Si le consultant ne respecte pas cette règle de base, il se sent personnellement tenu de régler le problème à la place des acteurs. En voulant les aider de cette façon, il les dépossède implicitement de leurs responsabilités et maintient leur dépendance. Les membres du système-client, quant à eux, doivent d'abord être conscients d'un écart entre la situation désirée et la situation initiale. Ils doivent aussi se rendre compte que leur participation comporte des avantages qui compenseront largement les efforts consentis. Enfin, il importe qu'ils se sentent concernés par la recherche des pistes de changement possibles. Le chapitre 11 traitera de la relation de coopération, une façon de favoriser la complémentarité entre les ressources du milieu et celles du consultant.

Le deuxième facteur concerne la disponibilité du milieu. Le processus de responsabilisation n'est pas uniquement le résultat d'une prise de conscience ; il implique aussi une mobilisation des membres dans l'action, comme on l'a vu plus haut. Cette mobilisation se manifeste de diverses façons :

■ Le client n'exige pas que le consultant fasse des choix stratégiques à la place des gestionnaires ;

■ Il manifeste un certain esprit critique face aux suggestions du consultant ;

FIGURE 2.1
L'évolution de la responsabilisation

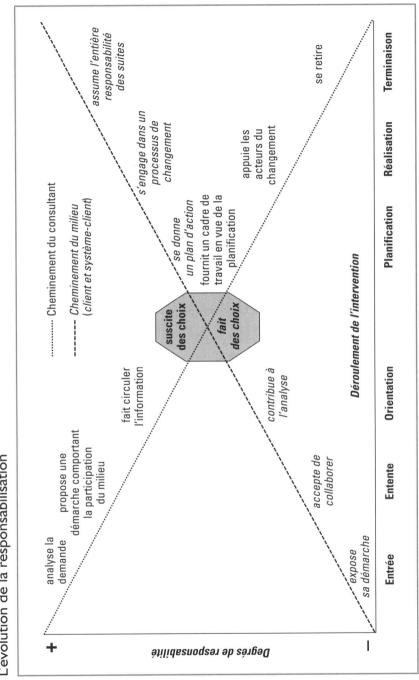

- Il exprime la volonté d'assumer ses responsabilités dans la démarche sans *se cacher* derrière la compétence d'un expert.

L'implication de l'ensemble du milieu suit un scénario simple : certaines personnes assument progressivement des responsabilités en acceptant d'utiliser leurs ressources et d'acquérir les compétences requises pour l'exercice de ces responsabilités. Ultimement, la prise en charge se concrétise par un engagement du milieu quant aux suites à donner.

On peut résumer cette préoccupation en disant que, dès son entrée dans le milieu, le consultant prépare sa sortie ; sa fonction exige qu'il ne soit que de passage dans un système-client, même s'il est consultant interne. Bien que très active au début, voire indispensable, la participation du consultant régresse au fur et à mesure que l'intervention progresse ; elle fait place à la participation croissante du client et des membres du système. Un transfert des responsabilités s'opère à mesure que le milieu s'approprie l'intervention.

2.7   LES FONCTIONS DE SUPPLÉANCE ET D'ASSISTANCE

Les compétences requises pour intervenir efficacement sont regroupées autour de deux grandes fonctions : une fonction de *suppléance* et une fonction d'*assistance*. La *suppléance* regroupe les procédés par lesquels on met à la disposition d'un système-client le savoir et une partie du savoir-faire accumulés dans les sciences humaines. Selon *Le Petit Robert*, le terme « suppléer » signifie « apporter ce qu'il faut pour remplacer ou pour fournir (ce qui manque) ». En soumettant au système-client les généralisations contenues dans le savoir disciplinaire (on s'y réfère en parlant du *facteur G*, pour « général »), on introduit un éclairage nouveau sur la situation problématique, en fournissant des pistes de solutions toutes neuves. En proposant et en gérant une méthode d'intervention rigoureuse qui a fait ses preuves, on restitue au système-client de nouvelles façons de travailler pour produire le changement souhaité.

L'*assistance* désigne une autre facette du savoir-faire professionnel, un ensemble de procédés spécialement conçus pour permettre au système-client d'être le maître d'œuvre du changement visé. Par cette fonction, on aide un système-client à utiliser et à améliorer ses propres ressources (on s'y réfère en parlant du *facteur P*, pour « particulier ») dans la recherche du changement souhaité. Selon *Le Petit Robert*, le verbe « assister » signifie « seconder (qqn) dans ses fonctions, dans sa tâche ». Dans une relation d'assistance, c'est le système-client qui a la responsabilité du changement à produire. L'assistance suppose donc une attitude réceptive et accueillante face à toute l'information fournie spontanément par le système-client, mais elle va bien au-delà. Pratiquer la fonction d'assistance, c'est être proactif, c'est-à-dire recourir à toutes sortes de procédés (voir la partie II) pour activer les ressources latentes du système-client. Autant la suppléance est prescrite pour combler les limites du système-client dans son projet de changement, autant l'assistance est requise pour suppléer aux limites de la science dans le contexte d'un projet particulier de changement.

Dans le modèle intégré de consultation, la suppléance et l'assistance sont deux fonctions indissociables ; elles se complètent mutuellement. Le schéma de la figure 2.2[1] fournit le cadre général de description des compétences du consultant dans l'exercice des fonctions de suppléance et d'assistance. L'axe horizontal correspond à la perception que le système-client a de ses propres compétences par rapport à l'objet de l'intervention. Au cours de celle-ci, le système-client se situe entre les limites gauche et droite du continuum selon qu'il juge ses compétences insuffisantes ou de haut niveau. Cet axe illustre le point de vue du système-client ; il ne correspond pas nécessairement à la vision de l'intervenant.

Dans l'utilisation du modèle intégré, on présume que tout organisme recèle des ressources suffisantes pour formuler un objectif de changement réaliste et pour produire ce changement si on aide le système-client à percevoir et à utiliser ses ressources. C'est par le jeu de la suppléance et de l'assistance que l'on contribuera à produire cet effet. Même après avoir reconnu que le système-client est démoralisé, l'intervenant peut présumer qu'il renferme des ressources latentes que l'intervention pourra faire émerger et activer. C'est donc la perception de l'intervenant, et non celle du système-client, qui déterminera la portée des fonctions de suppléance et d'assistance.

Même si, au début d'une intervention, la plupart des systèmes-clients se situent à gauche de l'axe horizontal, on prévoit une évolution positive de leur perception au cours de l'intervention. Ils se déplacent vers la droite à mesure que l'intervention progresse : ils se sentent de plus en plus compétents pour entreprendre ce qu'ils se croyaient incapables d'accomplir au point de départ. Il faut préciser que la position du système-client sur l'axe horizontal (voir la figure 2.2) varie selon les sujets traités. Il peut se situer à gauche par rapport à une difficulté précise et à droite pour d'autres aspects de la demande. Par exemple, un client déclare au consultant auquel il fait appel : « Je sais très bien ce qui ne va pas chez nous : le climat de travail

---

1. Adapté de St-Arnaud (1999).

FIGURE 2.2
Le tableau des compétences

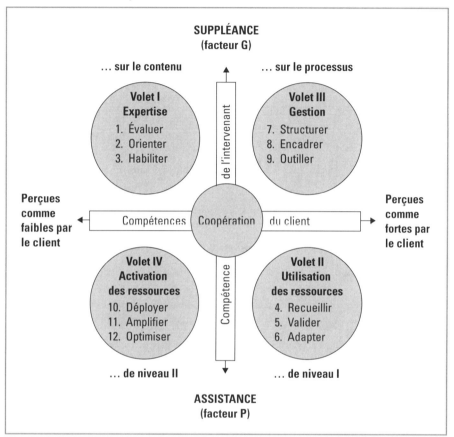

est tendu et chacun se protège en gardant pour lui l'information qu'il devrait partager pour faciliter le travail interdisciplinaire. Depuis un an, nous avons tout fait pour changer cette mentalité, mais nous n'observons aucune amélioration. »

Voilà un système-client qui se situe à droite du continuum pour l'évaluation qu'il fait de sa situation, et à gauche pour la façon de la changer. Progressivement, il devrait se sentir de plus en plus outillé pour améliorer sa situation. Cette évolution sera expliquée plus loin, dans les chapitres de la partie II qui décrivent les étapes du processus d'intervention et les instruments dont dispose le consultant.

L'axe vertical de la figure 2.2 place aux deux extrémités d'un autre continuum les deux fonctions de suppléance et d'assistance exercées par l'intervenant au cours du dialogue professionnel. En haut du schéma, la fonction de suppléance est associée au facteur G : le savoir disciplinaire permet la suppléance quant au contenu. Le savoir-faire relié à un modèle d'intervention reconnu rend possible la suppléance quant au processus de l'intervention. En bas du schéma, la fonction d'assistance est reliée au facteur P : un ensemble de procédés permet à l'intervenant de mobiliser les ressources du système-client : d'une part, en utilisant les ressources particulières dont il est conscient (niveau I), d'autre part, en activant ses ressources latentes (niveau II). Le petit cercle au centre indique que la relation de coopération (voir le chapitre 11) conduit à une alternance des deux fonctions. L'intervenant se déplace de la partie supérieure à la partie inférieure du continuum, et vice versa, chaque fois qu'il passe d'une fonction à l'autre.

Les quadrants formés par l'intersection des deux axes du schéma de la figure 2.2 servent à décrire les quatre volets d'un tableau des compétences nécessaires pour intervenir efficacement en psychologie des relations humaines. Les expressions

- « expertise » (portant sur le contenu),

- « utilisation des ressources » (du système-client),

- « gestion » (du processus d'intervention) et

- « activation des ressources » (latentes du système-client)

sont utilisées pour caractériser ces volets, numérotés, dans cet ordre, de I à IV. Chacun d'eux comprend trois compétences particulières. La façon de les désigner permet de souligner la complémentarité entre, d'une part, les volets I et II, à la base de certains modèles d'intervention, et, d'autre part, les volets III et IV, privilégiés dans l'utilisation du modèle intégré. Les compétences sont numérotées de 1 à 12 uniquement pour en faciliter la référence. La terminologie employée dans le schéma de la figure 2.2 sert à regrouper différents procédés qui ont fait l'objet d'une publication antérieure (St-Arnaud, 1999). Les chapitres de la partie II en fourniront des illustrations.

Les quadrants du schéma mettent en relation les ressources professionnelles du consultant et celles du système-client. Les compétences des volets I et IV (respectivement en haut et en bas du schéma, à gauche) indiquent deux façons de réagir lorsqu'un système-client se sent démuni vis-à-vis d'un aspect de sa situation. On peut lui offrir de l'expertise pour *évaluer* sa situation (1), *orienter* son action (2) et l'*habiliter* (3), au besoin, à utiliser de nouvelles façons de faire ; on privilégie ainsi la suppléance par rapport au contenu, et les compétences du volet II (une assistance de niveau I) pour mettre le système-client à contribution dans l'élaboration d'un diagnostic et d'un plan de traitement. On peut aussi miser sur les ressources latentes du système-client, opter pour l'assistance de niveau II et utiliser les compétences du volet IV pour *déployer* (10), *amplifier* (11) et *optimiser* (12) les ressources du système-client. On vise ainsi à le rendre capable de changer lui-même la situation pour laquelle il consulte ; si cela réussit, le système-client se déplacera vers la droite du continuum sur l'axe horizontal. Il ressort de la conception de l'intervention présentée au chapitre 1 que le modèle intégré est axé sur la deuxième de ces options. La distinction entre le consultant centré sur le *produit* et le consultant centré sur le *processus* (voir le tableau 1.1) annonçait déjà que le consultant privilégie le volet III, consacré à la gestion du processus (*structurer, encadrer* et *outiller*), pour favoriser la mobilisation des ressources du milieu. On verra comment cela se concrétise à chacune des étapes du processus de consultation dans les chapitres de la partie II.

La primauté accordée aux procédés de gestion n'élimine pas, cependant, le recours à l'expertise. Lorsque les besoins du système-client l'exigent, le consultant n'hésite pas à exercer une fonction de suppléance par rapport au contenu ou, s'il ne dispose pas de l'expertise requise, à suggérer le recours à d'autres ressources externes, comme on l'a vu plus haut. Son profil reflétera donc une grande polyvalence dans les procédés utilisés, dont la plupart appartiendront aux volets III (gestion) et IV (activation des ressources).

Les schémas des figures 2.3 et 2.4 établissent le rapport entre les compétences professionnelles et les compétences du système-client selon une approche centrée sur le *produit* ou une approche centrée sur le *processus.* Si l'intervenant considère que les compétences du système-client sont insuffisantes par rapport à l'objet de l'intervention, il privilégie les volets I, II et III. Le consultant, au contraire, attribue au système-client des ressources latentes et, en conséquence, un niveau de compétence élevé ; il opte pour les volets II, III et IV.

Selon le modèle intégré, tous les procédés sont au service de la mobilisation des ressources du milieu, y compris ceux qui servent à exercer les compétences du volet I. Une bonne façon d'améliorer la perception qu'a le système-client de ses propres ressources consiste à gérer l'intervention de façon qu'il devienne proactif dans son projet de changement. La suppléance quant au processus[2] introduit des

---

2. La distinction entre le *contenu* et le *processus* prête souvent à confusion. Dans la présentation du tableau de compétences, la notion de processus réfère toujours et uniquement aux interactions entre l'intervenant et le système-client. Le contenu renvoie à tout ce qui concerne la situation et le fonctionnement du système-client. La confusion est due au fait qu'on peut aussi distinguer dans le système-client des processus de gestion comme objet d'expertise. Dans le contexte du modèle intégré, tout ce qui concerne le fonctionnement du système-client est considéré comme un contenu.

FIGURE 2.3

L'approche centrée sur le *produit*

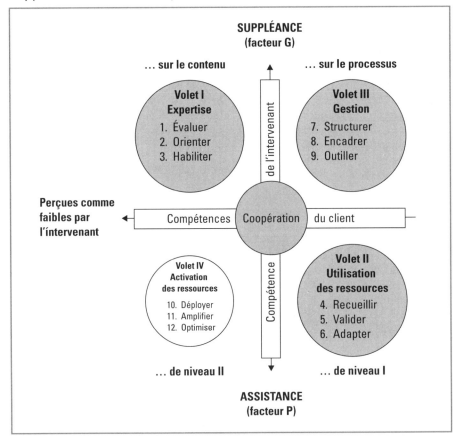

méthodes de travail qui ont pour effet de modifier la perception que le système-client avait de ses propres compétences au moment de faire appel à un consultant. Les compétences professionnelles du volet III concrétisent l'approche centrée sur le processus; elles permettent de *structurer* (7) une relation de coopération, d'*encadrer* (8) la démarche pour maximiser l'utilisation des ressources du système-client et, au besoin, d'*outiller* (9) celui-ci en vue d'une meilleure utilisation de ses ressources au cours de l'intervention. Les compétences du volet II, pour leur part, permettent l'utilisation systématique des compétences que le système-client se reconnaît; elles consistent à *recueillir* (4) toute l'information pertinente à l'intervention, à *valider* (5) sa compréhension auprès du système-client et à *adapter* (6),

FIGURE 2.4

L'approche centrée sur le *processus*

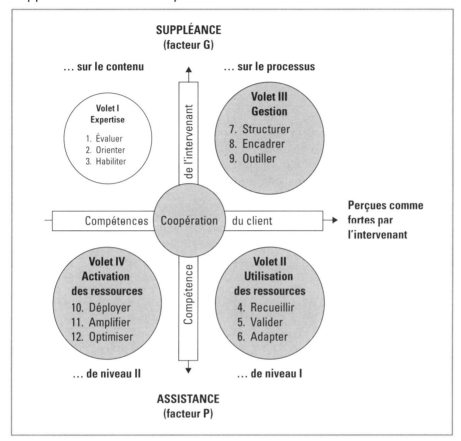

en fonction de ses particularités, les propositions faites au sujet du processus (volet III) ainsi que des orientations et des habilitations (issues de l'utilisation des compétences du volet I), comme c'est le cas dans les activités de formation et de *coaching*.

Comme tout schéma, celui-ci n'échappe pas à une simplification des processus qu'il tente d'illustrer. Par exemple, les compétences du volet IV (activation des ressources du système-client) semblent réservées aux moments où le système-client se montre démuni, tandis que les compétences du volet II (utilisation des ressources du système-client) sont mises en œuvre lorsqu'il se perçoit comme compétent. En pratique, lorsqu'on analyse le dialogue d'une relation de consultation, on se sert de toutes les compétences, peu importe la position du système-client sur l'axe horizontal. L'utilité du schéma est de souligner que, selon la perspective théorique adoptée dans l'utilisation du modèle intégré, l'exercice des compétences du volet IV contribue davantage au déplacement du système-client vers la partie droite du continuum. Même en présence d'un système-client très actif qui se prend en charge (à droite de l'axe horizontal), le recours aux compétences du volet IV sert à maintenir cette proactivité, tout en faisant émerger des ressources supplémentaires dans le système-client. Inversement, le recours aux compétences du volet II lorsque le système-client se sent démuni (à gauche de l'axe horizontal) peut aussi contribuer à son déplacement vers la droite du continuum. Le même chevauchement se produit dans la partie supérieure du schéma : les deux types de suppléance, quant au contenu et au processus, conviennent quelle que soit la position du système-client sur l'axe horizontal. En définitive, le schéma ne constitue pas un guide formel du recours aux différentes compétences, mais un indicateur de la pertinence particulière de chaque bloc de compétences, en fonction des positions qu'occupe le système-client sur l'axe horizontal. Il contribue en particulier, comme on l'a vu, à clarifier les choix qui se présentent à un intervenant en présence d'un système-client qui se montre démuni, ou encore à orchestrer ses stratégies pour soutenir la prise en charge et le développement des ressources du milieu.

CONCLUSION

Pour assumer adéquatement son rôle de catalyseur, le consultant ne fait pas que travailler pour le milieu ; il travaille avec le milieu. Ce faisant, il stimule les énergies latentes du système et accroît le pouvoir des différents acteurs. James G. Kelly (1983) considère que la consultation est un processus de création de pouvoir. Pour lui, le pouvoir réside dans les ressources humaines d'une organisation. Pour être efficace, le consultant aide le client et les membres du système-client à s'utiliser eux-mêmes et à devenir de plus en plus habiles dans la résolution de leurs problèmes. La mobilisation du milieu est un effet direct de l'application des deux composantes du modèle intégré : la gestion d'un processus d'intervention et le développement d'une relation de coopération. L'alternance entre les deux fonctions de suppléance et d'assistance produit cet effet.

VÉRIFICATION DES CONNAISSANCES

Le lecteur peut évaluer les connaissances qu'il a acquises au cours du présent chapitre en répondant aux questions suivantes, puis en vérifiant ses réponses à l'aide du corrigé placé à la suite de cet exercice.

Est-il vrai ou faux que les auteurs soutiennent les énoncés suivants ?

		VRAI	**FAUX**
1.	Le modèle intégré de consultation privilégie l'utilisation des ressources dont le milieu dispose.	❏	❏
2.	Pour devenir un catalyseur des ressources d'un milieu, le consultant tente d'entraîner celles-ci dans sa propre trajectoire.	❏	❏
3.	Le client est une ressource privilégiée.	❏	❏
4.	L'utilisation des ressources du milieu peut compromettre l'intervention.	❏	❏
5.	Des membres du système-client n'ont jamais à s'acquitter de tâches comme l'animation d'une réunion ou la conduite d'entrevues.	❏	❏
6.	Il est parfois avantageux d'inviter des clients ou des partenaires de l'organisme-client à faire connaître leur point de vue sur certains aspects relatifs aux objectifs de l'intervention.	❏	❏
7.	Le consultant externe doit tenir compte du fait qu'un milieu dispose des ressources d'un consultant interne.	❏	❏
8.	Au cours d'une intervention, le consultant peut de lui-même introduire un expert dans le milieu.	❏	❏

▼

▼

	VRAI	FAUX
9. Si l'intervention ne comporte pas d'objectifs de formation, le consultant doit éviter d'inclure au cours de la démarche des activités visant l'acquisition de certaines compétences par les membres du système-client.	❏	❏
10. Les attitudes et les comportements du consultant peuvent influencer le processus de responsabilisation dans un milieu.	❏	❏
11. Dans son rôle de *coach,* un consultant n'établit pas toujours des objectifs d'apprentissage.	❏	❏
12. La fonction d'assistance intervient lorsque le client est réticent à collaborer.	❏	❏

CORRIGÉ

9. *Faux*	10. *Vrai*	11. *Faux*	12. *Faux*
5. *Faux*	6. *Vrai*	7. *Vrai*	8. *Faux*
1. *Vrai*	2. *Faux*	3. *Vrai*	4. *Vrai*

CHAPITRE 3
L'éthique
du consultant

Mieux vaut choisir de ne pas agir
que d'agir sans choisir.

En cette période de remise en question, d'incertitude et d'évolution rapide, de plus en plus de groupes professionnels s'interrogent sur les principes éthiques qui devraient guider leurs actions. Au cours des dernières années, de nombreux organismes se sont dotés de codes d'éthique, que ce soit dans le domaine de la formation et de la recherche universitaires, dans celui des services communautaires ou dans celui des entreprises privées, publiques et parapubliques. Au Québec, depuis l'adoption de la Loi 120 portant sur la réforme des services de santé et des services sociaux, tous les établissements sont tenus de se doter d'un code d'éthique (article 233). Chez les administrateurs, on voit également s'accroître les préoccupations d'ordre éthique.

Quelques balises sont nécessaires pour orienter le jugement éthique des consultants. En effet, ces derniers ont besoin de principes directeurs pour éclairer et guider leur conduite quotidienne envers leurs clients, les membres du système-client, leurs collègues ou leurs concurrents. Il faut dire que les codes de déontologie des ordres professionnels cadrent mal avec leur pratique professionnelle.

Sans prétendre imposer leurs positions personnelles, les auteurs présentent dans ce chapitre les principes éthiques qui guident leur pratique. Leur but est de stimuler la réflexion des personnes qui cherchent des balises concrètes. Ce chapitre comporte trois sections : la distinction entre l'éthique et la déontologie, les bases de l'éthique et les choix éthiques préconisés par les auteurs.

3.1	L'ÉTHIQUE ET LA DÉONTOLOGIE

Selon *Le Petit Robert,* l'éthique est «la science de la morale, l'art de diriger la conduite». Les valeurs et les principes, à savoir le *pourquoi* de l'éthique du consultant, se traduisent dans ses comportements et guident sa pratique. Le *comment* qui en découle influe sur sa façon d'interagir, d'analyser une situation, de faire des choix, de construire ou d'utiliser des instruments, d'appliquer des méthodes et des techniques, de gérer des situations critiques, de planifier et d'effectuer une démarche, et d'évaluer ses actions. Le consultant se donne ainsi des points de repère pour juger et décider. Mais, dans une situation concrète, il lui appartiendra d'user de prudence et de *bon sens* par une application adaptée des principes éthiques. Car, en ce domaine également, il importe d'agir non pas de façon mécanique, mais avec discernement.

Legault (2001, p. 79) estime que l'éthique contribue à la réalisation de soi:

> L'être humain ne peut s'accomplir pleinement que s'il arrive à établir des rapports harmonieux avec les autres. [...] L'éthique cherche ainsi à équilibrer le souci de soi, le souci d'autrui et le souci de nous.

Définir sa position éthique, c'est donc devenir attentif non seulement à l'existence de certaines valeurs, mais aussi à leur évolution, à leur confrontation et à la recherche de l'équilibre. C'est contribuer à affiner son jugement (Deschênes, 1991). C'est aussi découvrir et corriger ses propres contradictions pour en arriver à une plus grande cohérence. Le manquement à ses propres principes éthiques peut entraîner à la longue une baisse de l'estime de soi (Otis, 1990). L'éthique a donc une visée incitative et concerne l'engagement moral.

La déontologie, pour sa part, est prescriptive. Elle énonce un ensemble de règles que doit observer un professionnel pour se conformer aux exigences éthiques d'un groupe, d'une association ou d'un ordre professionnel. La dérogation à ces règles entraîne habituellement une réprimande, ou une exclusion temporaire ou permanente, selon la gravité de la faute. Essentiellement, la déontologie régit les rapports d'un professionnel avec ses clients, avec ses collègues ou avec la société, alors que l'éthique les oriente.

3.2	LES BASES DE L'ÉTHIQUE

L'établissement de règles éthiques n'est habituellement pas le produit d'une opération mentale isolée. C'est plutôt le résultat d'un processus réflexif au terme duquel une personne est amenée à prendre en considération deux ensembles d'éléments : les valeurs personnelles et les valeurs du groupe social où elle intervient. Le concept de valeur est abstrait et nécessite une clarification avant que la réflexion sur l'éthique soit approfondie.

3.2.1 La notion de valeur

Même s'il est utilisé couramment, le mot « valeur » est difficile à concevoir et à définir. *Le Grand Larousse* (1987) propose la définition suivante :

> Ce qui est imposé comme vrai, beau, bien d'un point de vue personnel ou selon les critères d'une société, et qui est donné comme un idéal à atteindre ou comme quelque chose à défendre.

Toutes les valeurs, tant personnelles que sociales, sont souhaitables ; elles représentent pour la personne et pour la société un idéal à promouvoir et à poursuivre. Elles peuvent cependant entrer en conflit les unes avec les autres. Ainsi, la discrétion et la transparence sont parfois difficilement conciliables et, dans des situations concrètes, un choix s'impose. Il importe de reconnaître la primauté de quelques valeurs susceptibles d'orienter les attitudes et les comportements, et ce, sans pour autant mettre de côté d'autres valeurs importantes.

3.2.2 Les valeurs personnelles

Les valeurs personnelles du consultant jouent un rôle prépondérant dans ses choix éthiques. Le respect des personnes, le souci de leur développement, la franchise, la responsabilité, le respect des engagements et la promotion de choix éclairés sont autant de valeurs pouvant se refléter dans ses actes.

3.2.3 Les valeurs du groupe social

L'acte professionnel se pose dans un ensemble social déterminé par sa culture, notamment ses normes, ses valeurs, ses interdits et ses tabous. Un consultant dont la clientèle est très diversifiée est naturellement influencé par divers systèmes de valeurs. En région éloignée, il doit tenir compte des valeurs locales, sensiblement différentes de celles des grands centres urbains.

Lorsque sa pratique se concentre dans un milieu particulier, le secteur hospitalier par exemple, le consultant doit tenir compte de l'importance accordée à l'expertise, une valeur qui risque d'inhiber la participation. Il doit aussi prendre en considération d'autres valeurs déterminantes, telles que celles qui sont reliées aux statuts respectifs des professionnels de la santé.

3.3   LES CHOIX ÉTHIQUES

Les valeurs et les principes qui ont cours dans une culture professionnelle donnée ont, comme on vient de le voir, une incidence sur les comportements du consultant.

3.3.1 Les valeurs et les principes

Dans l'élaboration du modèle intégré, les auteurs ont opté pour les valeurs qu'ils partagent. Ces valeurs, qui sous-tendent leur conception de l'exercice de la consultation, sont principalement la coopération, l'appropriation, l'autonomie de la personne et des groupes, la cohérence, la créativité, la décision éclairée, le développement des compétences et des pouvoirs, la discrétion, l'efficacité, la fidélité au client et à l'organisation, l'honnêteté, la loyauté, le respect des engagements, le respect des compétences, le respect des personnes et des différences individuelles, la responsabilisation personnelle et collective, la rigueur, la solidarité, la synergie et la transparence.

Le modèle de consultation préconisé par les auteurs repose sur différents principes qui ont orienté la progression de leurs discussions. Ces principes, essentiels à la cohérence du modèle intégré, les auteurs les ont acquis au cours de leurs pratiques respectives, en tablant sur la réflexion dans l'action. Ce modèle est fondé sur les principes suivants :

- Le consultant propose un processus ou une façon de procéder, plutôt qu'une solution pour améliorer une situation ;

- Il examine avec le client le bien-fondé de l'intervention avant de s'engager dans la formulation d'un projet ;

- Il évite d'amorcer un processus d'aide s'il n'y a pas eu, au préalable, une entente claire ;

- Il tient compte des éléments principaux du contexte tout en favorisant le choix de cibles pertinentes et précises : il pense globalement et agit localement ;

- Il encourage la participation de tous les acteurs concernés en faisant circuler l'information ;

- Il utilise les compétences des acteurs directement concernés pour déterminer les facteurs qui influent sur une situation ;

- Il invite les personnes qui ont fourni de l'information à réagir à l'ensemble des données et à concourir à leur interprétation ;

- Il mise sur les forces motrices d'une situation, ainsi que sur le potentiel des personnes et des groupes, tout en prenant en considération les forces restrictives ;

- Il favorise une démarche de *faire faire,* de *faire avec* ou d'*apprendre à faire,* au lieu de *faire à la place de* ou de *faire pour* ;

- Il suscite la créativité dans la recherche de solutions, de correctifs ou de pistes de développement ;

- Il propose une approche systémique pour analyser une situation, plutôt que d'établir un diagnostic unique ou d'isoler une cause ;

- Il fait en sorte que le changement désiré devienne important pour l'ensemble des acteurs ;

- Il planifie la démarche de façon que les acteurs obtiennent des succès à toutes les étapes, ce qui aura un effet d'entraînement ;

- Il augmente son efficacité en évaluant continuellement l'effet de ses actions dans le milieu et en apportant, au besoin, les correctifs appropriés.

3.3.2 Les comportements et les attitudes

Se fondant sur leur formation, leurs expériences, leurs réflexions et les nombreuses discussions qu'ils ont menées entre eux, avec d'autres collègues et avec des étudiants, les auteurs ont défini un certain nombre de comportements et d'attitudes que le consultant doit avoir et qui traduisent les valeurs de celui-ci dans l'exercice de ses fonctions. Ces comportements et ces attitudes concernent le rôle de consultant, son intérêt personnel, la dimension relationnelle, l'entrée, l'entente, l'orientation, la réalisation, la terminaison et la relation avec les membres de la profession.

Le rôle de consultant

Dans ses activités, le consultant :

- respecte la dignité de toutes les personnes avec lesquelles il est en contact ;

- incite ses interlocuteurs à assumer leurs responsabilités ;

- se préoccupe constamment d'améliorer le sort des personnes du milieu dans lequel il intervient ;

- définit clairement ses intentions professionnelles avant d'agir et s'assure qu'elles sont accessibles.

L'intérêt personnel du consultant

Dans ses activités, le consultant :

- évite, dans la mesure du possible, de privilégier ses besoins personnels de valorisation, d'estime de soi et d'affection ;

- signale les possibilités de conflit d'intérêt lorsque, par exemple, il risque de devenir juge et partie : ses propres intérêts et ceux de son client sont subordonnés à ceux du milieu dans lequel il intervient.

La dimension relationnelle

Dans ses interventions, le consultant :

- informe son client ou les membres du système-client des effets possibles d'une décision qu'ils s'apprêtent à prendre ;

- évite de placer son client devant le fait accompli ;

- respecte scrupuleusement la volonté de ses interlocuteurs lorsqu'ils désirent que l'information qu'ils lui ont communiquée reste confidentielle ;

■ est soucieux d'accroître la capacité de son client à résoudre progressivement ou à traiter la situation pour laquelle ce dernier l'a consulté ;

■ s'efforce d'utiliser adéquatement les ressources du milieu, en particulier l'information disponible et l'expérience des membres du système-client.

L'entrée

Pendant la période de clarification de la demande, le consultant :

■ évite d'orienter la demande du client ou les besoins du système-client selon des préférences personnelles inconciliables avec le type d'intervention qui s'impose ;

■ informe le client et les membres du système-client lorsqu'il entretient des liens professionnels ou personnels avec une personne engagée dans l'intervention ou lorsque ses valeurs et ses opinions personnelles risquent d'avoir des répercussions sur son travail dans le milieu ;

■ évite d'entretenir des ambiguïtés dans la description de ses compétences ;

■ ne s'engage jamais dans un projet d'intervention sans disposer des compétences requises.

L'entente

Dans la préparation et la conclusion de l'entente avec le client, le consultant :

■ s'assure que les règles du jeu sont claires et que les engagements pris de part et d'autre reposent sur une compréhension commune du projet d'intervention ;

■ respecte les attributions et les champs de compétence des différents acteurs du milieu ;

■ consulte des collègues ou un expert en la matière en cas de doute quant aux orientations à donner à une intervention ;

■ s'abstient de prendre des engagements s'il n'est pas convaincu de pouvoir les respecter ;

■ accepte de redéfinir l'entente conjointement avec son client s'il apparaît que, dans l'intérêt du milieu, elle doit faire l'objet de modifications ;

■ informe clairement les membres du système-client des objectifs et des implications du projet d'intervention.

L'orientation

Au moment d'analyser la situation en vue d'arrêter les pistes d'action, le consultant :

- applique les principes ainsi que les normes de rigueur et d'intégrité dans la recherche, l'enregistrement et l'analyse des données, et aussi dans la diffusion des résultats ;

- accorde à ses clients un droit de regard sur son travail : à cet effet, il communique sur demande les données brutes qui ont été utilisées pour définir les priorités d'action, ainsi que les critères servant à pondérer les résultats ;

- adopte une attitude objective dans l'analyse des données et révise ses positions lorsque de nouvelles données apparaissent ;

- considère sérieusement, dans une activité de formation, la transposition des apprentissages à la situation de travail : par conséquent, il écarte les contenus dont l'application ne se limitera qu'au cadre du laboratoire.

La planification et la réalisation

Au moment de mettre en place les priorités retenues par le milieu, le consultant :

- évite d'engager des dépenses inutiles ou de faire assumer par le système-client des frais injustifiés : il ne facture que l'équivalent du temps consacré à l'intervention, suivant le tarif établi au départ ;

- applique des méthodes et des techniques appropriées aux objectifs fixés, au contexte et à la nature du système-client ;

- évite de fixer, dans le contexte d'un projet d'intervention, des objectifs qui n'ont pas fait l'objet d'un accord explicite avec le client ;

- n'applique pas des méthodes et des techniques qui ne lui sont pas familières, sauf s'il est certain d'avoir le soutien d'une personne compétente dans le domaine ;

- n'entretient pas de relations intimes avec un membre du système-client ;

- n'a pas de relation thérapeutique avec son client ni avec un membre du système-client ;

- recherche, dans une démarche de résolution des conflits, des solutions compatibles avec la mission, les besoins et les objectifs de l'unité et de l'organisation concernées ;

- informe le client et les membres du système-client de toute conséquence nuisible pouvant résulter d'une démarche de consultation ;

- aide à prendre une décision éclairée quant à la poursuite de l'intervention ;

- ne divulgue au client que l'information qui se rapporte aux objectifs de l'intervention ;

- ne communique des données personnelles sur un membre du système-client que si celui-ci a été informé au préalable des objectifs de la démarche et s'il lui a donné son accord.

La terminaison

Au moment de conclure sa relation avec le milieu, le consultant :

- évalue avec les intéressés le degré d'atteinte des objectifs et la qualité de la relation qu'il a entretenue avec le client et les membres du système-client ;

- évalue les résultats à partir des critères définis conjointement avec le client ;

- corrige, le cas échéant, tout effet indésirable résultant de son intervention dans le milieu ;

- conserve son dossier d'intervention durant une période raisonnable après la fin du projet au cas où ce serait utile ou nécessaire de s'y référer.

Les relations avec les membres de la profession

Dans sa relation avec un collègue ou un concurrent, le consultant :

- évite d'utiliser des modèles théoriques ou des instruments conçus par d'autres sans leur en donner le crédit et obtenir les autorisations requises ;

- veille à obtenir les autorisations des personnes concernées avant de publier les résultats de ses interventions ou assure leur anonymat ;

- respecte les compétences des autres membres de la profession et évite de les dénigrer devant son client ;

- contribue au développement de la profession en participant à des activités visant le partage et l'échange, et en collaborant à la formation des jeunes professionnels ;

■ se donne les moyens de maintenir et d'améliorer ses compétences ;

■ fait preuve de discrétion et ne divulgue pas d'information pouvant nuire à ses clients.

CONCLUSION

L'éthique reflète des normes individuelles intériorisées qui s'ajustent selon les personnes qu'on a connues, les époques qu'on a traversées et les expériences qu'on a vécues (Bourgeault, 1986 ; Otis, 1990 ; Puel, 1989).

En consultation, plusieurs éléments font l'objet d'un consensus. Chaque consultant a la possibilité de modeler ses principes personnels et d'aller au-delà du consensus de base s'il le désire. Un même principe peut, à l'occasion, faire l'objet de considérations différentes d'un praticien à l'autre. Chacun y va de ses convictions pour tenter de donner un sens à ses gestes professionnels. Il semble d'ailleurs illusoire de croire qu'il existe des comportements professionnels qui sont, aux yeux de tous, infaillibles sur le plan éthique (Hébert, 1990).

Un comportement professionnel éthique traduit l'action d'une personne exerçant sa liberté au moyen d'une décision de la conscience. Il s'agit d'un acte particulier ouvert aux partenaires et ayant des conséquences pour eux. Les moyens que le consultant se donne pour évaluer la progression de l'intervention lui permettent de déterminer les conséquences des principaux gestes professionnels qu'il a posés et, par conséquent, de confirmer ses orientations ou de les ajuster. Une réflexion périodique l'aide aussi à faire le point et à mettre à jour les principes éthiques qu'il désire appliquer.

En résumé, un comportement professionnel éthique se fonde à la fois sur des convictions et sur des responsabilités. La conviction, c'est l'affirmation de valeurs qui donnent un sens à l'action du consultant, tandis que la responsabilité se réfère à la considération des répercussions, sur soi et sur les autres, des décisions prises et des actions engagées (Puel, 1989).

Un acte éthique implique donc la volonté d'accorder les comportements professionnels avec les valeurs personnelles. Selon Lippitt et Lippitt (1980), c'est là un défi que ne peuvent relever tous les consultants. La théorie professée est parfois plus généreuse que la théorie mise en pratique.

VÉRIFICATION DES CONNAISSANCES

Le lecteur peut évaluer les connaissances qu'il a acquises au cours du présent chapitre en répondant aux questions suivantes, puis en vérifiant ses réponses à l'aide du corrigé placé à la suite de cet exercice.

Est-il vrai ou faux que les auteurs soutiennent les énoncés suivants ?

		VRAI	FAUX
1.	Les principes éthiques sont les mêmes pour tous les consultants.	❑	❑
2.	Les principes éthiques d'un consultant sont prescriptifs. S'il ne les observe pas, il peut perdre son droit de pratique.	❑	❑
3.	Les valeurs personnelles du consultant servent à établir ses règles éthiques.	❑	❑
4.	Les valeurs d'une personne peuvent être conflictuelles.	❑	❑
5.	Les valeurs du groupe social où un consultant intervient ne doivent jamais être prises en considération dans l'élaboration des principes éthiques de ce dernier.	❑	❑
6.	Selon le modèle intégré, le consultant doit d'entrée de jeu proposer une solution pour améliorer la situation.	❑	❑
7.	Selon le modèle intégré, le consultant doit chercher à se rendre indispensable.	❑	❑

CORRIGÉ

1. Faux   2. Faux   3. Vrai   4. Vrai

5. Faux   6. Faux   7. Faux

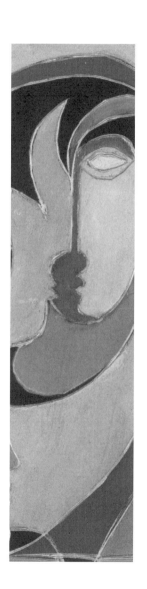

PARTIE II
LA COMPOSANTE MÉTHODOLOGIQUE

CHAPITRE 4
L'entrée

Rien ne sert de courir, il faut partir ensemble.

L e processus de consultation s'amorce habituellement lorsqu'une personne demande à un consultant d'intervenir dans un milieu particulier. Le présent chapitre propose un exemple de demande d'intervention, puis examine l'étape de l'entrée, ses objectifs, ainsi que certains éléments et concepts liés à celle-ci. Il explique ensuite comment se constitue un dossier d'intervention et, enfin, met en garde le lecteur contre les pièges les plus courants.

4.1   UN EXEMPLE DE DEMANDE D'INTERVENTION : LE COLLÈGE RIOPEL

Le tableau 4.1 présente un dialogue illustrant une demande d'intervention[1].

---

1. Comme dans les autres dialogues présentés par la suite, les propos de la consultante sont numérotés, tandis que ceux de son interlocuteur sont précédés d'un trait.

TABLEAU 4.1
Une demande d'intervention

Amélie Latour, consultante de profession, reçoit un appel téléphonique de Roland Nadeau.

— Madame Latour?

1. Oui, c'est moi.

— Mon nom est Roland Nadeau. Je suis conseiller au développement des ressources humaines au collège Riopel. Je suis à la recherche d'une personne qui pourrait animer une rencontre importante des professeurs du département des lettres. On m'a suggéré de m'adresser à vous.

2. Avant d'aller plus loin, j'aimerais savoir si la date de cette rencontre a été fixée.

— Il s'agit d'une rencontre de deux jours qui doit se dérouler les 18 et 19 mai prochains.

3. D'après mon emploi du temps, je n'ai pas d'engagement ces jours-là. Quel est le but de cette réunion?

— Les 15 professeurs du département sont en train de revoir le programme actuel. Les enjeux sont importants et certaines tensions se manifestent. Le directeur a élaboré un projet et en a remis une copie à chaque professeur. Il est nécessaire d'en discuter ensemble et d'en arriver à un consensus large. L'idée d'une rencontre de deux jours a obtenu l'assentiment de tout le monde.

4. J'aimerais connaître plus en détail ce que vous attendez de moi et vous faire part de ce que je suis en mesure de vous offrir pour contribuer à un tel événement. Je pense qu'il serait souhaitable que nous nous rencontrions le plus tôt possible afin d'examiner la question.

— C'est ce que j'allais vous proposer. Quand pourrions-nous nous rencontrer?

5. Avant de répondre à votre question, j'aimerais savoir s'il est possible que le directeur du département participe à cette première rencontre.

— Si vous m'indiquez vos moments libres, je pourrai m'organiser pour fixer une rencontre qui nous conviendra à tous les trois.

4.2   LA DEMANDE D'INTERVENTION

Le consultant, comme on l'a déjà vu, est un spécialiste en matière de processus. Selon le modèle présenté dans le présent ouvrage, le processus se subdivise en six étapes. Les premières activités d'une intervention sont regroupées sous la désignation d'«entrée». Le terme est utilisé dans son sens temporel (début, commencement) plutôt que dans son sens spatial (passage de l'extérieur à l'intérieur, pénétration dans un lieu). L'entrée est le premier processus que le consultant doit gérer; c'est aussi le point de départ d'une intervention dont la durée peut être plus ou moins longue. À ce stade, l'introduction du consultant au sein du système n'a généralement pas encore eu lieu; dans certains cas, toutefois, les deux événements coïncident.

Dans l'exemple présenté, la consultante Amélie Latour se garde bien d'accepter, sans plus d'information, le rôle d'animatrice qu'on lui propose. Elle préfère indiquer qu'elle est disponible à la date prévue et qu'il lui faut obtenir de plus amples renseignements avant de donner une réponse.

«J'aimerais connaître plus en détail ce que vous attendez de moi et vous faire part de ce que je suis en mesure de vous offrir...» (intervention 4). En répondant ainsi, Madame Latour évite de susciter chez son interlocuteur des attentes qui risquent d'être déçues. Ce faisant, elle commence à gérer l'étape de l'entrée.

Certaines activités précèdent parfois l'entrée formelle du consultant dans un système. Ainsi, il arrive que, pour se faire connaître et pour s'attirer des demandes, un consultant externe ou un groupe de consultants externes doive assurer la promotion de ses services. Pour ce faire, il dispose de stratégies diverses: prises de contact plus ou moins informelles, lettres personnelles, prospectus, publicité dans les médias, etc. Par exemple, un étudiant inscrit à un programme de formation doit établir des contacts lorsqu'il désire trouver un lieu où il pourra faire son stage dans des conditions qui conviennent à ses besoins d'apprentissage. De même, un consultant interne a la possibilité de faire connaître à des chefs de département ou de service au sein de son organisation le type de ressources qu'il peut mettre à leur disposition. Dans le modèle intégré, ce type d'activité précède l'entrée et est de l'ordre de la prospection.

On ne peut s'engager dans l'étape de l'entrée sans qu'une personne ou un groupe de personnes formule explicitement une demande d'intervention. La demande proprement dite porte sur une situation particulière qui, du point de vue de l'intervention, est désignée par le terme «situation initiale»; il s'agit de l'ensemble des circonstances qui amènent une ou plusieurs personnes à s'adresser à un consultant. La notion de situation initiale sera expliquée plus loin dans ce chapitre.

Diverses raisons conduisent le demandeur à vouloir modifier une situation: les conditions insatisfaisantes qui règnent dans son milieu, l'insuffisance d'information au moment d'une prise de décision, un déficit d'habiletés ou de connaissances chez les membres du système, l'impossibilité que l'entreprise évolue sans la mise en branle de nouveaux projets ou la création de nouveaux services, etc. Dans l'exemple proposé, le demandeur, Roland Nadeau, expose rapidement son besoin : des personnes cherchent à s'entendre sur un projet qui aura des répercussions sur leur situation respective.

4.3   L'OBJECTIF DE L'ENTRÉE

Certains modèles de consultation proposent une conception de l'entrée plus large que celle qui est préconisée ici ; ils intègrent les deux premières étapes, dites de l'entrée et de l'entente, en une seule. Dans ces modèles, le consultant et le demandeur tentent dès le début de conclure une entente qui amorcera l'intervention. L'approche décrite ici, plus souple en ce qu'elle permet de considérer l'entrée comme un épisode exploratoire, fournit aux partenaires l'occasion de faire connaissance, d'échanger de l'information et de s'entendre sur la pertinence ou non de poursuivre la démarche.

L'étape de l'entrée a pour objectif de décider de façon éclairée s'il y a lieu ou non de préparer un projet, c'est-à-dire d'élaborer les grandes lignes d'une collaboration éventuelle. L'entente concernant la poursuite de l'intervention sera différée jusqu'à ce qu'une esquisse du projet soit produite, étudiée et acceptée. Ce n'est qu'après un examen et une discussion des implications de cette proposition qu'une entente formelle sera conclue. Avant d'aboutir à une telle décision, on procédera, au cours de l'étape de l'entrée, à un partage d'information.

L'entrée a été introduite dans le modèle afin de permettre au consultant de s'engager dans un projet avec lucidité et d'éviter toute précipitation pouvant conduire à une entente prématurée. Par exemple, il arrive que des demandeurs brusquent la démarche en agissant comme si une entente était déjà conclue du simple fait qu'ils ont consacré du temps pour informer le consultant de la situation initiale. Il arrive également que, dès la première rencontre, sans une évaluation complète de la situation, des consultants fournissent leur avis et des conseils ou se mettent à chercher des solutions. Parfois, ils découvrent trop tard qu'ils se sont engagés sur une fausse piste, ou ils sont pris de regrets d'avoir acquiescé prématurément à la demande. Amélie Latour aurait pu indiquer à Roland Nadeau qu'elle acceptait de répondre à sa demande d'intervention et, sans autres renseignements, prendre rendez-vous avec lui en vue de discuter des objectifs et du déroulement de la rencontre des professeurs ; elle a préféré consacrer du temps à l'étape de l'entrée.

Pour éliminer toute ambiguïté, le consultant qui s'inspire du modèle intégré informe très tôt son interlocuteur du caractère exploratoire de l'entrée et lui en explique la finalité. Le consultant interne se sent parfois obligé de s'engager rapidement dans une intervention pour laquelle il est sollicité. Toute précipitation équivaut à un risque d'erreur. Il est important, tant pour le consultant interne que pour le consultant externe, d'effectuer une véritable entrée en s'accordant une marge de manœuvre dans la manière de répondre aux demandes reçues ou en proposant une autre façon de considérer la situation initiale. Dans une organisation, le conseiller en développement des ressources humaines est souvent appelé à assurer ou à organiser la formation d'un groupe d'employés. Répondre à une telle demande fait partie de ses fonctions, et cette tâche sera d'autant plus facile si, respectant l'étape de l'entrée, il prend le temps de bien situer la demande, de vérifier si les besoins en formation ont été analysés et d'explorer différentes avenues avec la personne qui recourt à ses services.

4.4   L'*INPUT* : UNE DEMANDE D'INTERVENTION

Un consultant commence à s'engager dans un processus d'intervention à partir du moment où on lui demande de façon relativement claire d'intervenir dans un milieu. Il ne faut pas présumer qu'une demande est exprimée chaque fois qu'un consultant est abordé. Il peut arriver qu'une personne désire s'entretenir avec lui d'une situation ou obtenir son avis sans penser l'introduire dans son milieu. Le cas échéant, le consultant évitera toute confusion en posant la question suivante : « Qu'est-ce que vous attendez de moi par rapport à cette situation ? » Sans une demande claire, le consultant est dans l'impossibilité de gérer l'étape de l'entrée. On utilise le terme *input* pour désigner cette demande, le point de départ du traitement de l'information propre à l'entrée.

4.4.1   Le demandeur et le promoteur

Dans les lignes qui précèdent, on a évité d'utiliser le terme « client ». Cette abstention se justifie par le fait que la personne qui entre en contact avec le consultant au cours de l'entrée n'est pas nécessairement le client. Dans l'exemple précédent, Amélie Latour se garde de traiter Roland Nadeau comme un client et lui propose plutôt d'associer le directeur du département à une première rencontre. Voici une autre raison de faire la distinction entre l'étape de l'entrée et celle de l'entente : cette dernière exige la participation du client.

Le demandeur est donc la personne ou le groupe de personnes qui établit le premier contact avec le consultant et lui adresse une demande d'aide. Il arrive que le demandeur s'avère être le client (les principaux critères définissant le client seront précisés plus loin), mais il se peut aussi qu'il ne soit qu'un intermédiaire entre le consultant et le milieu.

Au moment de la demande initiale, il est aussi des cas où le premier interlocuteur du consultant est ce qu'on appelle un « promoteur ». Un promoteur est une personne ou un groupe de personnes qui suggère ou recommande le recours aux services d'un consultant. Par exemple, le directeur général d'un établissement peut, pour aider à modifier une situation, suggérer à un cadre intermédiaire de faire appel à un consultant. Le promoteur a le pouvoir, en raison de ses attributions ou de sa position hiérarchique, d'influencer de façon déterminante le processus de consultation. Il arrive aussi que le promoteur soit la personne, l'instance ou l'agence qui assure le soutien financier nécessaire à l'intervention éventuelle.

Dans tous les cas, le promoteur s'intéresse de près au déroulement et aux résultats de l'intervention. La décision de donner suite ou non à l'intervention ne relève toutefois pas de sa responsabilité directe, non plus que les décisions prises tout au long de l'intervention. Il est généralement pertinent de tenir le promoteur au courant du déroulement de l'intervention et des résultats obtenus.

4.4.2 Les formes de demande

En s'adressant à un consultant, un demandeur traduit ses besoins en propre ou ceux du milieu qu'il représente. Les besoins à l'origine d'une demande de consultation sont d'une grande diversité. Par exemple, une équipe d'intervenants désireuse de mettre en place un programme peut avoir besoin de s'appuyer sur une expertise méthodologique pour exécuter certaines opérations ou structurer un projet. Ou encore une personne peut requérir de l'aide pour analyser une situation, intégrer du feed-back, obtenir un soutien méthodologique, définir des cibles de développement, reconsidérer son cheminement de carrière, sélectionner un employé ou faciliter son intégration dans un système. Un groupe de travail peut également avoir besoin d'aide pour améliorer son fonctionnement, accroître la capacité de ses membres à collaborer, faire le bilan de sa situation, clarifier les rôles ou préciser des mandats. En outre, dans une organisation ou une association, il est fréquent que des gestionnaires ou des employés désirent acquérir des compétences nouvelles, accroître la participation ou la motivation au travail, aider des membres du personnel à accomplir leurs tâches de façon plus efficace et plus satisfaisante, améliorer un programme mis en œuvre pour corriger une situation, recueillir les réactions des employés à l'égard d'un projet, dresser le bilan de santé de l'organisation, modifier certaines pratiques, consolider les opérations d'une unité, restructurer l'entreprise ou une de ses unités, préciser des insatisfactions, planifier ou instaurer un changement, etc. Il y a aussi des besoins concernant les relations entre plusieurs unités. Il peut s'agir de résoudre un conflit entre deux unités, d'élargir les conditions d'une concertation ou d'apporter un changement dans un milieu communautaire.

4.4.3 Consultation ou exécution?

Dès qu'un consultant reçoit une demande et accepte d'amorcer l'étape de l'entrée, il doit se poser la question suivante, d'une importance fondamentale: le type d'intervention sollicité correspond-il à un véritable travail de consultation ou à un mandat d'exécution? En effet, il faut savoir que le présent modèle d'intervention se distingue nettement d'un autre qui met l'accent sur l'exécution. Le tableau suivant distingue ces deux modes d'intervention.

TABLEAU 4.2
La distinction entre consultation et exécution

Consultation	Exécution
■ Le consultant accepte l'orientation générale du projet, mais il procède, au besoin, à une reformulation de certains aspects; il soulève des questions concernant la pertinence des objectifs et des moyens retenus.	■ L'exécutant accepte un projet dont les orientations sont préétablies et il s'engage à l'exécuter conformément à la demande du client.
■ Le consultant met l'accent sur le contexte de la situation (*problem setting*), d'où la nécessité de passer par l'étape de l'orientation pour préciser la direction du changement.	■ L'exécutant met l'accent sur la résolution du problème (*problem solving*) à partir de la définition du problème faite par le milieu.
■ Le consultant partage la responsabilité du projet avec le client et le système-client.	■ L'exécutant assume la responsabilité de planifier et de piloter le projet sous la direction du client.
■ Le consultant et le client sont des partenaires qui s'influencent mutuellement dans les décisions à prendre au cours du projet.	■ Les interactions entre l'exécutant et le client sont peu nombreuses et visent principalement la conduite du projet.

▼

▼

Consultation	Exécution
■ Appuyés par le consultant, les membres du système-client sont des acteurs importants tout au long du déroulement de l'intervention.	■ Les membres du système sont parfois associés à la recherche de solutions selon des règles préétablies.
■ Le consultant vise la prise en charge progressive du projet par le système et, en conséquence, il doit partager la responsabilité du projet.	■ L'exécutant assume seul la direction des activités jusqu'à la fin de son mandat.
■ Le consultant se préoccupe très tôt de l'après-projet et prépare les mécanismes de suivi.	■ L'exécutant ne considère habituellement pas que la planification de l'après-projet fait partie de son mandat.

Certaines demandes expriment clairement et d'entrée de jeu que l'on attend de l'intervenant qu'il exécute un mandat précis : élaborer un questionnaire et, après l'avoir soumis aux employés, en compiler les résultats ; mener des entrevues de sélection ; animer des réunions ; évaluer les compétences d'un employé ; rédiger un cadre de référence ou un rapport, etc.

Face à une demande d'exécution, le consultant réagit généralement de l'une des trois façons suivantes : il explique clairement qu'il n'éprouve pas d'intérêt pour ce mode d'intervention et que, de toute façon, il n'est pas disponible ; il considère la possibilité de recadrer l'intervention de façon à agir en qualité de consultant ; ou il accepte de jouer un rôle d'exécutant.

Amélie Latour propose de poursuivre l'étape de l'entrée en fixant une rencontre avec le demandeur Roland Nadeau, qui pourrait très bien devenir le client s'il était désigné porte-parole du groupe. N'ayant pas encore accepté d'animer la réunion projetée, elle pourra, au cours de cette rencontre, exposer la façon dont elle envisage d'intervenir pour répondre aux besoins du demandeur. Sans nécessairement remettre en cause la pertinence du moyen prévu — une réunion de deux jours — pour atteindre l'objectif établi, la consultante peut proposer un plan de la réunion en formulant des objectifs appropriés et réalistes, de même qu'une démarche stimulante pour atteindre ceux-ci. De plus, elle peut accepter de s'occuper de la préparation de l'événement (choix du lieu de rencontre, aménagement de la salle, location du matériel technique, etc.) et assumer la responsabilité d'évaluer la réunion et de planifier la suite. Il est possible que la proposition d'Amélie Latour permette, d'une part, de satisfaire aux besoins du demandeur et, d'autre part, de mettre à profit les ressources de la consultante. Il est fréquent qu'un demandeur accepte d'emblée que le consultant sollicité élabore un projet d'intervention d'une plus grande ampleur qu'il ne l'avait prévu. Existe-t-il un consommateur qui ne soit jamais sorti d'un magasin avec un objet qu'il n'avait pas dans l'idée d'acheter ? D'autant que le demandeur qui s'adresse à un consultant ne connaît pas toutes les ressources que ce dernier peut mettre à sa disposition pour répondre à ses besoins.

Par ailleurs, le consultant peut accepter d'intervenir conformément à la demande initiale, c'est-à-dire comme agent d'exécution. À supposer qu'Amélie Latour possède les compétences requises pour animer la rencontre prévue, elle peut accepter le mandat qu'on lui propose et exiger de son client qu'il lui fournisse toute l'information nécessaire à l'accomplissement de sa tâche. Dans ce cas, toutefois, on ne saurait prétendre qu'elle agit en qualité de consultante dans le sens du modèle intégré.

Notons, enfin, que la situation particulière du consultant interne peut avoir une incidence notable sur sa façon de traiter une demande d'exécution. Comme il dispose d'une marge de manoeuvre plus restreinte que celle du consultant extérieur, il arrive qu'il n'ait pas d'autre choix que d'accepter le mandat.

4.4.4 L'*output* : l'engagement à élaborer un projet d'intervention

L'étape de l'entrée permet d'explorer une situation à l'origine d'une demande d'intervention. Comme on le verra plus loin, les activités de l'entrée peuvent déboucher sur des résultats, ou *output,* variables, car, en définitive, ni le demandeur ni le consultant n'ont l'assurance qu'une entente sera conclue et que le projet sera mis en œuvre. Quoi qu'il en soit, le résultat visé est un engagement de la part du consultant à élaborer un projet d'intervention. À cet égard, la première personne intéressée est le consultant lui-même, étant donné que c'est à lui qu'il revient de préparer le projet. De son côté, le client s'engage à collaborer avec le consultant à examiner attentivement le projet qu'il lui soumet et à lui faire part de ses commentaires.

Une fois présenté, le projet pourra être nuancé ou modifié avant de faire l'objet d'une entente formelle. Il arrivera même qu'il soit refusé et qu'on renonce tout simplement à l'intervention. Par projet d'intervention, on entend une esquisse définissant, entre autres choses, les objectifs et le déroulement des opérations, les rôles et les responsabilités des parties concernées, le calendrier d'exécution ainsi que certaines conditions de travail. Le chapitre suivant traite de l'entente, la deuxième étape du processus, et décrit les éléments qu'une telle proposition doit généralement comporter.

Il importe ici de clarifier la nature de la décision prise au terme de l'entrée. À ce stade, il n'y a encore ni engagement à intervenir de la part du consultant ni engagement de la part du client à faire appel aux services du consultant ou à poursuivre le projet d'intervention. Pour utiliser une expression courante, à la fin de l'entrée, les deux partenaires « ne sont pas encore en affaires ». Ce n'est qu'à la fin de l'étape suivante qu'ils se seront mutuellement engagés à atteindre ensemble les objectifs formulés.

Lorsqu'un consultant externe doit préparer un projet qui exige une somme de travail considérable, la question de la rémunération se pose. À ce stade, comme aucune entente n'a encore été conclue, le demandeur ne s'attend généralement pas à débourser de l'argent. Or, il est légitime que le consultant, comme tout autre professionnel ou fournisseur, facture ses services dès l'étape de l'entrée. Quand il aide le demandeur à exposer sa situation, à en faire une analyse sommaire et qu'il développe un projet d'intervention, il lui fournit des services professionnels. Dans la mesure du possible, le consultant qui désire recevoir une rémunération pour les services qu'il rend au cours de l'entrée doit donc, dès le début, aviser le demandeur qu'il devra être rémunéré pour le travail accompli. À la fin de sa conversation téléphonique avec Roland Nadeau, Amélie Latour aurait pu ajouter : « Je tiens à vous aviser dès maintenant que j'ai l'habitude de facturer les services professionnels que je fournis au cours de cette étape préliminaire, même si elle ne conduit pas à une entente formelle. Cela vous va ? »

S'il répond par l'affirmative, Roland Nadeau s'informera, selon toute probabilité, du tarif de la consultante. De nombreux consultants externes préfèrent ne pas aborder la question des coûts au moment de l'entrée, quitte à les inclure plus tard dans la facture si une entente formelle est conclue. Il arrive même que certains les assument eux-mêmes.

4.5   LES ACTIVITÉS DE L'ENTRÉE

Entre la demande, ou *input,* de l'entrée, et l'engagement à élaborer un projet d'intervention, ou *output,* le consultant doit assurer la gestion de deux activités. La première consiste à échanger de l'information avec le demandeur et à procéder à un premier traitement de celle-ci. Si une première rencontre n'est pas suffisante, le demandeur et le consultant se fixeront un second rendez-vous pour compléter

TABLEAU 4.3
Les activités de l'entrée

10. *Input*: la demande d'intervention
11. Partage et traitement d'information
12. Prises de décisions relatives au projet
20. *Output*: l'engagement à élaborer un projet d'intervention

l'information. La seconde activité consiste à prendre les décisions relatives à l'élaboration d'un projet d'intervention.

Le tableau 4.3 présente le détail de l'entrée. Les règles de numérotation[2] des inscriptions s'appliqueront dans tous les chapitres de la partie II.

4.5.1 Partage et traitement d'information (11)

Une personne, membre d'un système, a formulé une demande au cours d'une conversation téléphonique, au moyen d'une invitation écrite, à l'occasion d'une rencontre fortuite ou autrement.

Lorsqu'il a reçu la demande, le consultant a pris le temps d'écouter son interlocuteur. Il l'a ensuite aidé à clarifier certains aspects de la demande et il a recueilli quelques informations essentielles pour savoir s'il y avait lieu d'en entreprendre une analyse plus approfondie. Pour ce faire, il a examiné sommairement ses ressources matérielles et psychologiques en rapport avec la nature de la demande et avec les échéances qu'on lui a communiquées.

La suite des opérations se fait ordinairement au cours d'une rencontre dont la date est fixée par le consultant et le demandeur. La rencontre se tient parfois au bureau de ce dernier. Le consultant en profite pour faire une prise de contact avec l'environnement où évoluent les membres du système et il peut ainsi obtenir des

---

2. Les nombres dont le chiffre d'unité est 0 indiquent toujours l'*input* ou l'*output* d'une étape. Les activités sont ensuite numérotées avec des chiffres d'unité 1, 2, 3, etc., dans l'ordre de leur succession logique. Par exemple, dans le tableau 4.3, le nombre 10 désigne l'*input* de l'entrée, le nombre 20, l'*output,* et les nombres 11 et 12, les activités dans l'ordre de leur déroulement.

renseignements utiles en observant l'aménagement physique des lieux, le contexte de travail et certains comportements. La rencontre a quelquefois lieu au bureau du consultant ou en terrain neutre. De plus, il arrive que le demandeur soit accompagné de collègues intéressés ou touchés par la demande.

Cette rencontre est l'occasion de faire connaissance et de partager de l'information. Le consultant dirige ordinairement l'entrevue en fonction de ses besoins, mais l'information circule dans les deux directions : le demandeur désire lui aussi connaître le consultant, l'approche que celui-ci utilise comme intervenant, ses méthodes et ses conditions de travail, etc. Il s'agit d'un véritable échange d'information.

Pour atteindre les objectifs de l'entrée, le consultant et le demandeur doivent s'informer mutuellement et discuter de certaines questions préalables à toute forme d'engagement. Tout en laissant place à la spontanéité, le consultant mène l'entretien de manière à favoriser une prise de décision éclairée. À cette fin, il doit s'assurer qu'un certain nombre de sujets sont examinés. Le partage de l'information ne nécessite pas une rencontre structurée d'après un ordre du jour rigide. Toutefois, tant le consultant que le demandeur ont leurs préoccupations propres et désirent aborder leurs points respectifs. Le tableau 4.4 expose ces préoccupations sous forme de questions.

TABLEAU 4.4
Les préoccupations respectives du consultant et du demandeur

Préoccupations du consultant	Préoccupations du demandeur
1. Quelle est la situation qui a conduit le demandeur à faire appel à mes services ?	1. Comment le consultant perçoit-il ma demande ?
2. Le demandeur peut-il devenir le client ? Sinon, qui sera le client ?	2. Comment le consultant se propose-t-il d'intervenir ?
3. Quelles sont les caractéristiques du milieu dans lequel l'intervention doit se dérouler ?	3. Quel rôle le consultant entend-il jouer au cours de l'intervention ?
4. Quel type d'intervention attend-on de moi ?	4. Quelles connaissances et quelles compétences le consultant est-il en mesure d'apporter ?
5. Le client et moi pourrons-nous travailler efficacement ensemble ?	5. Quelles conditions de travail le consultant se propose-t-il de demander ?

À cet égard, les deux listes de sujets à aborder sont présentées et commentées dans les pages qui suivent. Évidemment, il n'est pas nécessaire de respecter l'ordre de présentation. L'important est de s'assurer que chaque point sera traité.

Les préoccupations du consultant

L'information dont le consultant a besoin au moment de l'entrée se regroupe généralement autour de six thèmes : la situation initiale, le demandeur, le client, le système, l'intervention attendue et la relation souhaitée.

La situation initiale

Roland Nadeau a demandé à Amélie Latour d'animer une réunion de professeurs. La consultante devra faire une distinction très nette entre la demande de M. Nadeau et la situation initiale. À cette fin, elle cherchera à connaître la raison qui a conduit les professeurs à vouloir tenir cette rencontre. Est-ce la nécessité de donner de nouvelles orientations au programme de formation ? Des dissensions entre les professeurs concernés ? Des insatisfactions provenant des étudiants ? Le besoin d'en arriver à un large consensus avant de démarrer le programme ? L'inaptitude du directeur du département à gérer la réunion projetée ? Le motif à l'origine de l'éventuelle intervention ne correspondra pas à l'objet de la demande de Roland Nadeau, à savoir l'animation d'une réunion, mais à la situation initiale telle qu'elle aura finalement été formulée au cours de l'entrée, soit les circonstances qui ont amené certaines personnes à souhaiter l'intervention d'un consultant.

Voici quelques exemples de questions qu'Amélie Latour pourrait poser :

- Qu'est-ce qui a conduit à modifier le programme actuel ?

- Quelle est l'ampleur des changements envisagés ?

- Y a-t-il des résistances à ces changements ? Si oui, lesquelles ?

- Pourquoi avez-vous décidé de travailler de façon intensive pendant deux jours ?

- Pourquoi recourir à une ressource externe pour animer la rencontre ?

Le fait d'établir la distinction entre la demande et la situation initiale revêt une grande importance en ce qu'il permet au consultant de mettre toutes ses ressources à la disposition de ses clients. Souvent, le demandeur ignore la nature de ces ressources et formule plutôt sa demande en fonction des solutions envisagées. Le tableau 4.5 propose quelques exemples montrant la différence qui existe

TABLEAU 4.5
Demandes et situations initiales

Demande	Situation initiale
Augmenter l'intérêt des réunions d'équipe.	Les réunions sont ennuyantes et sont perçues comme une perte de temps.
	Il est rare que tout le monde soit présent.
	Les interventions importantes se font durant la pause.
Instituer une pratique interdisciplinaire.	Les intervenants professionnels ne partagent pas l'information relative aux clients.
	Chacun protège son territoire.
	Personne ne parle le même langage.
Élaborer un programme d'évaluation.	Les syndicats sont craintifs et réticents par rapport à l'évaluation de leurs membres.
	Les cadres ne se sentent pas assez compétents pour donner du feed-back à leurs employés.
Entraîner les cadres intermédiaires à exercer correctement leur autorité.	Les cadres intermédiaires se sentent coincés entre leurs supérieurs et leurs employés.
	Les cadres supérieurs ne prennent pas le temps de soutenir leurs cadres intermédiaires.

entre une demande et la situation initiale correspondante. Il faut savoir qu'une même demande peut découler de situations initiales différentes.

La situation initiale a une histoire et, à ce titre, elle possède un début et un déroulement qu'il est possible de retracer. Elle s'est tissée à travers des tentatives de solution, des prises de position, des frictions ou d'autres faits qu'il sera utile de dégager au cours de l'entrée. Son origine remonte quelquefois à un événement critique.

La situation initiale concerne au moins un individu qui fait ou non partie du sous-système où elle se présente. Elle peut aussi toucher de nombreux individus œuvrant à l'intérieur ou à l'extérieur du système. Les professeurs et les élèves du collège Riopel auront à composer avec les éventuels changements du programme de leur département. Toutes ces personnes sont touchées, à des degrés variables, par les effets négatifs de la situation initiale.

D'ordinaire, la situation initiale exerce sur le système des effets observables ; ceux-ci se traduisent par une hausse des coûts, des pertes de temps ou de produits, la démobilisation du personnel, l'accroissement des tensions, une baisse de productivité, une augmention des plaintes, la multiplication des discussions oiseuses, etc.

Avant toute chose, le consultant veille à préciser la nature de la situation initiale. Pour ce faire, il doit dresser le portrait de la situation à améliorer, en retracer l'évolution et, finalement, établir le lien qui existe entre la situation initiale et la demande. En outre, il doit s'efforcer de comprendre le cheminement suivi par le demandeur. Par exemple, dans le cas où une personne désire obtenir de l'aide dans la mise en œuvre d'une solution dans son milieu, le consultant doit essayer de refaire avec elle le cheminement qui a conduit ce milieu à formuler une demande, plutôt que d'enclencher immédiatement la mise en place de cette solution. Ainsi, à mesure qu'il a accès à l'information, il peut introduire sa propre perception des événements.

Souvent, la situation initiale correspond à un contexte qui dérange une ou plusieurs personnes du milieu. Lorsqu'un demandeur se présente à un consultant avec une solution en tête, c'est la plupart du temps après avoir perçu la présence de symptômes. Sans faire une analyse poussée de la situation, il est passé des symptômes à une solution. En s'appuyant sur ces derniers, le consultant peut remonter jusqu'aux événements à l'origine de la situation initiale. La notion de symptôme est très utile dans le traitement de la demande. Le symptôme se définit comme un phénomène observable lié à un mauvais fonctionnement d'un système. En voici quelques exemples :

- un climat de travail malsain ;

- des participants qui, au cours d'une réunion, s'écartent très souvent du sujet ;

- un taux d'absentéisme en croissance constante ;

- le manque d'information au sein d'une entreprise ;

- une réunion désertée ;

- un volume élevé de plaintes de la part des clients.

Au moment de traiter la demande, il y a plusieurs façons de formuler la situation initiale. Bien souvent, le type de formulation adopté par le demandeur nuit à la recherche de solutions. Le consultant doit partir de la demande, mais il lui faut souvent aller au-delà. D'abord, il doit saisir la teneur de la demande, puis tenter de cerner le pourquoi de celle-ci, le manque ou les besoins qu'elle recèle. À ce stade, la question suivante est fondamentale : de quoi souffre le demandeur ou le milieu ? Par une analyse de la situation initiale, le consultant pourra élaborer une démarche qui répondra à des besoins réels. Si, dans le cas du collège Riopel, le projet de la rencontre de deux jours visait à faire accepter aux professeurs une décision déjà prise, la consultante pourrait proposer une autre démarche.

Le client

La première entrevue met en présence le consultant et le demandeur. Il est particulièrement important que le consultant établisse clairement l'identité du client. Comme on l'a déjà énoncé plus haut, il arrive que le demandeur et le client soient une seule et même personne. Si tel n'est pas le cas, il est prioritaire que le consultant recueille auprès de son interlocuteur les renseignements qui lui serviront à identifier la personne qui tiendra le rôle de client au cours de l'intervention. Cette étape est indispensable, étant donné que c'est au client qu'il présentera le projet d'intervention qu'il s'engagera à produire au terme de l'entrée.

Le client est la personne — ou, parfois, le groupe de personnes — qui satisfait à la description suivante :

- Il ressent le besoin de modifier une situation initiale et, avec l'aide d'un consultant, il désire s'engager dans un processus visant à faire évoluer cette situation ;

- Il a le pouvoir de négocier, au nom du système, les modalités de l'intervention ;

- Il assume la responsabilité de s'engager dans l'intervention au nom d'une organisation ;

- Une fois l'intervention en cours, il prend, conjointement avec le consultant, les décisions importantes, dont celle de maintenir, de modifier ou d'annuler l'entente conclue au terme des activités liées à l'entente ;

- Il est celui à qui le consultant rend des comptes durant l'intervention et soumet le rapport de l'intervention.

Si le demandeur répond à ces critères, il devient le client, et le consultant s'engage auprès de lui à élaborer un projet d'intervention. Sinon, il conviendra de poursuivre l'entrée avec la personne responsable. Le demandeur vérifiera alors auprès de celle-ci si elle accepte de rencontrer le consultant.

Pour savoir s'il peut considérer le demandeur comme le client, le consultant n'a qu'à répondre aux questions suivantes :

- Quelle est la position du demandeur dans le système ?

- En quoi est-il relié à la situation initiale ?

- Quel est son mandat par rapport à moi et à la demande qu'il formule ?

- Possède-t-il l'autorité nécessaire pour engager son milieu dans un processus d'intervention ?

- Quel sera son rôle dans le déroulement éventuel d'une intervention ?

Envisageant la possibilité que le profil de Roland Nadeau ne corresponde pas à celui du client, la consultante Amélie Latour propose, avant même la rencontre, que le directeur du département se joigne au demandeur. La présence de ces deux personnes au moment de la première rencontre lui permettra d'obtenir une réponse claire concernant l'identité du client et de poursuivre l'entrevue.

Le système

En recueillant un minimum d'information sur les caractéristiques principales du système, c'est-à-dire le théâtre de la situation initiale, le consultant aura plus de facilité à préparer une proposition d'intervention. Cette information pourrait porter sur les points suivants :

- la mission de l'organisation, ses grandes orientations, les objectifs des programmes ou des sous-systèmes reliés à la situation initiale ;

- les structures organisationnelles, par exemple un organigramme accompagné des commentaires du demandeur, les relations entre les sous-systèmes ou la répartition du pouvoir ;

- les aspects socioémotifs dont il faudra tenir compte, tels que le sentiment d'appartenance, le climat de travail, la motivation, les insatisfactions, etc. ;

- les relations entre le système et son environnement ;

- le portrait sociopolitique du système, les relations avec les responsables syndicaux, les jeux de pouvoir, les rapports de force, les influences externes, etc.

Une fois ces données recueillies, le consultant procède à leur examen et tente de connaître les sous-systèmes, les groupes ou les personnes qui seront directement touchés par les diverses activités ou les résultats de l'intervention. En complément de cette information, il peut demander à consulter après la rencontre certains documents, tels que l'organigramme de l'organisation, le plan de travail, certains procès-verbaux, certains rapports, etc.

L'intervention attendue

La demande adressée au consultant a parfois une portée très générale : par exemple, on désire de l'aide pour améliorer les communications dans une organisation. Bien que le processus d'intervention ne lui soit pas familier, le demandeur a souvent à l'esprit un type d'action à entreprendre, et certaines façons d'aborder et de traiter la situation. En pareil cas, le consultant a tout intérêt à le faire parler de ce qu'il a pu imaginer concernant la sorte d'intervention souhaitée, car cette information permettra de mieux cerner ses préoccupations et ses attentes.

Pour aider le demandeur à exprimer ce qu'il attend de l'intervention, le consultant peut lui demander de décrire les résultats qu'il aimerait observer au terme de l'intervention. En posant ce type de question, l'intervenant connaîtra la perception que le demandeur a des objectifs de l'intervention. Ce faisant, il aura également la possibilité de juger du réalisme de ces objectifs et de la compatibilité entre la demande et les résultats visés. Les renseignements ainsi obtenus aideront aussi le consultant à formuler les critères d'évaluation à proposer au client.

Il peut être très avantageux pour le consultant de vérifier si une démarche a déjà été entreprise pour modifier la situation initiale ou des situations semblables. Si c'est le cas, l'intervention pourra en retirer des bénéfices considérables. En effet, les expériences antérieures étant riches d'enseignements, le consultant pourra, en examinant les tentatives passées, éviter certains écueils déjà dépistés et aspirer à des actions plus efficaces. Cela est d'autant plus vrai que la répétition d'un scénario infructueux n'a rien de stimulant pour les personnes appelées à participer à un projet.

Le consultant doit aussi s'informer des contraintes auxquelles il devra faire face au cours d'une intervention éventuelle, particulièrement celles d'ordre temporel et pécuniaire. Quelle quantité d'énergie pourra-t-on consacrer à une démarche ? Quel est le budget alloué à ce projet ? Certains consultants novices ne sont pas à l'aise lorsqu'il s'agit d'aborder les questions d'argent, si bien qu'ils ont tendance à les reporter à plus tard. Mieux vaut soulever ces questions assez tôt durant la collecte de l'information, car les renseignements obtenus au sujet des ressources disponibles autorisent une première estimation de l'ampleur de l'intervention. Ils permettent aussi de ramener les attentes du demandeur à un niveau plus réaliste.

La relation souhaitée

Avant de prendre la décision de continuer ou non la démarche entreprise, le consultant doit s'attacher à découvrir ce qu'il peut attendre d'une collaboration éventuelle avec le client. L'efficacité de l'intervention est étroitement liée à la capacité de nouer des relations de coopération avec les partenaires. Ainsi, le consultant a avantage à s'attarder à des questions telles que :

■ La relation qui s'établira entre le client et moi facilitera-t-elle le déroulement de l'intervention et l'atteinte des objectifs ?

■ Serons-nous à l'aise dans cette relation ?

■ Risquons-nous de rencontrer des difficultés dans nos rapports éventuels ?

Déjà, au cours de la première rencontre, le consultant trouve des éléments de réponse à ces questions en se fondant sur les réactions de son interlocuteur. Pour le reste, il peut l'interroger directement. Voici quelques exemples de questions susceptibles d'aider un consultant novice à aborder quelques points délicats.

■ Au cours d'une intervention éventuelle, quel rôle entendez-vous jouer ou quelles responsabilités seriez-vous prêt à assumer ?

■ Parmi vos nombreuses priorités, quelle place pourrait occuper le genre d'intervention que vous souhaitez ?

■ Pourrons-nous, en cours d'intervention, nous rencontrer assez régulièrement ?

■ Il arrive qu'une intervention suscite des remises en question plus ou moins importantes ; quel est votre degré d'ouverture et celui de vos proches collaborateurs dans une telle éventualité ?

■ Quelles modalités de fonctionnement souhaitez-vous que nous adoptions ?

■ Les personnes touchées par la situation que vous désirez modifier pourront-elles collaborer à l'analyse des problèmes et à la recherche de solutions ? Pourront-elles se rencontrer ? Seront-elles libérées à cette fin ?

Les réponses à ces questions permettront au consultant de connaître le point de vue du demandeur quant à leurs champs de compétence respectifs. Comme on le verra plus loin, le partage des rôles et des responsabilités devra faire l'objet d'une entente claire et précise. Il est essentiel, par exemple, de déterminer dès le départ comment et par qui les décisions seront prises au cours de l'intervention.

Toute intervention est une démarche de changement dans un système. En conséquence, l'ouverture du client à des changements possibles est un élément névralgique et un facteur déterminant de la relation avec le consultant. Ce dernier peut tenter de mesurer, ne serait-ce que sommairement, ce degré d'ouverture. Le client est-il prêt à laisser la critique infléchir sa perception de la situation ou son style de gestion ? Est-il disposé à modifier certaines choses qui le touchent de près ? S'attend-il plutôt à des changements chez les autres ?

Compte tenu de son approche participative, le consultant doit aussi connaître les réactions du client face à une éventuelle participation des membres du système à l'analyse des problèmes et à la recherche de solutions. L'information recueillie au cours de l'intervention sera-t-elle mise à la disposition de tous les membres du système ? Les participants pourront-ils se rencontrer pour réagir à ces données et fournir leur interprétation ?

S'appuyant sur les réponses obtenues, le consultant peut commencer à distinguer les valeurs et les normes qui prédominent dans le système. Il peut aussi se faire une première idée de sa relation future avec le client et des difficultés susceptibles de se présenter.

Les préoccupations du demandeur

Le demandeur ou le client éventuel s'attend généralement, même s'il ne le stipule pas, à recevoir de l'information : il désire connaître le consultant et savoir comment celui-ci travaille. Ces renseignements lui permettront de prendre une décision éclairée concernant la poursuite ou non de la démarche. Parfois, il prend l'initiative de poser des questions ; parfois, c'est le consultant qui, pour mieux se faire apprécier, communique spontanément les renseignements qu'il juge pertinents. En règle générale, l'information transmise porte sur cinq points : la première perception que le consultant se fait de la situation, la réponse qu'il prévoit donner au client, les rôles qu'il pourrait jouer, ses intérêts et ses compétences, et ses conditions de travail.

La première perception de la situation

À mesure que le demandeur lui fournit des informations sur sa demande, l'idée que le consultant se fait de la situation se précise. Sans porter de jugement catégorique et prématuré, il peut partager ses premières réactions avec son interlocuteur. Cela lui permet de vérifier dès le départ si sa perception rejoint celle du demandeur ou si, au contraire, elle le surprend. Il peut dès lors ajuster sa perception ou expliquer au client sur quelle information elle repose. Dans l'exemple du collège Riopel, la consultante Amélie Latour pourrait, si elle le juge à propos, faire l'observation suivante : « Il me semble que la décision d'organiser une rencontre de deux jours a été prise rapidement et sans qu'aient été explorées d'autres avenues pour atteindre les objectifs visés, notamment en arriver à un consensus. » Elle devrait toutefois avancer une solution qui offrirait de meilleures chances d'atteindre l'objectif visé, sinon autant s'en tenir à ce que le client propose. La préférence du consultant pour un type d'intervention ou un mode d'action particuliers ne devrait jamais être un critère déterminant.

Il existe différentes façons de présenter cette première perception. Le consultant peut :

- faire une synthèse des éléments recueillis, mettre en évidence certains faits rapportés par le client ou établir des liens entre ces faits ;

- proposer une formulation plus adéquate ou plus précise en utilisant un langage technique ;

- proposer une autre façon d'organiser les éléments d'information fournis par le demandeur, de façon que celui-ci aborde la situation dans une perspective différente.

Les façons d'intervenir

Dans l'élaboration du projet d'intervention, le consultant aura, après l'entrée, l'occasion d'examiner différentes possibilités et d'en peser le pour et le contre. L'étape de l'entrée n'est donc pas le moment d'improviser un projet détaillé. Elle est toutefois indiquée pour donner un premier aperçu des moyens qui pourront être mis en œuvre pour atteindre les résultats visés. En « annonçant ses couleurs », le consultant a l'avantage de mieux se faire connaître. De plus, la réaction de son interlocuteur peut l'aider à préparer le projet qu'il s'engagera à élaborer au terme de l'entrée. Dans le cas du collège Riopel, Amélie Latour pourrait, si elle est davantage intéressée par la consultation que par l'exécution d'un mandat d'animation, proposer d'intervenir sur l'ensemble du processus conduisant à un consensus.

L'entrée ne se prête pas à de longs exposés théoriques sur les différents modèles d'intervention ; du reste, ce n'est généralement pas ce que souhaite le client. Une description en termes très simples des activités envisageables suffit à le renseigner et à préparer les étapes ultérieures. Toutefois, certains points importants peuvent être soulignés si le processus de consultation n'est pas familier au client.

Au cours de tout cet échange d'information, le consultant applique un principe fondamental : ne jamais commencer l'analyse de l'ensemble de la situation ou la recherche d'une solution avant d'avoir recueilli des données dans le milieu. Si le client tente de le détourner de ce principe, le consultant l'invitera à reporter cette discussion. Au besoin, il lui expliquera l'importance de procéder de façon systématique.

Les rôles à exercer

Souvent, le consultant devra préciser le rôle qu'il exercera au cours de l'intervention. Si la plupart des clients sont familiarisés avec les fonctions de divers experts (spécialistes de questions juridiques, financières, administratives, etc.), ils connaissent mal celles du consultant, avec lequel ils sont moins habitués à travailler et dont la spécialité est de gérer un processus en mettant à contribution les ressources du milieu. En décrivant son rôle, le consultant évite des malentendus et s'assure que des membres du milieu auront la disponibilité nécessaire pour que l'intervention atteigne les résultats escomptés.

L'intérêt, les compétences et l'expérience

À mesure que le consultant recueille de l'information sur le milieu et la situation initiale, il peut se questionner sur ses compétences et sur la sincérité de son intérêt pour le type de service demandé. Ses expériences passées lui permettent aussi d'évaluer s'il se sentira à l'aise vis-à-vis de l'intervention proposée. En communiquant ces informations au demandeur, le consultant traduit concrètement le mode coopératif qu'il cherchera à instaurer au cours de l'intervention. Advenant certaines limites de sa part, il sera éventuellement plus facile d'introduire dans le milieu les ressources complémentaires nécessaires à l'efficacité de l'intervention. Contrairement à ce que certains débutants pensent, le consultant qui reconnaît ses limites accroît en général sa crédibilité auprès d'un client.

Les conditions de travail

La délicate question des honoraires est abordée au moment où le consultant s'informe des ressources financières du milieu. Tout en recueillant ce type d'information, il peut expliquer comment il évalue les coûts d'une intervention et quelles sont ses pratiques : tarif horaire, tarif quotidien, montant forfaitaire, modes de paiement, frais inhérents à l'intervention, etc. Le consultant précise aussi à quel moment il commence à comptabiliser ses heures de travail.

L'examen de la disponibilité du consultant est aussi très utile à cet échange, car la réaction du demandeur permettra de présenter éventuellement un projet d'intervention réaliste. Combien de temps le consultant pourrait-il consacrer à ce travail ? De quels moments dispose-t-il ? Advenant le cas où il ne serait pas disponible, il en informera son client, et celui-ci pourra déjà envisager la possibilité de travailler avec un autre professionnel.

Enfin, il arrive qu'il soit opportun d'aborder dès l'entrée certains aspects relatifs aux conditions de travail, tels que la confidentialité, l'accès à la documentation, la collaboration du personnel de soutien, la disponibilité de locaux, la production du matériel, les services de secrétariat, les droits d'auteur, etc.

4.5.2 Prises de décisions relatives au projet (12)

Un dernier élément de l'entrée concerne les décisions que les interlocuteurs doivent prendre au sujet des suites à donner à la première rencontre. Ces décisions portent sur la pertinence de poursuivre la démarche, la désignation du client, les frontières du système-client et la prochaine étape.

La pertinence de poursuivre la démarche

L'étape de l'entrée a toujours un caractère exploratoire. L'*output* visé est l'engagement du consultant à élaborer un projet d'intervention. À mesure que l'information circule, chacun des partenaires se fait une idée de la pertinence de continuer ou non la démarche entreprise. Selon les règles du jeu de l'entrée, ni le consultant ni le demandeur ne sont engagés l'un envers l'autre ; chacun a la liberté de mettre fin à la démarche amorcée. Toutefois, il arrive un moment, au cours de cette étape, où la question de l'engagement doit être posée. Il est souhaitable que cette décision soit prise conjointement. Souvent, un consensus se dégage de façon naturelle, comme une conséquence logique des informations partagées.

Si, au cours d'une première rencontre, il devient évident pour le consultant qu'il n'a pas l'intention d'intervenir dans le milieu demandeur de ses services pour quelque raison que ce soit, il est inutile de poursuivre plus longuement l'exploration. Le consultant transmet alors sa décision en donnant les motifs de son refus.

Le plus souvent, la question de la pertinence de poursuivre la démarche se pose vers la fin de la première rencontre. Si les deux partenaires sont d'accord pour continuer, le consultant précise la nature de son engagement, celui de préparer un projet d'intervention, mais il rappelle que la décision d'en entreprendre la réalisation sera reportée à une date ultérieure. Cependant il y a des exceptions, par exemple une intervention de courte durée qui peut, dès cet instant, faire l'objet d'une entente verbale. Les deux premières étapes sont alors fusionnées.

La désignation du client

Une autre décision cruciale au cours de l'entrée touche la personne, ou parfois le groupe de personnes, qui sera le client du consultant. Le choix du client a un impact déterminant sur tout le déroulement de l'intervention en raison de son pouvoir décisionnel.

Au cours d'une intervention, certains consultants se heurtent parfois à des situations gênantes. Cela se traduit par des réflexions personnelles comme : « De la façon dont les choses se passent, je ne sais pas qui est vraiment mon client », ou encore « Je me rends compte que ce n'est pas la bonne personne qui est le client dans cette intervention ». Pour éviter ce genre d'embarras, on a vu que le consultant, au cours de sa collecte d'information, utilise un ensemble de critères pour déterminer qui sera le client de l'intervention. Très souvent, le demandeur s'avère être le client et le problème ne se pose pas. Parfois, le demandeur n'est qu'un intermédiaire ; le consultant peut le mettre à contribution pour déterminer qui sera le client et pour décider de la façon de poursuivre l'entrée.

Il arrive aussi que le demandeur ait l'autorité nécessaire pour engager le consultant mais que, compte tenu de certaines circonstances, il serait préférable qu'une ou plusieurs autres personnes (par exemple, un chef de service, un professionnel responsable de projet, un comité) agissent comme les clients réels de l'intervention. Encore là, la décision doit être prise en tenant compte des critères déjà mentionnés pour déterminer le client.

Dans certaines situations, il est souhaitable que plusieurs personnes agissent comme client. Cette action commune présente l'avantage d'élargir la participation et de donner accès à une plus grande variété de ressources, quoiqu'elle complique le processus décisionnel. Elle est parfois indiquée, sur les plans politique et méthodologique, dans le cas, par exemple, où l'intervention vise la solution d'un conflit entre deux entités administratives. Parfois, c'est un comité de travail déjà constitué qui peut devenir le client lorsqu'il s'adjoint les services d'un consultant au cours d'une activité. Il peut arriver qu'au cours de l'intervention, la personne désignée comme client ne soit plus en mesure d'assumer cette responsabilité pour diverses raisons (la maladie, un changement de fonction dans l'organisation, etc.). Pareille situation est délicate ; le consultant s'empresse de rencontrer la personne qui remplace le client, ne serait-ce que temporairement, pour faire le point avec elle. Au besoin, il conclut une nouvelle entente avec ce nouveau client.

Pour le consultant, le client sera la personne ou le groupe en position d'autorité tout au cours de l'intervention. C'est sur le client que reposera la responsabilité de donner suite au changement amorcé pendant l'intervention et c'est envers lui que le consultant sera loyal. Voilà pourquoi la désignation du client est si importante.

Les frontières du système-client

Le système-client est l'ensemble des personnes et des groupes invités à participer à certaines étapes de l'intervention ou directement affectés par celle-ci. Il peut inclure également des personnes qui détiennent des informations pertinentes à propos de la situation.

Compte tenu du principe d'interdépendance dans les systèmes, toute intervention au sein d'un système se répercute probablement sur plusieurs personnes ou groupes de personnes; par contre, d'autres personnes ou groupes de la même organisation peuvent ne pas être concernés ni touchés par l'intervention. Avant d'entreprendre une action, le consultant s'entend avec le client sur les frontières du système-client: qui sera inclus et qui sera exclu ? C'est une décision importante puisque, en cours de route, elle guidera plusieurs choix méthodologiques, ouvrira certaines avenues et en fermera d'autres.

Cette décision prise au cours de l'entrée est provisoire: elle demeure liée à d'autres choix ultérieurs concernant les objectifs, les activités et la durée de l'intervention. Les frontières du système-client peuvent toujours être redéfinies en fonction des besoins de l'intervention.

La prochaine étape

Avant de mettre fin à leur première rencontre, les interlocuteurs s'entendent sur la ou les prochaines étapes. Plusieurs possibilités s'offrent à eux. On a déjà considéré la possibilité de ne pas poursuivre la démarche. En pareil cas, le consultant invite le demandeur à examiner d'autres choix: l'utilisation de ressources internes, le recours à un autre consultant, le report de l'intervention, etc.

Si les partenaires jugent qu'ils ont atteint l'*output* de l'entrée, le consultant s'engage à élaborer un projet d'intervention sous forme d'esquisse. Il est alors utile de fixer une échéance pour la remise de ce document et de prendre un rendez-vous pour en discuter.

Après la rencontre, le consultant doit faire rapidement un retour sur l'étape de l'entrée et traiter les informations recueillies dans le but de dégager les éléments les plus significatifs et de produire une description fidèle de la situation initiale. L'instrument 1, « Description de la situation initiale », lui permettra de bien choisir et d'organiser les informations pertinentes. Cet instrument, comme tous ceux qui sont recommandés par la suite, se trouve en annexe (voir p. 282).

Il arrive aussi, comme on l'a vu plus haut, que la décision d'entreprendre l'intervention ne fasse pas l'objet d'une entente formelle. Cette option est exceptionnelle et elle est réservée aux interventions relativement courtes. Le cas échéant, on fixe dès la fin de l'entrée le début des activités de l'orientation.

Il se peut enfin que le consultant ou le demandeur ne se sente pas prêt à procéder à l'élaboration d'un projet d'intervention. Il importe alors de décider des modalités qui permettront la poursuite de l'entrée : soit une autre rencontre de façon à compléter l'échange d'information (éventuellement avec une autre personne si le demandeur ne peut être le client), soit un temps de réflexion ou de consultation pour clarifier certains points ou recueillir des informations supplémentaires. L'instrument 2, « Réaction du consultant à la demande du client », oriente la réflexion du consultant à partir de 15 critères (voir l'annexe, p. 284).

4.6   Le dossier d'intervention

Le consultant méthodique et avisé compose avec soin son dossier d'intervention. Plusieurs raisons l'incitent à intégrer cette pratique à ses comportements professionnels.

Le dossier d'intervention constitue la mémoire fidèle des faits et gestes ayant infléchi le déroulement d'une intervention. On y note avec précision les principaux choix professionnels et les motifs sous-jacents. Ce dossier devient en fait « un fil d'Ariane » ; grâce à lui, le consultant pourra reconstituer le chemin parcouru. Il se remémorera ainsi avec fidélité les principales décisions — prises seules ou de concert avec le client ou les membres du système-client —, les objectifs poursuivis, les méthodes appliquées, les motifs derrière les décisions et les incidents critiques.

Ces renseignements pourront servir à des fins diverses : pour faire le point seul ou avec le client, pour préparer une séance d'information, pour justifier des décisions, pour élaborer des instruments d'évaluation, pour rédiger le rapport destiné au client, et même pour aider à faire valoir un point de vue advenant un conflit ou une représentation devant des instances juridiques.

D'ailleurs, plusieurs associations et corporations professionnelles obligent présentement leurs membres à tenir à jour un dossier relatif à toute intervention conduite auprès d'une personne, d'une dyade, d'un groupe ou d'une organisation. Dans plusieurs cas, lors d'une inspection professionnelle, le consultant devra montrer que ses dossiers sont à jour et qu'ils contiennent l'information prescrite. Il est utile de souligner que le client peut avoir accès, en vertu d'une disposition législative, au contenu de son dossier. Le contenu doit donc être rigoureux et refléter les principales informations concernant le cheminement de l'intervention. Le consultant conservera ses dossiers durant au moins cinq ans. Advenant une suite à une première intervention, ses associés ou lui pourront aisément en retracer le déroulement et les résultats.

TABLEAU 4.6
Les éléments du dossier d'intervention

1. Les données recueillies au moment de l'entrée.
2. Le projet d'intervention ayant fait l'objet d'une entente avec le client.
3. Les éléments du champ d'investigation.
4. Les instruments utilisés au moment de la collecte des données.
5. Les résultats de la compilation et de l'analyse des données.
6. Les actions retenues en priorité.
7. Le plan d'action opérationnel.
8. Les ordres du jour des réunions de travail ou d'information.
9. La gestion des incidents critiques et des résistances au changement.
10. Les résultats de l'évaluation de l'intervention.
11. Les suites à donner.
12. Le rapport destiné au client et, le cas échéant, les recommandations du consultant.

Dans le modèle intégré, l'élaboration du dossier d'intervention doit commencer dès l'entrée. Ce dossier sera enrichi au fur et à mesure que se dérouleront les étapes subséquentes.

En fait, celui qui, dans sa pratique, utilise régulièrement les instruments de travail proposés en annexe, dispose déjà des éléments de base pour constituer un dossier d'intervention adéquat. Il revient à chacun de déterminer comment ces éléments seront disposés dans le dossier. Dans le cas d'un projet d'envergure, plusieurs classeurs à anneaux peuvent constituer le dossier d'intervention. Les pièces peuvent être organisées chronologiquement ou selon les étapes du processus de consultation.

4.7 LES PIÈGES DE L'ENTRÉE

Au terme de ce chapitre, il peut être utile de passer en revue certains pièges que le consultant devra éviter pour être efficace au cours de l'étape de l'entrée :

- Reformuler le besoin du client en fonction de ses outils de consultant ou de ses préoccupations professionnelles immédiates. Il est facile de faire de la projection, c'est-à-dire de percevoir chez le client un problème qu'il n'a pas vraiment ;

- Proposer au client un instrument préfabriqué sans s'assurer au préalable qu'il convient à la situation ; le client est souvent rassuré par un tel instrument parce qu'il peut en prévoir les effets ;

- Tenir à l'écart une ou des personnes touchées par une situation à améliorer ou vouloir inclure des personnes qui ne sont pas concernées ;

- Commencer dès l'entrée à chercher des solutions ou des suggestions pour améliorer la situation ;

- S'enfermer dans la problématique exposée par le client, sans considérer la situation sous d'autres aspects ;

- Omettre de mettre en garde le client contre des attentes irréalistes ou, à l'inverse, susciter de telles attentes ;

- Répondre prématurément au client en espérant faire bonne impression ou gagner de la crédibilité ;

- Ne pas préciser la part de responsabilité qui revient au client dans le processus de changement.

CONCLUSION

La méthode de gestion de l'entrée qui vient d'être exposée est relativement exigeante pour le consultant. Elle peut paraître laborieuse et même soulever des doutes quant à son utilité et à sa rentabilité ; pourtant, elle repose sur l'expérience de nombreux consultants qui, après analyse de leurs interventions, ont découvert l'importance de la rigueur dans l'exploration d'une demande d'intervention (Bell et Nadler, 1979 ; Block, 1981 ; Derr, 1972 ; Ford, 1979 ; Glidewell, 1979 ; St-Arnaud, 1995).

Avant de porter un jugement définitif sur la pertinence de cette méthode, il peut être sage d'en vérifier l'utilité par soi-même.

VÉRIFICATION DES CONNAISSANCES

Le lecteur peut évaluer les connaissances qu'il a acquises au cours du présent chapitre en répondant aux questions suivantes, puis en vérifiant ses réponses à l'aide du corrigé placé à la suite de cet exercice.

Est-il vrai ou faux que les auteurs soutiennent les énoncés suivants ?

		VRAI	FAUX
1.	Pour qu'un consultant entreprenne l'étape de l'entrée, une demande d'intervention doit lui être adressée.	☑	☐
2.	Le consultant doit présumer que la personne qui lui adresse une demande d'intervention est le client.	☐	☑
3.	Le client, c'est la personne qui paie les coûts de l'intervention.	☐	☑
4.	L'étape de l'entrée a pour objectif de décider s'il y a lieu ou non de préparer un projet d'intervention.	☑	☐
5.	Au cours de la première rencontre avec un demandeur, le consultant se contente généralement de poser des questions.	☐	☑
6.	Un symptôme est le signe observable d'un fonctionnement non souhaitable.	☑	☐
7.	Au cours de l'étape de l'entrée, le consultant doit formuler des hypothèses susceptibles d'expliquer ce qui fonctionne mal.	☐	☑
8.	L'étape de l'entrée ne peut s'achever avant que l'identité du client soit déterminée.	☑	☐

▼

▼

9. Si l'entrée se termine par la décision de ne pas poursuivre la relation, c'est que le consultant a mal géré cette étape.

VRAI FAUX

☐ ☑

10. Un consultant ne peut terminer l'étape de l'entrée tant qu'il n'a pas obtenu un minimum d'information sur le système qui doit faire l'objet de l'intervention.

☑ ☐

CORRIGÉ

		10. *Vrai*	9. *Faux*
8. *Vrai*	7. *Faux*	6. *Vrai*	5. *Faux*
4. *Vrai*	3. *Faux*	2. *Faux*	1. *Vrai*

CHAPITRE 5
L'entente

Mieux vaut prévenir que guérir.

L'entente constitue la deuxième étape du processus de consultation. Il importe de se mettre d'accord dès le début sur la démarche à faire dans un système dont le client a la responsabilité. Au terme de l'entrée, le consultant s'est engagé à fournir une proposition d'intervention sommaire ou détaillée, selon les circonstances. Il ne s'agit pas encore d'un accord définitif liant les deux parties pour une entreprise d'importance, mais plutôt d'une entente de principe. Elles ont simplement décidé de poursuivre la démarche en faisant un pas de plus menant à une entente formelle que certains appellent le «contrat». Le client ou le consultant peut décider au bout du compte de ne pas conclure d'engagement.

La deuxième étape du processus consiste à s'entendre formellement sur la démarche qui sera entreprise dans le milieu. Une fois l'entente conclue, le client et le consultant seront en mesure de prendre une décision éclairée sur la suite à donner à la demande initiale. Le projet servant à amorcer la conclusion de cette entente apportera certaines précisions sur le déroulement des opérations prévues. La préparation et l'adoption de ce projet revêtent une grande importance dans le processus de consultation. Le modèle proposé dans ce livre indique un ensemble d'activités à accomplir.

Le présent chapitre décrit les activités et les éléments de cette étape. Il est à remarquer que l'entente diffère de ce que plusieurs intervenants appellent l'«offre de services». Dans ce modèle, le document de travail qui prépare l'étape de l'entente est beaucoup plus qu'un outil de *marketing* dont l'intervenant se sert pour faire une offre générale aux représentants d'un milieu. Ce document décrit une démarche qui est adaptée aux besoins particuliers de ce milieu. Par exemple, au lieu de n'offrir qu'une consolidation d'équipe, la proposition définira la manière dont le consultant compte la réaliser dans le cas particulier qui lui a été soumis au moment de l'entrée.

5.1   LES ACTIVITÉS DE L'ENTENTE

Comme nous venons de le voir, le consultant et le client doivent d'abord se mettre d'accord sur la suite à donner à l'intervention. Ils s'attachent donc à agir de concert, à aller dans le même sens, chacun assumant son rôle. Ici comme dans les autres étapes, le consultant a la responsabilité de gérer ce processus. L'étape de l'entente comprend deux activités (voir le tableau 5.1).

5.1.1 Préparation d'un document de travail à l'intention du client (21)

« Les paroles s'envolent et les écrits restent », comme dit le proverbe. Une entente purement verbale pourrait donner lieu à des désaccords sur un ou plusieurs éléments significatifs (ils seront examinés plus loin). Mieux vaut prévenir et mettre par écrit la proposition d'intervention de façon plus ou moins formelle, selon le cas. D'autres raisons font qu'il est mieux de consigner par écrit des éléments de la proposition d'intervention. Il faut :

■ garder la trace des engagements pris de part et d'autre afin de s'y référer, le cas échéant ;

■ disposer d'un guide d'intervention qui a fait l'objet d'une concertation ;

TABLEAU 5.1
Les activités de l'entente

20. *Input* : engagement à préparer un projet d'intervention
21. Préparation d'un document de travail à l'intention du client
22. Mise au point du projet d'intervention avec le client
30. *Output* : entente formelle

- avoir sous la main des indicateurs qui ont fait l'objet d'une entente et qui permettront d'évaluer les résultats de l'intervention ;

- pouvoir se référer aux termes de l'entente lorsque vient le moment de rédiger le rapport destiné au client ;

- faire montre de transparence et faciliter la diffusion de l'entente dans le milieu.

Les activités de l'entente constituent un processus qui implique une relation de coopération. Le résultat est l'œuvre commune du client et du consultant ; ce dernier a préparé un projet d'intervention, l'a soumis au client, l'a discuté avec lui et a fait des ajustements qui tiennent compte de la situation initiale et de la culture du milieu.

Afin de créer des conditions propices à la collaboration, le consultant veillera à ce que la proposition d'intervention n'ait pas l'air définitive. La proposition prendra la forme d'une ébauche, d'une esquisse ou d'un document de travail. Ce n'est qu'à la fin de la séance de travail avec le client et, dans plusieurs cas, avec les membres du système-client, qu'elle sera mise au net, et on aura soin ultérieurement de faire preuve de souplesse, un point qui sera abordé plus loin. La présentation sous forme d'ébauche a l'avantage de laisser aux partenaires la possibilité de discuter avant de conclure des engagements. Au stade de l'ébauche, il est encore possible d'envisager différents scénarios et de peser le pour et le contre de chacun. On peut aussi laisser certaines questions de côté, quitte à y revenir plus tard.

Une bonne façon de signaler qu'il s'agit d'une ébauche est de résumer sur un support visuel, une affiche par exemple, les différents éléments du projet, ou de mentionner expressément que le texte présenté est un document de travail. Cette manière de procéder favorise habituellement la discussion et laisse place à des corrections ou à des ajouts éventuels. On peut également produire un document constitué d'un certain nombre de tableaux auxquels sont joints des questions à débattre.

Lorsque, au terme de l'entrée, le consultant s'engage à préparer une proposition d'intervention, il possède déjà, dans bien des cas, toute l'information nécessaire pour rédiger l'ébauche. Il peut arriver cependant que, au cours de la préparation de l'entente, il découvre des lacunes ou des omissions. Si tel est le cas, il dresse la liste des données manquantes et tâche de les obtenir du client soit à l'occasion d'une conversation téléphonique pendant qu'il prépare l'ébauche, soit à l'occasion d'une rencontre au cours de laquelle le client et lui s'entendront sur les termes de la proposition. Les éléments contenus dans cette proposition d'intervention seront examinés plus loin.

5.1.2 Mise au point du projet d'intervention avec le client (22)

La proposition d'intervention se présente sous la forme d'une ébauche, d'une esquisse ou d'un document de travail, et le consultant est maintenant prêt à la discuter avec le client. Il s'attache à faire approuver les perceptions ou les orientations indiquées dans la proposition et, le cas échéant, à ajuster celle-ci aux particularités du milieu de manière que son client et lui puissent convenir de poursuivre ensemble l'intervention.

Il est indispensable, pour atteindre tous les objectifs, d'avoir une séance de travail productive avec le client. Cette séance se fait en face à face ou au téléphone. Le consultant aura pris rendez-vous avec le client et défini les objectifs à atteindre. Il lui aura transmis au préalable une copie de l'ébauche, de façon à lui donner un aperçu global de la proposition et, au besoin, à lui fournir l'occasion de demander l'avis de collègues ou de subalternes. Le consultant se sera également assuré que le client aura le temps d'examiner tous les points de l'ordre du jour. Les deux parties peuvent aussi associer d'autres personnes à cette séance de travail si la nature de l'intervention s'y prête. Le consultant entame la séance de travail en vérifiant auprès de son interlocuteur la période de temps qu'il est en mesure de donner, puis s'enquiert des dispositions de celui-ci avant de se lancer dans le vif du sujet. Il rappelle les objectifs visés, en disant par exemple : « Au terme de la rencontre, nous serons en mesure de conclure une entente formelle ou du moins nous aurons une idée assez précise des suites à donner à cette séance de travail. » Il résume les principaux articles de la proposition d'intervention et s'attache ensuite à les expliquer ou à les faire approuver. Il note les remarques du client à propos des différents éléments de la proposition d'intervention et fournit toutes les informations utiles. Tout en clarifiant son point de vue, il est prêt à accepter les modifications susceptibles d'améliorer le projet. La séance de travail débouche ordinairement sur des ententes claires et précises concernant les éléments principaux de l'intervention. Avant de clore la séance, le consultant s'assure qu'il a en main tout ce dont il a besoin pour la rédaction finale du projet d'intervention.

La forme définitive de la proposition d'intervention peut varier selon le contexte et le milieu : on peut présenter un résumé de tous les points qui ont fait l'objet d'une entente, un texte plus développé ou plus formel, une lettre adressée au client et, dans certains cas, un document écrit avec l'aide d'un conseiller juridique. Quel que soit le format adopté, il importe que la rédaction soit soignée : la clarté et la précision doivent être mises au premier plan. Le vocabulaire employé sera facilement accessible au client et aux autres destinataires. Une présentation attrayante met aussi la proposition en valeur. La syntaxe et l'orthographe respecteront l'usage ; on veillera à bien construire les phrases, à formuler clairement sa pensée et à user d'un style simple. Tous les soins apportés au travail de rédaction seront mis au crédit du consultant. L'instrument 8, «Contrôle de la qualité de la proposition d'intervention» (voir l'annexe, p. 292), permet de s'assurer qu'on n'a rien oublié.

Si le document énonçant les termes de l'accord prend la forme d'une lettre adressée au client, on peut le transmettre tel quel. Sinon, on y joindra une lettre d'accompagnement. Les modes d'acheminement sont variés : le document peut être remis par la poste, par télécopieur, de la main à la main, par l'intermédiaire d'une autre personne, par courrier intérieur ou par courrier électronique. Ce sont les circonstances de temps et de lieux qui dictent le choix du mode. On laissera au client un temps suffisant de réflexion avant de tenir la séance de travail qui doit suivre la transmission.

Après la transmission du document, le consultant a soin de vérifier auprès du client si les engagements pris par ce dernier sont correctement définis. Le cas échéant, il n'hésite pas à apporter les ajustements requis. Une rencontre avec le client n'est pas toujours nécessaire pour faire cette vérification. Une conversation téléphonique permet ordinairement au consultant d'obtenir une première réaction et de voir avec son interlocuteur si le document peut être accepté tel quel ou s'il faudra une rencontre pour discuter certains points. Éventuellement, des corrections sont apportées par le consultant, et la version remaniée est remise au client.

5.2   LES ÉLÉMENTS DE LA PROPOSITION D'INTERVENTION

La liste des éléments à prendre en compte dans une proposition d'intervention varie selon les consultants et selon les situations. La façon de travailler du consultant, le type de démarche qu'il préconise, l'expérience qu'il a acquise, ainsi que sa plus ou moins grande connaissance du client et de la situation influent sur le choix de ces éléments. De plus, la complexité de l'intervention envisagée, la durée de l'intervention et l'état d'esprit du client amènent parfois à modifier la liste des éléments.

L'énumération qui suit s'appuie sur l'expérience ; elle présente les principaux éléments que l'on trouve habituellement dans une entente formelle établie dans le cadre de services de consultation :

- la demande ;
- les circonstances de la demande ;
- le but de l'intervention ;
- les critères d'évaluation ;
- la désignation du client et du système-client ;

- la démarche générale ;
- le champ d'investigation, s'il y a lieu ;
- les rôles et les responsabilités ;
- l'évaluation des coûts ;
- les clauses particulières.

5.2.1 La demande

La demande correspond à ce que le client souhaite que le consultant fasse. On sait que les mots peuvent avoir des significations différentes selon les individus. De plus, il y a parfois un écart entre le besoin ressenti et les mots employés pour l'exprimer. Souvent, pour arriver à spécifier un besoin, il est nécessaire de procéder par tâtonnements. Pour s'assurer qu'il a compris ce qui lui est demandé, le consultant a donc avantage à rappeler au demandeur les termes que ce dernier a utilisés. Si le demandeur constate un écart entre ce qu'il a cru avoir exprimé au consultant et ce qui a été écrit dans la proposition d'intervention, il pourra apporter les précisions ou les ajustements nécessaires.

Il arrive également que la nature de l'intervention proposée par le consultant s'écarte de la demande initiale du client. Il est donc utile et même important de rappeler les termes exacts de la demande originelle. Par exemple, le consultant peut être amené à écrire : « Au cours d'une conversation téléphonique, vous m'avez demandé de diriger un atelier de formation portant sur les divers types de leadership à l'intention des cadres intermédiaires de votre entreprise. » Même si, à l'étape de l'entrée, le consultant et le client ont convenu de reformuler la demande et de ne pas présumer dès l'abord de la tenue de cet atelier, il y a avantage à rappeler, dans le projet d'intervention, le point de départ de la démarche ; ce rappel permettra de faire le point sur la situation et de comprendre où en sont rendus les principaux interlocuteurs, surtout lorsque le demandeur n'est pas devenu un client. Pour illustrer cette dernière situation, imaginons qu'un intervenant d'un CLSC ait été mandaté par ses collègues pour organiser une journée d'étude sur la mission du groupe et qu'il ait rencontré le consultant pour lui demander d'animer cette journée. Il se pourrait alors que, en raison de la nature de la demande, le consultant demande à rencontrer le responsable du programme ainsi que le demandeur afin de compléter l'analyse de la situation et d'évaluer les marges de manœuvre du groupe.

5.2.2 Le contexte de la demande

Comme le modèle exposé ici relève d'une approche systémique, le consultant considère toujours au moment d'intervenir l'ensemble des éléments qui ont engendré la situation ayant donné lieu à la demande d'intervention. Il est nécessaire qu'il examine le contexte de la situation ou du problème s'il veut que son intervention produise les résultats escomptés. Décrire le contexte de la demande, c'est « resituer la totalité à partir de quelques éléments essentiels », selon l'expression de Watzlawick, Weekland et Fisch (1975) ; c'est aussi faire en sorte de voir non pas l'arbre mais la forêt. Le contexte désigne le cadre général dans lequel la situation initiale s'insère, et en particulier les éléments ou les facteurs particulièrement importants aux yeux du consultant et du client.

Le consultant qui, à l'étape de l'entrée, a recueilli et traité différentes informations s'est progressivement construit une image globale ou une *Gestalt* de la situation dans laquelle on l'invite à intervenir. Il serait opportun que, dans l'entente qui le liera au client, il rende compte de sa manière de voir la situation après avoir apporté les corrections qui s'imposent. Dans une partie du projet d'intervention intitulé « Le contexte de la demande », il indiquera les éléments de la situation et du système qui lui paraissent les plus importants. Il s'agit non pas d'énumérer de façon exhaustive tous les éléments, mais de présenter ceux qui sont d'un intérêt majeur et qui font ressortir des aspects essentiels de la situation initiale.

Les indications relatives au contexte de la demande aident le lecteur de la proposition à saisir le lien logique entre la demande du client et le but de l'intervention. Elles mettent en évidence les divers éléments que le consultant a pris en considération pour répondre exactement à la demande qui lui a été présentée ou pour proposer une autre façon de concevoir cette situation. Parfois, la formulation de la demande initiale est telle que toute action est vouée à l'échec. D'autres facteurs peuvent inciter le consultant à proposer un objectif qui s'écarte de la demande initiale : le rapport entre la demande et la situation initiale est difficile à établir ; la demande et le but visé sont incompatibles ; les signes de succès que discerne le consultant se rapportent à un autre besoin que celui qui a été exprimé ; une démarche qui a échoué a été reprise dans le même milieu.

L'intervenant qui veut contribuer à faire évoluer la situation initiale en formulant certains objectifs doit expliquer, au moins sommairement, les raisons pour lesquelles il a opté pour tel objectif plutôt que pour tel autre. Dans notre exemple du gestionnaire qui demande à un consultant de diriger un atelier sur les divers types de leadership à l'intention des cadres intermédiaires, le consultant pourrait insérer dans sa proposition d'intervention le texte présenté au tableau 5.2.

Le consultant qui décrit ainsi le contexte de la demande s'apprête à proposer au client un autre type d'intervention : associer les cadres intermédiaires à l'analyse de la situation et à la recherche de moyens propres à la corriger. En décrivant le contexte de la demande, le consultant explique pourquoi il a été conduit à présenter une contre-proposition. Il fait ressortir, par exemple, un des principes qui le guident dans son action : avant de mettre en œuvre des stratégies de changement,

TABLEAU 5.2
Exemple illustrant le contexte de la demande

Le contexte de la demande

La demande de création d'un atelier de formation au leadership à l'intention des cadres intermédiaires s'inscrit dans un contexte organisationnel dont certains éléments méritent d'être pris en considération. En raison de l'augmentation du volume de services et, par conséquent, du nombre des employés, les dirigeants de l'entreprise ont été conduits à modifier la structure de l'organisation en ajoutant un nouveau niveau hiérarchique, celui des cadres intermédiaires. Il en est résulté que plusieurs chefs d'équipe ont vu leurs responsabilités s'accroître ; du fait de certaines circonstances, ils n'étaient pas prêts à assumer leurs nouvelles fonctions. On s'accorde pour dire que les relations sont assez tendues entre les employés et leurs supérieurs dans la majorité des équipes.

D'un côté, les nouveaux cadres intermédiaires ont de la difficulté à exercer leur autorité et à maintenir un esprit de collaboration dans leurs rapports avec leurs subalternes ; de l'autre côté, les employés trouvent que leurs nouveaux patrons sont autoritaires et rigides. La direction de l'établissement a reçu des plaintes et elle voudrait apporter des correctifs. Les cadres intermédiaires n'ont manifesté aucun besoin particulier concernant leur nouveau rôle et n'ont pas encore été associés à l'analyse de la situation.

il est nécessaire d'examiner soigneusement la situation avec les intéressés. Le consultant indique aussi les éléments sur lesquels sa proposition se fonde : les symptômes, les personnes concernées, le manque de données permettant de reconnaître les causes, l'analyse actuelle qui met les malaises des employés sur le compte d'un manque de leadership de la part de leurs supérieurs immédiats, l'absence de consultation concernant la mise sur pied d'un atelier de formation, etc.

L'instrument 3, « Contexte de la demande » (voir l'annexe, p. 286), aide le consultant à déterminer les éléments qui lui permettront d'avoir un aperçu d'ensemble de la situation et à exposer son point de vue dans un langage accessible au client.

5.2.3 Le but de l'intervention

La détermination du but de l'intervention est un élément essentiel. Toutes les actions du milieu seront orientées vers ce but, qui déterminera les diverses stratégies à utiliser. C'est souvent une opération difficile. D'une part, il existe peu de stratégies d'application universelle dans le domaine complexe des activités humaines et, d'autre part, le consultant ne peut se permettre de tâtonner dans sa recherche d'un but. En préparant la proposition à soumettre au client, il s'efforce donc de réduire le plus possible la marge d'erreur.

Ainsi que nous l'avons vu au chapitre 2, un des critères d'évaluation de la qualité de l'intervention est la pertinence des objectifs à atteindre. Au terme de l'intervention, le consultant aura à se demander non seulement si les résultats visés ont été atteints, mais aussi si les objectifs ont été bien définis. Ce n'est pas tout de faire un voyage agréable; encore faut-il se demander si la destination retenue est la bonne. Certains intervenants valorisent tellement le processus même de l'intervention que le fait que « ça commence à bouger » ou qu'« il se passe quelque chose dans le milieu » devient pour eux le seul critère de succès. Dans la préparation du projet d'intervention, le client comme le consultant peuvent être tentés de déterminer les moyens avant d'avoir fixé les objectifs. Dans le modèle de consultation de cet ouvrage, l'efficacité représente plus que cela : le processus y est non pas une fin, mais un moyen au service d'un but à atteindre.

La tâche de déterminer le but de l'intervention incombe à la fois au client et au consultant; il revient cependant au consultant de gérer le processus qui permet de vérifier si l'intervention correspond aux orientations principales du milieu et si, à cet égard, les intéressés mobiliseront leurs ressources dans cette direction. Une autre démarche à faire consiste à mener avec rigueur l'analyse conduisant au choix du but.

Le consultant et le client doivent aussi déterminer si le but doit être formulé avec précision au moment de la rédaction du projet d'intervention. Telle intervention aura un résultat très précis, comme la mise sur pied d'un programme de formation en vue de l'acquisition d'une compétence particulière; telle autre cherchera plutôt à remédier à certains maux qui affectent l'organisation et dont les causes sont inconnues. Enfin, les buts peuvent être plus ou moins précis, selon le type d'intervention envisagé.

L'ampleur du but

« Qui trop embrasse mal étreint », dit le proverbe. Une autre décision importante à prendre à l'étape de l'entente concerne l'ampleur à donner au but de l'intervention. Adoptant une approche systémique, le consultant envisage la situation dans son contexte et analyse tous les facteurs qui influent sur celle-ci. Il ne s'ensuit pas que son intervention devra tout régler ou changer tous les éléments du milieu. La plupart du temps, l'intervention d'un consultant est un point de départ; elle devrait avoir, à plus ou moins long terme, des effets d'entraînement sur plusieurs sous-systèmes. Intervenir, c'est choisir, c'est fixer des priorités de changement.

Le but proposé doit, en outre, avoir les caractères suivants : être suffisamment modeste et réaliste pour pouvoir être atteint et comporter un défi qui soit de nature à stimuler le zèle des participants. Dans tout processus de changement d'une organisation, le succès est un point central (Collerette et Schneider, 1996, p. 228-229). Le sentiment d'être parvenu collectivement à améliorer de façon durable une situation ou d'avoir mené à bien une action fera considérer favorablement de nouvelles démarches.

Si le consultant est forcé de constater, dans son bilan de l'intervention, que le résultat est négatif ou mitigé, il doit en conclure que le but a été mal choisi ou que la stratégie mise en œuvre a échoué. Toutefois, l'intervention doit représenter un défi à la mesure des compétences et des ressources disponibles. Il ne convient pas de mobiliser tout un système ni d'utiliser une stratégie complexe pour atteindre un but auquel une personne seule aurait pu arriver avec des moyens très simples.

Il importe de préciser, au moment de déterminer le but de l'intervention, la partie du système qui sera touchée par la démarche. Au lieu, par exemple, de modifier tout le système, le consultant et le client peuvent s'entendre pour travailler, dans un premier temps, sur une ou deux unités seulement, ce qui leur permettrait de suivre de près les changements qui s'opèrent et, le cas échéant, d'apporter les correctifs qui s'imposent.

On doit aussi décider si l'intervention comportera toutes les étapes habituelles qui suivent la conclusion d'une entente : l'orientation, la planification, la réalisation et la terminaison. L'intervention peut, dans certains cas, prendre fin à l'étape de l'orientation (qui permet de définir les priorités d'action), à celle de la planification (qui rend celles-ci opérationnelles) ou à celle de la terminaison (qui met fin à la relation avec le milieu). Le client et le consultant déterminent donc la meilleure façon d'utiliser les ressources et l'emploi du temps du consultant.

L'intervention spécifique

Selon la nature du but visé, l'intervention sera spécifique ou générale. Une intervention est dite « spécifique » lorsque le consultant est dès le début en mesure d'indiquer toutes les étapes à franchir pour arriver au but cherché. Dans tous les cas d'interventions spécifiques, il s'appuie sur l'examen des données recueillies au cours de l'entrée pour déterminer si l'intervention envisagée fera évoluer la situation. L'analyse de la situation devrait permettre de déterminer le type d'intervention le plus propice à la suppression de la cause principale des difficultés. À supposer que l'on demande à une conseillère clinique expérimentée qui s'est familiarisée avec le milieu d'inclure la pratique multidisciplinaire dans un programme de maintien à domicile de manière que les bénéficiaires reçoivent tous les soins nécessaires, celle-ci pourrait proposer une intervention concernant la formation et énumérer toutes les actions par lesquelles le milieu établira la pratique multidisciplinaire. L'analyse de la situation au moment de l'entrée l'aurait amenée à conclure que c'est le fait que les intervenants et les gestionnaires connaissent mal cette pratique qui est à l'origine du cloisonnement professionnel. Le tableau 5.3 donne un exemple de ce que la conseillère pourrait proposer comme cheminement.

Au cours des années, les praticiens de la consultation ont diversifié leurs modes d'action afin de tenir compte de la multiplicité des situations. Il existe donc de nombreuses sortes d'interventions connues sous différents noms. S'attachant à mettre un peu d'ordre dans cet amas d'informations, les théoriciens de la consultation ont classé les interventions les plus courantes et établi des typologies (French et Bell, 1999 ; Gallessich, 1982 ; Guillet, Lescarbeau et Payette, 1997 ; Tessier et Tellier, 1990, 1992). Ces classements peuvent être utiles pour comparer les interventions entre elles et aider le consultant aussi bien que le client à mieux comprendre le sens de la démarche qu'ils ont envisagée.

Le tableau 5.4 présente une classification simple et fonctionnelle qui rend assez fidèlement compte des principales activités professionnelles menées par les consultants québécois. Les interventions sont classées en fonction de deux facteurs : l'orientation particulière de l'intervention (objectifs) et le degré de complexité du système duquel relève l'intervention (cibles). Pour que ce tableau soit vraiment

TABLEAU 5.3
Exemple d'une intervention spécifique

1. Informer les intéressés que la pratique multidisciplinaire sera intégrée dans le mode d'organisation du travail et qu'elle fera l'objet d'une formation ;
2. Cerner les besoins des intervenants du secteur ;
3. Préciser les différents objectifs à atteindre eu égard aux besoins qui ont été décrits ;
4. Mettre au point une stratégie pédagogique et définir les modes d'action qui permettront d'atteindre les objectifs visés ;
5. Planifier le transfert des apprentissages dans le milieu en faisant participer les chefs d'équipe ;
6. Fournir la formation ;
7. Assurer le *coaching* auprès des équipes ;
8. Déterminer si les objectifs ont été atteints ;
9. Faire un rapport à la responsable du programme.

TABLEAU 5.4
Classification des interventions spécifiques

Objectifs ou cibles	Individu ou paire d'individus	Groupe restreint	Système complexe	Intergroupes Intersystèmes
FORMATION	*Coaching* Accompagnement	Formation en atelier Acquisition de la capacité de travailler en équipe	Formation en cours d'emploi	Programmes inter-systèmes Formation de formateurs
ÉVALUATION	Évaluation du rendement Bilan des compétences Sélection du personnel	Évaluation du fonctionnement d'une équipe Évaluation des besoins de formation d'une équipe	Évaluation des besoins en matière d'organisation Évaluation de projets ou de programmes Bilan d'activités	Évaluation de projets ou de programmes conjoints Analyse des besoins d'une population
CONCERTATION	Intégration d'un individu dans un système Médiation	Consolidation d'une équipe Élaboration d'un plan d'action commun	Planification stratégique Projet d'amélioration continue	Clarification des rôles Résolution de conflits Partenariat
INNOVATION	Planification de carrière	Encadrement d'un groupe de travail ou d'un comité *ad hoc* (*task force*) Création de groupes de soutien ou d'entraide	Changement planifié Élaboration et mise sur pied de projets précis	Développement communautaire Projets conjoints

utile, on doit éviter d'enfermer chaque type d'intervention dans des limites étroites. Quand, par exemple, le consultant agit comme *coach,* cela ne signifie pas qu'il considère uniquement la personne avec laquelle il travaille et qu'il oublie les individus et les sous-groupes avec lesquels cette personne est en relation. Pour reprendre une métaphore employée par Lippitt (communication personnelle), les lunettes du consultant doivent avoir plusieurs foyers (l'individu, le groupe, le système complexe) de manière à pouvoir passer rapidement et à volonté d'un niveau à un autre. De même, l'orientation de l'intervention ne peut être totalement isolée du reste ; ainsi, un changement planifié comporte toujours un élément de formation.

Ces différents types d'intervention sont habituellement peu familiers au consultant qui débute. L'expérience, l'étude d'ouvrages généraux ou consacrés à certains types d'intervention (French et Bell, 1999 ; Massarik, 1992, 1993 ; Merry et Allerhand, 1977 ; Tessier et Tellier, 1990, 1992), l'échange avec des collègues et la réflexion sur sa pratique l'aideront à augmenter progressivement ses capacités.

L'intervention générale

L'intervention est générale quand des précisions sont fournies sur la façon de situer le problème, alors qu'aucune n'est donnée sur les actions — liées à l'étape de la réalisation — à accomplir pour corriger la situation. Prenons le cas d'une intervenante qui a noté que la pratique multidisciplinaire intéressait peu les infirmières affectées à l'unité de soins prolongés. Elle ne connaît pas les causes de ce manque d'intérêt ; elle ne peut donc pas proposer de correctifs appropriés à la situation. Par conséquent, elle devra cerner le problème et encadrer le choix des priorités d'action avant de s'appliquer à modifier la situation. Le tableau 5.5 donne un exemple d'intervention générale convenant à ce cas.

Dans le cas qui nous occupe, ce n'est qu'au cours de l'intervention que l'équipe et la consultante trouveront les moyens appropriés pour corriger la situation. On ne peut, à l'étape de l'entente, déterminer si la formation, la consolidation de l'équipe, le *coaching* ou d'autres actions permettront d'améliorer la situation initiale. Il faut d'abord que la consultante et le milieu aient décelé les causes du manque d'intérêt.

L'intervention générale entraîne des effets bien précis. En premier lieu, les forces présentes dans le système-client sont canalisées vers l'examen méthodique de la situation et non pas vers la mise en place de mesures correctives. On peut avoir l'impression qu'on piétine ou qu'on perd son temps, surtout dans les milieux qui ont l'habitude de réagir rapidement aux problèmes qui se présentent. En second lieu, il peut arriver que, en raison d'un manque de temps et de ressources, le consultant ne puisse diriger lui-même la mise en application des priorités qui

TABLEAU 5.5
Exemple d'une intervention générale

---

1. Informer le personnel au sujet de l'intervention ;

2. Déterminer le champ d'investigation ;

3. Au moyen d'entrevues de groupe, interroger 40 % du personnel de l'unité travaillant de jour ou de soir en vue de cerner la nature des difficultés rencontrées dans la pratique multidisciplinaire et les causes de la désaffection ;

4. Analyser les données avec une infirmière assistante de jour et une infirmière assistante de soir ;

5. Présenter les résultats aux équipes d'infirmières de jour et de soir, et préciser avec elles les priorités d'action en ce qui concerne les infirmières du quart de jour et du quart de soir ;

Une fois les priorités définies :

6. Planifier, avec l'aide des membres d'un comité *ad hoc* formé d'infirmières et d'assistantes, la mise en application des correctifs ;

7. Appliquer les correctifs relatifs à l'unité ;

8. Faire un rapport à la direction sur les difficultés relevant d'autres instances ;

9. Évaluer l'intervention.

---

ont été définies ; il doit alors veiller à ce que le milieu ait les outils nécessaires pour les appliquer de façon à amener des changements réels.

Avant de proposer une intervention générale, le consultant fait part de ses préoccupations à son client et pose la question suivante : « L'analyse préliminaire de la situation nous conduit-elle à adopter une intervention spécifique ou faut-il préciser davantage le problème ? » Dans le doute, il est préférable de cerner le problème avec précision plutôt que de procéder par tâtonnement et de multiplier les interventions spécifiques, ce qui aurait pour effet de miner le moral des individus faisant partie du système-client.

5.2.4 Les critères d'évaluation

Avant de conclure une entente finale sur le but de l'intervention, le consultant et le client fixent ensemble les critères qui permettront de juger, à la fin de l'intervention, si le but a été atteint et si les partenaires ont rempli leurs tâches. Ces critères se traduisent par des signes tangibles et, dans certains cas, mesurables. On complète la phrase suivante : «L'objectif de l'intervention sera atteint si nous observons que…» Dans certains milieux, il est parfois difficile d'obtenir des signes clairement observables. Il est possible de formuler des critères d'évaluation pour un certain nombre de cas. Si, par exemple, l'intervention auprès des cadres intermédiaires vise à leur faire acquérir des compétences dans la gestion du personnel (cas sur le leadership cité précédemment), les signes pourraient être les suivants : «Les supérieurs hiérarchiques et le personnel de chaque équipe ont noté des améliorations dans leurs relations de travail ; le nombre de plaintes adressées à la direction a baissé de moitié ; les chefs d'équipe affirment être plus en mesure d'assumer leurs fonctions.» Si l'intervention vise la recherche et la planification de priorités de changement, comme c'est le cas dans une intervention générale telle que celle qui est décrite au tableau 5.5, on pourrait formuler ainsi les critères d'évaluation : «Les causes de la baisse d'intérêt des infirmières ont été cernées ; on constatera une amélioration des pratiques multidisciplinaires dans l'unité.»

Pour trouver les critères d'évaluation, le consultant se réfère aux données recueillies à l'étape de l'entrée. Le client s'est alors employé à préciser ce qu'il attend de l'intervention, et le consultant lui a fait voir l'importance d'aboutir à des résultats tangibles. Le consultant donne aussi son point de vue en s'appuyant sur ses connaissances et sur l'expérience qu'il a de certains types d'intervention. L'instrument 4, «But de l'intervention et critères d'évaluation» (voir l'annexe, p. 287), a pour objet d'aider le consultant à formuler les critères d'évaluation.

5.2.5 La désignation du client et du système-client

À l'étape de l'entrée, le demandeur et le consultant ont désigné le client en s'appuyant sur des critères précis. Le projet d'intervention devra confirmer l'entente et la faire connaître à tous les intéressés. La façon la plus simple de transmettre cette information consiste à envoyer une lettre au client lui-même. L'expérience montre qu'il y a avantage à indiquer clairement le nom de la personne que le consultant aura pour client tout au long de l'intervention. Une méprise sur la désignation du client risque d'entraîner des conséquences fâcheuses. Il peut arriver que quelqu'un d'autre que le client, le responsable des finances par exemple, agisse comme tel. Il serait très ennuyeux pour le consultant d'avoir affaire à deux clients en même temps. Mieux vaut clarifier cette question dès le début. Si le client est un petit groupe d'individus, il est indispensable de l'indiquer clairement dans le texte du projet d'intervention ; autant que faire se peut, on demandera au groupe de désigner un porte-parole.

Quand on désigne le client de l'intervention, il est parfois utile de préciser ses responsabilités et ses attributions. On dira, par exemple : « Au cours de l'intervention, M. X agira comme client ; c'est avec lui que se prendront les principales décisions liées à l'intervention et c'est à lui que je rendrai des comptes. »

Bien que les limites du système-client soient flexibles et susceptibles de modifications en cours de route selon la direction que prendra le travail, le projet d'intervention doit faire mention de l'entente — conclue habituellement à l'étape de l'entrée — concernant les personnes ou les groupes qui seront appelés à prendre part à l'intervention ou qui seront touchés par celle-ci. Le consultant pourra ainsi être à même de planifier des activités à l'intention de tous les membres du système-client. Dans l'exemple de la conseillère clinique présenté au tableau 5.3, le système-client pourrait inclure les intervenants du programme de maintien à domicile (les auxiliaires familiales, les infirmières, les infirmières auxiliaires, les inhalothérapeutes, les intervenants sociaux, les médecins et les physiothérapeutes), les chefs d'équipe et la responsable du programme, cette dernière étant également la cliente. Il faut se rappeler que le système-client est un système temporaire créé par le consultant pour les besoins de l'intervention. Il ne coïncide pas nécessairement avec la structure d'un milieu. Dans l'exemple ci-dessus, les médecins font partie du système-client parce qu'ils participent au programme même s'ils relèvent d'une entité administrative distincte. Si on a à évaluer les effets de la difficulté à appliquer la multidisciplinarité sur le service à la clientèle, on peut inclure également dans le système-client les bénéficiaires, leurs proches et la responsable de la qualité des services à la clientèle, chargée de traiter les plaintes.

5.2.6   La démarche générale

À l'étape de la mise au point du projet d'intervention, il est habituellement trop tôt pour indiquer avec précision les actions principales devant servir à corriger une situation donnée. La planification permettra éventuellement d'énumérer toutes les mesures à appliquer. Il importe cependant de s'entendre clairement dès le début sur la ligne d'action générale, quel que soit le degré de spécificité de l'intervention. Le client sera donc informé de la façon dont l'intervenant entend corriger la situation et aura une bonne idée de la suite des opérations à mener dans le cadre du processus de consultation.

Dans le cas d'une intervention spécifique, le projet d'intervention peut suivre la façon habituelle de mener une intervention, comme il a été vu plus haut (voir le tableau 5.3). Par exemple, le projet indique les opérations principales du processus de résolution de conflits ou d'analyse des besoins, opérations qui s'appuient sur des méthodes ou des modèles définis par le consultant.

Si l'intervention est générale, le projet d'intervention décrit les principales étapes du processus de consultation et explique en détail les opérations à réaliser dans le cadre de l'orientation. Par exemple, le consultant indique qu'on analysera d'abord la situation de façon détaillée en appliquant telle ou telle méthode, qu'on s'entendra sur les priorités d'action, qu'on élaborera un plan d'action destiné à redresser la situation, etc. (voir le tableau 5.5).

Le consultant peut aussi, dans certains cas, mentionner dans le projet d'intervention les méthodes, les stratégies ou les techniques qu'il pourrait être amené à utiliser (diffusion de l'information, formation d'un comité *ad hoc,* atelier de formation, etc.). Les précisions qu'il apportera permettront au client et au système-client de confirmer leur intention de s'associer aux activités prévues. Cependant, il vaut mieux éviter d'employer des expressions qui appartiennent au «jargon professionnel». Le consultant décrira en des termes simples la méthode utilisée si elle n'est pas d'usage courant, comme le sont, par exemple, l'entrevue individuelle, l'entrevue de groupe ou le questionnaire.

Cette première planification comporte nécessairement un échéancier global. Le projet d'intervention doit indiquer la date précise de la fin de l'intervention. Une entente sans échéance déterminée entraîne plus d'inconvénients que d'avantages. Mieux vaut changer la date en cours de route que de n'en fixer aucune. Il convient également de donner toutes les indications dont on dispose concernant les dates des principales étapes de l'intervention. L'information fournie sur les échéances permet de vérifier si le projet est réaliste. Le calendrier fait partie de l'entente; il ne peut donc être modifié que moyennant un accord entre le client et le consultant, et il est utile de l'indiquer dans l'entente. En tenant compte de ces éléments dans cette dernière, le consultant et le système-client s'engagent à inclure cet engagement dans leur emploi du temps.

L'échéancier peut prendre plusieurs formes. À mesure que l'on énumère les opérations, on peut indiquer les dates prévues. Un tableau résumant les actions, les responsabilités et les dates permettra d'avoir une vue d'ensemble des opérations. Certains consultants préfèrent présenter en annexe le calendrier des activités prévues. L'instrument 5, «Démarche générale et première planification» (voir l'annexe, p. 288), sert à la préparation de cette partie du projet d'intervention.

5.2.7 Le champ d'investigation

Au cours de l'entrée, le consultant a recueilli des informations sur la situation à l'origine de la demande d'intervention. Il s'est particulièrement intéressé aux différents symptômes qui ont amené le demandeur à s'adresser à lui. S'appuyant sur ces données, il s'est appliqué à se faire une idée claire de la situation initiale, puis il en a fait part au demandeur.

Même si les deux partenaires ont convenu d'élaborer une proposition d'intervention, il est trop tôt pour faire une analyse complète de la situation ; l'étape de l'entrée est celle où l'on prend connaissance des différents éléments de la situation initiale et non pas celle où l'on porte un diagnostic. Ce n'est qu'une fois l'entente conclue qu'on recueillera de manière méthodique des données sur la situation. Toutefois, en préparant son projet, le consultant continue à étudier les informations recueillies à l'étape de l'entrée de façon à mieux orienter son travail. L'expression « champ d'investigation » est utilisée pour désigner l'ensemble des éléments sur lesquels portera la collecte d'information qui doit suivre l'entente. On répond aux questions suivantes : « Qu'est-ce que nous allons examiner avec attention ? Sur quoi notre réflexion devra-t-elle porter principalement ? Sur quelles variables allons-nous arrêter notre regard ? » Dans le cas de l'intervention générale présentée au tableau 5.5, l'intervenante aurait le champ d'investigation suivant : les habiletés pour le travail d'équipe, l'animation des rencontres, les instruments de travail, la pertinence des cas examinés, les conflits opposant diverses professions, la manière d'envisager la pratique multidisciplinaire, la conception d'un plan d'intervention ou d'un plan de soins, les différentes conceptions des membres de l'équipe de l'intervention professionnelle, l'exercice de l'influence à l'intérieur de l'équipe, etc.

Le consultant désireux d'établir une relation de coopération avec son client ne définira pas seul le champ d'investigation. Il s'agit là d'une démarche importante qui aura des répercussions sur l'ensemble du système-client et souvent sur l'organisation tout entière. Pour pouvoir prendre une décision éclairée relativement à cette intervention éventuelle, le client doit être capable d'en prévoir les effets sur le milieu et sur la situation initiale. Par conséquent, il doit être étroitement associé à la définition du champ d'investigation. Si le client hésite à inclure certains éléments, le consultant devra expliquer les raisons pour lesquelles il veut aller dans telle ou telle direction. Si le client demeure hésitant ou continue d'exprimer son opposition, le consultant fera marche arrière. Si ce dernier juge que l'attitude du client est de nature à l'empêcher de mener à bien l'intervention, il pourra reconsidérer sa participation au projet.

Le moment où il convient de définir le champ d'investigation dépend de son importance relative. Il est considéré comme un élément de la proposition d'intervention et de l'entente lorsqu'il est déterminant pour le bon déroulement de cette intervention. Si la définition du champ d'investigation ne fait pas partie de l'entente parce qu'elle est secondaire, elle devra se faire au cours de l'étape de l'orientation, après la conclusion de l'entente. Dans ce cas, il faut indiquer quand le champ d'investigation sera défini dans la proposition d'intervention.

Lorsque le champ d'investigation fait partie de l'entente, on doit conclure que le client et le consultant se sont entendus sur la direction à adopter dans la collecte d'information. Les deux partenaires ont alors pris le temps de s'attarder de nouveau sur les symptômes liés à la situation initiale et d'examiner les facteurs susceptibles d'expliquer ces signes révélateurs d'un mauvais fonctionnement. Cette entente guidera le processus d'investigation et la mise au point des instruments de collecte des données qui seront utilisés à l'étape de l'orientation.

Quand le champ d'investigation n'est pas défini dans le projet d'intervention, cela signifie que le client et le consultant se sont entendus pour reporter cette définition à l'étape de l'orientation. On doit alors présumer que les deux personnes considèrent la situation initiale plus ou moins de la même façon et que le choix de la direction à prendre ne fera pas surgir de résistances risquant de remettre en question la démarche ayant fait l'objet de l'entente.

Plusieurs facteurs influent sur la décision concernant le moment où le champ d'investigation doit être défini :

■ La nature de l'intervention : si l'analyse de la situation ne permet pas, à l'étape de l'entrée, d'opter pour un type défini d'intervention, la collecte d'information prendra alors beaucoup de temps et, par conséquent, il convient d'indiquer quel sera le champ d'investigation dans la proposition d'intervention ;

■ L'importance de l'intervention : si l'on prévoit que l'intervention durera plusieurs mois, l'entente portant sur le champ d'investigation devra être plus précise que si l'intervention était de courte durée ;

■ La nature de la situation à corriger : les problèmes liés au climat régnant dans l'organisation ou au leadership peuvent susciter des réactions qu'il importe de prévoir ; c'est pourquoi on inclura le champ d'investigation dans la proposition d'intervention ;

■ La manière d'agir propre au consultant : certains consultants préfèrent définir le champ d'investigation avant de mener l'intervention auprès des membres du système-client, alors que d'autres aiment mieux attendre que l'entente soit conclue ;

■ La manière d'agir propre au client : certains clients n'ont ni le temps ni l'intérêt pour entreprendre ce type de discussion au moment de s'entendre sur les termes d'une proposition ; ils préfèrent la reporter à plus tard et y associer des membres du milieu.

L'instrument 6, « Champ d'investigation » (voir l'annexe, p. 289), aide à préciser le champ d'investigation.

5.2.8 Les rôles et les responsabilités

Dans un processus de consultation, le consultant et le client se perçoivent l'un l'autre comme des partenaires qui tentent d'améliorer une situation en mettant en commun leurs capacités. Les responsabilités et les tâches seront nécessairement partagées. L'étape de l'entente est particulièrement importante en ce qu'elle sert à clarifier les conditions qui favorisent l'interdépendance des personnes participant à l'intervention et à s'entendre sur le type d'action que le consultant exercera en cours de route. En précisant les rôles et les responsabilités de chacun, le consultant arrivera plus facilement à établir l'entente.

Les conceptions que le client et le consultant se font du rôle de ce dernier peuvent diverger au départ. Dans la proposition d'intervention, le consultant définira en des termes accessibles les principales responsabilités qu'il entend assumer, celles que le client devra soutenir ainsi que la contribution propre à chacun des membres du système-client. La conseillère clinique de l'exemple présenté plus haut (voir le tableau 5.3) pourrait proposer les rôles de la manière suivante:

■ La cliente présentera le projet d'intervention à l'équipe des intervenants; elle prendra les mesures nécessaires pour libérer les intervenantes en vue de la collecte d'information et du choix des priorités d'action; elle prendra part à la diffusion de l'information et à la planification des diverses actions;

■ La consultante mettra au point les instruments de collecte d'information; elle recueillera et compilera les données; elle organisera et animera la rencontre visant à définir des priorités d'action; elle aidera à la mise sur pied du plan d'action; elle évaluera l'intervention conjointement avec la cliente et rédigera le rapport à la fin de l'intervention;

■ Les membres du système-client prendront part à la collecte d'information, à l'analyse des résultats et au choix des priorités d'action;

■ Un comité *ad hoc* aura la responsabilité de planifier les actions prioritaires.

En fait, prévoir les rôles et les responsabilités de tous les participants à l'intervention implique qu'on définisse le champ de compétence de chacun et les domaines de compétence qui sont partagés entre les participants ou les catégories de participants.

5.2.9 L'estimation des coûts

Toute intervention entraîne des coûts. Le consultant calcule son salaire ou ses honoraires et les autres frais liés à l'intervention, et le client, pour sa part, évalue le salaire des participants ou les frais de remplacement. Il convient de prévoir les coûts qui seront engagés dans l'intervention de formation, car de plus en plus de milieux sont tenus d'affecter à la formation un pourcentage de leur masse salariale sous peine de sanction pénale.

La question essentielle des honoraires soulève parfois quelques difficultés. Dans le chapitre 4, il a été expliqué pourquoi il est bon d'en discuter d'entrée de jeu. L'examen des prétentions du consultant et des ressources du client permettra d'aplanir le chemin en vue de la conclusion de l'entente et parfois même de déboucher sur la fixation d'un taux horaire ou quotidien, ou bien d'un montant forfaitaire. L'entente doit spécifier ce que le consultant sera en droit d'exiger comme honoraires et, le cas échéant, comme indemnités et frais.

Calculer le coût d'un projet de consultation permet de juger de son réalisme et de l'importance qu'il revêt pour le client. Ce calcul permet de voir si le projet est proportionné aux ressources du milieu et s'il vaut la peine d'être entrepris. Lorsque le coût d'un projet excède les capacités du milieu, le consultant peut pratiquer des « entailles » dans le projet tout en veillant à ce que des résultats probants soient obtenus. Par exemple, il peut demander à certains acteurs du milieu de participer davantage pour compenser la réduction de ses attributions ou inciter le client à ré-évaluer ses priorités. En ce qui concerne les effets qu'on attend du projet, le consultant et le client chercheront à savoir si les bénéfices escomptés valent les sommes consenties ; s'ils répondent par la négative, il y a lieu de remettre en question le projet.

L'établissement des coûts d'une intervention exige de la méthode et de la rigueur, car de nombreux éléments doivent être pris en considération.

Éléments à considérer

Les principaux éléments que le consultant doit considérer sont :

- la durée de chacune des opérations prévues dans le projet d'intervention. Cette durée se calcule, selon ce qui est le plus pratique, en heures ou en jours. Elle peut être fixée d'avance ou cumulée en cours d'intervention ;

- le tarif horaire ou quotidien du consultant ;

- le coût de production du matériel ;

- la location de locaux ou de matériel, s'il y a lieu ;

- les frais de transport et de séjour du consultant ;

- le cas échéant, les frais de communication et les frais de consultation d'experts.

À ce stade, tous les éléments sont évalués. En les additionnant, on obtient le coût total du projet, abstraction faite de la rémunération du consultant. Celle-ci diffère selon que le consultant est interne ou externe.

Le consultant interne

Le consultant interne reçoit un salaire qui, selon les entreprises, est fixé par une convention collective ou de travail. Un salaire lui est versé pour tout projet auquel il est associé. Bien qu'il n'y ait pas de coût supplémentaire pour la mise sur pied d'un nouveau projet, il est utile, même dans ce contexte, de déterminer le coût de la contribution du consultant interne et de le mettre en rapport avec les bénéfices escomptés afin de voir si le client emploie de façon judicieuse les capacités de son consultant interne. Cela permet aussi à ce dernier de montrer que son action est profitable au milieu et qu'elle est loin de représenter une charge plus ou moins utile, qu'on peut négliger sans conséquence.

Le consultant externe

Le consultant externe reçoit généralement des honoraires dans lesquels sont inclus les frais généraux qu'il doit assumer à titre de travailleur autonome. Sa collaboration avec le milieu est occasionnelle, et le système-client ne lui procure aucune sécurité d'emploi. Ses honoraires dépendent de l'état du marché ; il n'y a pas de tarif universel. Les éléments suivants peuvent l'aider à déterminer le montant de ses honoraires : la richesse relative de l'organisme qui recourt à ses services ; les tarifs fixés par les concurrents ; sa compétence ou sa réputation ; son emploi du temps ; son aisance à négocier le tarif.

Ses honoraires sont calculés sur une base horaire, quotidienne ou forfaitaire. Sa rémunération correspond au temps passé en rencontres de travail avec le client ou avec les membres du système-client, ou encore au temps de travail personnel, ce qui comprend les heures passées à la préparation et à l'intervention proprement dite. Le consultant peut encore recevoir un montant forfaitaire établi en fonction de divers documents qu'il s'est engagé à remettre, tels qu'un questionnaire, un profil de compétences, un devis relatif à un cours de formation, une analyse des résultats ou un plan d'action.

Le coût de l'intervention est un élément que le client et le consultant doivent toujours prendre en considération au moment de prendre une décision. Il convient de séparer les frais représentés par les honoraires du consultant d'avec les autres types de frais (transport, séjour, production de matériel).

5.2.9 Les clauses particulières

Habituellement, le consultant ou le client exige l'inclusion de clauses particulières dans l'entente. Celles-ci peuvent être relatives au mode de paiement des honoraires ; à l'utilisation des services de secrétariat, de locaux ou de matériel ; à l'accès à l'information ; aux règles de confidentialité ; à la résiliation, à la renégociation ou à la prolongation du contrat ; au recours aux services d'un conseiller ; à l'utilisation des données à des fins de recherche ou de formation ; à la propriété de certaines productions telles que les instruments élaborés aux fins de l'intervention, les cahiers des participants et les rapports.

L'instrument 7, « Clauses particulières » (voir l'annexe, p. 291), permet de déterminer les cas où il est utile d'ajouter des clauses particulières.

Le cas de la conseillère clinique (voir le tableau 5.3) peut être repris pour illustrer les différents points traités dans ce chapitre. Voici la proposition d'intervention qu'elle a rédigée. Celle-ci doit être remise à la chef de programme, qui est aussi la cliente.

À : Mme Maryse Saint-Hilaire, chef du programme de maintien à domicile

De : Josée Bonheur, conseillère clinique

Objet : Proposition d'intervention

Pour donner suite à notre rencontre de jeudi dernier, permettez-moi de vous faire une proposition d'intervention. Elle contient le rappel de votre demande, une description sommaire du contexte dans lequel l'intervention s'inscrit, une définition du but à atteindre et des critères d'évaluation, la désignation du système-client, des précisions concernant la démarche à suivre, les rôles et les responsabilités de chacune des personnes concernées, et enfin l'énoncé de clauses particulières.

La demande

Intégrer la pratique multidisciplinaire dans le programme de maintien à domicile afin d'offrir des soins continus aux bénéficiaires.

Le contexte de la demande

Ces dernières années, vous avez noté un accroissement constant de la demande de services faisant l'objet du programme de maintien à domicile.

Actuellement, les interventions relatives aux soins et aux services dépassent largement les interventions visant la prévention.

Vous avez constaté que, dans bon nombre de dossiers, diverses professions sont mises à contribution et que chaque profession fait sa propre collecte de données. Dans de nombreux cas, les collectes font double emploi; d'ailleurs, le représentant de la population au conseil d'administration a maintes fois fait état de cette situation.

Le personnel déplore le manque de concertation dans plusieurs dossiers. Les membres de certaines professions se plaignent d'être associés *in extremis* à l'intervention, c'est-à-dire lorsque la situation échappe quasiment à tout contrôle et qu'il est devenu très difficile d'intervenir.

Le but de l'intervention

Mettre sur pied et exécuter une activité de formation en pratique multidisciplinaire dans le programme de maintien à domicile.

Les critères d'évaluation

Voici les critères qui serviront à évaluer le succès de l'intervention (les cinq premiers ont déjà été discutés) :

- Les besoins de formation d'au moins 50% des intervenantes auront été reconnus ;

- Ces besoins auront été placés en ordre d'importance ;

- Un programme de formation aura été élaboré à partir de l'ordre d'importance des besoins ;

- Il aura été convenu avec tous les chefs d'équipe de mettre en œuvre une stratégie de transfert des apprentissages, et cette stratégie aura été approuvée par la chef de programme ;

- Chaque équipe aura la capacité de gérer des dossiers dans une optique multidisciplinaire ;

- Dans les trois mois qui suivent la formation, une équipe multidisciplinaire aura examiné 90% des nouveaux dossiers ainsi que tous les dossiers réévalués durant cette période, et elle aura statué sur les suites à donner.

La désignation de la cliente et du système-client

Selon moi, vous êtes la cliente de l'intervention. C'est avec vous que je prendrai les décisions principales, c'est-à-dire celles qui sont susceptibles de modifier le cours de l'intervention.

Le système-client est formé des intervenants chargés d'appliquer le programme : 4 agents de relations humaines, 20 auxiliaires familiales et sociales, 2 ergothérapeutes ; 7 infirmières, 1 inhalothérapeute ; 3 médecins, 1 nutritionniste et 2 physiothérapeutes.

La marche à suivre, les responsabilités et l'échéancier

Le tableau 5.6 montre les opérations, les responsabilités et l'échéancier relatifs à l'intervention.

TABLEAU 5.6

Opérations	Responsabilités	Échéancier
1. Informer les professionnels que la pratique multidisciplinaire sera incluse dans le programme et qu'une formation en ce sens sera donnée à tous les intervenants.	Chef de programme	Du 1er au 10 août
2. Définir les besoins des intervenants au chapitre de la pratique multi-disciplinaire :		
■ S'entendre sur les sujets à explorer au cours de l'intervention ;	Conseillère et chef de programme	Le 5 août
■ Mettre au point la grille d'entrevue ;	Conseillère	Le 6 août
■ Faire approuver la grille d'entrevue ;	Chef de programme	Du 6 au 9 août
■ Prendre rendez-vous avec les intervenants ;	Secrétariat du secteur	Du 12 au 14 août
■ Recueillir des données ;	Conseillère	Du 15 au 31 août
■ Analyser les données.	Conseillère	Du 3 au 6 sept.

▼

▼

3. Définir les objectifs:		
■ Remettre l'analyse des données à la chef de programme et aux chefs d'équipe;	Conseillère	Du 9 au 10 sept.
■ Dégager des priorités.	Chef de programme et chefs d'équipe	Du 9 au 10 sept.
4. Mettre sur pied l'activité de formation.	Conseillère	Du 11 au 30 sept.
5. Planifier le transfert des apprentissages.	Conseillère Chef de programme et chefs d'équipe	Du 1er au 4 oct.
6. Donner la formation:		
■ Constituer des équipes;	Chef de programme	Du 1er au 4 oct.
■ Réserver le local;	Secrétariat du secteur	Le 12 août
■ Préparer le matériel;	Secrétariat du secteur	Du 20 sept. au 4 oct.
■ Encadrer la formation.	Conseillère	Du 7 au 31 oct.
7. Assurer le *coaching* des équipes:		
■ Tenir à jour le calendrier des rencontres et informer la conseillère des changements apportés;	Secrétariat du secteur	Du 1er au 30 nov.
■ Mettre au point les instruments d'observation;	Conseillère	Du 1er au 4 oct.
■ Observer l'équipe et faire des commentaires;	Conseillère	Du 1er au 30 nov.
■ Trouver des moyens pour rendre les rencontres plus fructueuses.	Membres de l'équipe et conseillère	Du 1er au 30 nov.
8. Déterminer si les objectifs sont atteints et vérifier si l'intervention se déroule comme prévu.	Chef de programme Conseillère et chefs d'équipe	Le 15 déc. et du 1er au 15 mars
9. Faire un rapport et clore l'intervention:		
■ Prévoir les suites à donner;	Chef de programme et conseillère	Le 15 mars
■ Rédiger le rapport et le remettre;	Conseillère	Le 31 mars
■ Étudier le rapport.	Chef de programme	Le 3 ou le 4 avril

L'évaluation des coûts

Compte tenu du fait que l'intervention sera assumée par une ressource interne, il n'y a aucuns honoraires à prévoir.

Les clauses particulières

1. La secrétaire du programme sera chargée de produire le matériel pédagogique, de consigner les rendez-vous avec les intervenants et de réserver les locaux.

2. La formation sera donnée à des groupes multidisciplinaires ne comptant pas plus de 12 personnes. Chaque groupe devra avoir parmi ses membres au moins un intervenant en réadaptation, un agent de relations humaines et une infirmière.

3. Les entrevues seront menées dans un local où la confidentialité est assurée et qui est situé près des bureaux des intervenants du programme.

4. L'analyse des données recueillies respectera l'anonymat des répondants.

CONCLUSION

L'importance accordée aux différentes activités de l'entente s'explique par le fait que l'intervenant qui gère un processus de consultation est plus qu'un simple technicien. En tant que professionnel, il tente d'adapter le plus possible son intervention aux circonstances. Franchir les étapes de l'entrée et de l'entente, c'est déjà intervenir. Le consultant s'attache alors à expliquer le sens des actions qu'il accomplit et la place de telle ou telle opération dans l'ensemble d'un processus. Il doit lui-même avoir une idée très précise de la signification des opérations.

Outre l'objectif principal, qui est de conclure une entente claire et précise au terme de l'étape, la démarche elle-même comporte des objectifs secondaires, tels que celui d'assurer la suite de l'intervention. Plusieurs décisions prises au cours de cette étape ont des répercussions importantes sur l'ensemble de l'intervention. Le temps et l'énergie consacrés à l'entente représentent un investissement rentable. Quand on fait le bilan d'une intervention qui s'est soldée par un échec, il arrive souvent qu'on doive remonter jusqu'à l'entente pour découvrir la cause principale de cet échec. Selon Block (1981), c'est probablement à cette étape du processus que le consultant doit montrer tout son savoir-faire à cause des effets possibles sur la suite de l'intervention.

Un autre objectif secondaire de la démarche est d'établir un langage commun. Souvent, les mots et les expressions utilisés n'ont pas la même signification pour le consultant et pour le client ou les membres du système-client. Il peut en résulter de profonds malentendus si l'on ne prend pas le temps d'expliquer de part et d'autre la signification que l'on attache à un mot.

L'intervention débute dès l'étape de l'entrée, car il n'est pas rare que le client modifie sa perception du problème en cours de route ou que le consultant découvre de nouvelles perspectives. À cet égard, la proposition écrite donne l'occasion de faire le point. Parfois, une remarque anodine montre l'ambiguïté d'une situation et fait sentir la nécessité d'apporter des éclaircissements.

Il est également possible, à l'étape de l'entente, de faire de la prévention. Block (1981) fait remarquer qu'il est beaucoup plus facile de négocier une entente que de la renégocier après que des difficultés ont surgi. Mieux vaut prévenir que guérir. Au moment de la négociation de l'entente, on peut en effet prévoir un certain nombre de problèmes ou de conflits pouvant survenir en cours de route. On a alors la possibilité de les examiner, de tenter de trouver des solutions ou de prendre certaines dispositions qui assureront le bon déroulement de l'intervention.

Le processus qui se poursuit avec l'entente a aussi un effet de *modeling*. Un client peu habitué à ce type d'intervention observe beaucoup, surtout au début, le comportement du consultant : sa façon de préparer les rencontres et les documents, de discuter, d'aborder certaines questions, de négocier, de planifier, etc. La manière d'agir du consultant peut surprendre le client et parfois même le dérouter. Le client peut aussi apprendre à traiter les problèmes, à gérer un processus, à envisager diverses possibilités ou à conclure des ententes. La cohérence et la transparence du consultant peuvent ainsi avoir un effet positif. Le consultant verra son crédit augmenter si son discours concorde avec son action.

Au cours des activités de l'entente, le client et le consultant apprennent à se connaître et à se faire confiance, bref à jeter les bases d'une relation de coopération, primordiale pour le succès de l'intervention. La façon d'arriver à l'*output* de ces activités, représentée par l'entente, est aussi importante que le contenu de l'entente.

Enfin, l'entente désigne non seulement l'étape qui suit l'entrée, mais aussi un processus continu. Même si la concertation ne laisse rien à désirer, il y a toujours un risque que des imprévus obligent les partenaires à reformuler, en tout ou en partie, l'entente. Celle-ci n'est donc pas « coulée dans le béton », mais les modifications qui y seront apportées doivent être approuvées à la fois par le client et par le consultant.

Selon les besoins, le consultant et le client doivent parfois songer à conclure de nouveaux engagements ou à modifier certaines dispositions de l'entente. La négociation de nouveaux arrangements fait partie du déroulement normal d'une intervention. Au moment de la planification, par exemple, il est indispensable de s'entendre clairement sur les objectifs et les stratégies, et l'accord auquel on aboutit vient s'ajouter à ce qui a déjà été convenu entre le client et le consultant.

Certains consultants préfèrent une entente à très court terme ; ils peuvent alors ajouter des éléments au cours de l'intervention. Il est, par exemple, possible d'indiquer dans l'entente qu'on tentera de définir tel ou tel problème ou qu'on soumettra un projet au système-client avant de conclure de nouvelles ententes. Dans le modèle de cet ouvrage, le consultant produit plutôt une première ébauche qui se distingue par sa flexibilité et qui montre que la négociation est un processus continu, comme tout processus de consultation.

VÉRIFICATION DES CONNAISSANCES

Le lecteur peut évaluer les connaissances qu'il a acquises au cours du présent chapitre en répondant aux questions suivantes, puis en vérifiant ses réponses à l'aide du corrigé placé à la suite de cet exercice.

Est-il vrai ou faux que les auteurs soutiennent les énoncés suivants ?

	VRAI	FAUX
1. L'entente constitue une démarche formelle par laquelle le client et le consultant s'engagent à poursuivre la situation initiale. Elle est parfois verbale.	☑	☐
2. Le présent modèle recommande qu'un document de travail (une proposition d'intervention) fasse l'objet d'une discussion entre le client et le consultant, et qu'il soit approuvé par les deux parties.	☑	☐
3. Les éléments essentiels de toute entente liant un consultant et un client sont les suivants : la demande proprement dite, le contexte de la demande, le but de l'intervention et les critères d'évaluation, la désignation du client, la marche à suivre et une première planification, les rôles et les responsabilités, l'estimation des coûts et les clauses particulières.	☐	☑
4. Il arrive parfois que le type d'intervention proposé par le consultant ne corresponde pas à ce que le client demande.	☑	☐
5. La partie de l'entente qui traite du contexte de la demande explique habituellement les causes du problème.	☐	☑
6. Les explications relatives au contexte de la demande aident à saisir le lien logique qui existe entre la demande du client et le but de l'intervention.	☑	☐

▼

▼

	VRAI	FAUX
7. Le consultant peut procéder par tâtonnement pour trouver le but de l'intervention.	❑	☑
8. La détermination du but de l'intervention relève de la compétence exclusive du consultant.	❑	☑
9. Dans une intervention générale, l'entente vise d'abord l'exploration systématique de la situation, plutôt que l'application de mesures correctives.	☑	❑
10. Pour être atteints, les objectifs définis dans le cadre de l'entente doivent être modestes et réalistes.	☑	❑
11. Une fois qu'elles ont été tracées dans l'entente, les limites du système-client demeurent les mêmes pendant toute la durée de l'intervention.	☑	❑
12. Les échéances principales qui ont été fixées sont habituellement indiquées dans l'entente. Les échéances ne peuvent être modifiées que moyennant l'accord du client et du consultant.	☑	❑
13. Dans un processus de consultation, les responsabilités et les attributions sont nécessairement partagées entre le système-client et le consultant.	☑	❑
14. Il ne convient pas, à l'étape de l'entente, d'utiliser les données recueillies pour réorienter l'intervention.	❑	☑
15. L'expression « champ d'investigation » désigne l'ensemble des symptômes qui peuvent être présents dans une situation.	❑	☑
16. La détermination du champ d'investigation relève de la compétence exclusive du consultant.	❑	☑
17. Le champ d'investigation est un élément facultatif de l'entente.	☑	❑

▼

▼

		VRAI	FAUX
18.	L'*input* de l'entente est l'engagement pris par le consultant d'élaborer un projet d'intervention.	☑	☐
19.	Franchir les étapes de l'entrée et de l'entente, c'est déjà intervenir.	☑	☐
20.	Les activités qui se rattachent à l'entente comportent des objectifs secondaires, tels qu'assurer la suite de l'intervention, faire en sorte qu'il y ait un langage commun entre le client et le consultant, déceler certains problèmes potentiels, etc.	☑	☐
21.	Si l'entente est bonne, on n'aura pas à renégocier certains de ses éléments.	☐	☑

CORRIGÉ

			21. *Faux*
17. *Vrai*	18. *Vrai*	19. *Vrai*	20. *Vrai*
13. *Vrai*	14. *Faux*	15. *Faux*	16. *Faux*
9. *Vrai*	10. *Vrai*	11. *Faux*	12. *Vrai*
5. *Faux*	6. *Vrai*	7. *Faux*	8. *Faux*
1. *Vrai*	2. *Vrai*	3. *Faux*	4. *Vrai*

CHAPITRE 6
L'orientation

Voir l'ensemble avant de choisir.

L e consultant qui a accompli les différentes activités que comportent l'entrée et l'entente doit maintenant franchir l'étape charnière de l'orientation. En premier lieu, un cas concret servira à illustrer la nécessité d'amener les membres du système-client à voir de la même façon la situation initiale : on précise les causes qui influent sur celle-ci d'une façon déterminante et on s'entend sur les moyens à mettre en œuvre pour la modifier. Il sera précisé pourquoi le mot « orientation » a été choisi pour désigner cette étape, et certaines notions importantes, comme celle de recadrage et de niveau de changement, seront éclaircies. Les composantes, ou activités, de l'orientation seront ensuite décrites. Celles-ci ont rapport à la circulation de l'information à l'intérieur du système-client, indispensable pour choisir judicieusement les actions à entreprendre.

6.1 ILLUSTRATION À L'AIDE D'UN CAS CONCRET : LE CLIMAT À L'INTÉRIEUR D'UNE ORGANISATION

Malgré tous les efforts consentis jusqu'à maintenant, la situation qui règne au Centre de santé des Érables ne cesse de se détériorer ; tant les administrateurs et les gestionnaires que les employés souhaitent que des mesures énergiques soient adoptées immédiatement pour la corriger. La nouvelle directrice de l'établissement a reçu entre autres mandats celui d'assainir le climat dans les plus brefs délais. Pour faire un meilleur choix des mesures à prendre, elle a fait appel au consultant François, avec qui elle a convenu d'élaborer un plan d'action détaillé précisant les correctifs à apporter. L'entente qu'ils ont conclue prévoit que, avant de déterminer ce qu'il s'agit de changer, les participants prendront le temps d'évaluer l'ensemble de la situation. On recueillera de l'information auprès des personnes et des groupes intéressés, et ceux-ci prendront part par la suite à l'analyse des données réunies.

6.2   CONNAÎTRE, SE CONCERTER ET CHOISIR

Ayant examiné la situation, la directrice de l'établissement est arrivée à la conclusion que seule une aide extérieure pouvait permettre de redresser la qualité des services. Elle avait déjà constaté les signes d'un climat tendu et les effets néfastes de celui-ci. Toutefois, avoir conscience d'une situation ne suffit pas pour trouver une réponse satisfaisante à la question : « À quoi est due la situation actuelle ? » Les diverses parties touchées par la situation donneraient sans doute des réponses différentes à cette question. L'examen de la demande d'intervention fournit au consultant des indications mais, aux étapes de l'entrée et de l'entente, il était question d'autre chose que de rassembler tous les éléments susceptibles d'expliquer la situation initiale ; la première analyse avait pour seul but de déterminer s'il était nécessaire d'intervenir. De son côté, même s'il est habitué aux situations de ce genre, François ne peut répondre à cette question avant d'avoir recueilli certaines informations. Plusieurs causes sont habituellement à l'origine du climat d'une organisation ; laquelle ou lesquelles de ces causes sont déterminantes dans le cas présent et doivent faire envisager l'adoption de mesures ? Voilà la question à laquelle François tentera de répondre au cours de l'étape de l'orientation.

Bien analyser la situation ne suffit pas ; il faut aussi que les personnes concernées aient des vues communes pour pouvoir s'entendre sur les mesures à prendre. Si la directrice est d'avis que le climat actuel est dû aux revendications syndicales, alors que les employés sont convaincus qu'il s'explique par l'incompétence de certains gestionnaires et la surcharge de travail, il est peu probable que l'on parvienne jamais à se mettre d'accord sur ce qui doit être fait. Après avoir exposé leurs points de vue respectifs, les personnes concernées s'apercevront de la complexité de la situation ; elles seront disposées à considérer toutes les possibilités et elles chercheront à s'entendre sur les objectifs et sur les moyens de les atteindre. François sait par expérience que ce travail en commun, s'il est accompli de façon ordonnée, aura pour effet de faciliter le dialogue entre les individus ou les groupes.

6.3 L'ORIENTATION

Le processus de consultation, qui fait l'objet du modèle intégré présenté ici, est nécessairement centré sur l'action concrète ; il vise un changement observable et durable. Les critères d'efficacité décrits dans le chapitre 1 montrent clairement qu'on jugera l'arbre à ses fruits. Dans toute intervention à l'intérieur d'un système, il importe, avant d'agir, de savoir où l'on va, de s'assurer aussi, dans la mesure du possible, que toutes les personnes intéressées prennent la même direction. Le consultant a pour tâche de gérer des processus qui facilitent la concertation.

Dans la pratique quotidienne comme dans les écrits traitant du processus de consultation, on place toujours immédiatement après l'étape de l'entente une autre étape qui comporte une réflexion plus approfondie sur la situation ou une recherche visant une compréhension plus étendue du problème. Cette étape a reçu diverses appellations : « diagnostic », « état de la situation », « mise en problème », « problématique », « analyse », « recadrage ». Le choix des mots servant à cette partie de l'intervention n'est pas indifférent, car chacun correspond à une approche précise et regroupe un certain nombre d'actions. Le diagnostic, par exemple, implique l'établissement d'un rapport causal entre les symptômes observés et une déficience ; par exemple, les réunions sont trop longues parce qu'elles sont mal planifiées. On observe toutefois que plusieurs de ces appellations ont un élément en commun : une recherche systématique de données factuelles qui permet d'éclaircir une situation déterminée en la plaçant dans un contexte plus large.

Le mot « orientation » renvoie à une conception précise des systèmes et des processus de changement. *Le Petit Robert* définit l'orientation comme « l'action de donner une direction déterminée ». L'étape de l'orientation a pour but de fournir une réponse à la question : « De quelle nature doit être le changement à apporter ? » La directrice du Centre de santé des Érables souhaite voir le climat de son établissement s'améliorer, mais elle n'est pas en mesure de préciser la nature du changement souhaité. L'*output* de l'intervention, un plan d'action, est encore trop imprécis ; on devra définir clairement cet objectif et surtout choisir les correctifs les plus propices à assainir le climat de l'établissement. La situation du consultant

---

peut se comparer à celle de l'automobiliste qui consulte un plan pour s'orienter: prendre une direction déterminée peut tout aussi bien vouloir dire préciser sa destination que suivre le meilleur chemin pour y arriver. Dans le cas d'une intervention, s'orienter, c'est faire un choix déterminant: le point sur lequel un ensemble de personnes avides de changement vont, durant un certain temps, concentrer une partie importante de leur énergie pour arriver à la situation souhaitée. À la fin de l'étape de l'orientation, le consultant et le client doivent avoir en main toute l'information nécessaire pour aborder l'étape de planification qui suit.

L'orientation proprement dite n'exclut évidemment pas les opérations préalables: connaître le contexte de la situation, s'entendre sur la façon d'envisager le problème et définir le cadre dans lequel viendront s'inscrire les actions à entreprendre. Le mot «orientation» a l'avantage de mettre en évidence le rôle prépondérant de l'action: on analyse la situation non pas pour savoir ce dont souffre le système, mais pour choisir les correctifs les plus convenables. Le modèle intégré fixe donc comme objet de la troisième étape la prise de décision concernant ce qui doit être entrepris.

6.4 LE CADRE DE RÉFÉRENCE

L'expression «cadre de référence», couramment utilisée dans divers milieux, convient très bien pour désigner une activité mentale constamment présente au cours de l'orientation. Par exemple, un gestionnaire désire planifier le développement de son organisation; un chef de service a l'intention de se doter d'une politique concernant l'utilisation de l'équipement; un responsable des ressources humaines veut offrir des séances de formation à un groupe d'employés; une équipe de direction envisage d'évaluer différents programmes. Dans chacun de ces cas, on commencera par définir un contexte ou un cadre qui orientera les discussions conduisant à des choix concrets et qui donnera de l'unité à l'action. Le cadre de référence peut se définir comme un ensemble d'énoncés qui, dans un domaine particulier, guident différents acteurs (clients, membres du système-client ou consultant) dans les décisions courantes à prendre, dans les actions à mener ou dans la manière d'envisager les situations.

Dans certains cas, le cadre de référence sert uniquement, dans l'ordre de l'abstraction, à définir une méthode d'action. Si, par exemple, on s'entend pour définir le besoin de formation comme l'écart entre le niveau de compétence requis pour accomplir une tâche et le niveau de compétence observé dans la réalité, l'analyse et la hiérarchisation des besoins s'appuieront sur cette conception. Celle-ci repose sur des principes ou des postulats. Parfois, on parlera d'un contexte théorique ou d'une problématique. Le cadre de référence peut consister en un ensemble ordonné de balises, de normes ou de règles devant servir à l'action. Des règles d'établissement d'un budget, un code de procédure pour une assemblée délibérante et une politique d'évaluation du rendement sont autant d'exemples de cadre de référence. En ce sens, on peut aussi parler de «règles du jeu».

L'étape de l'orientation porte donc sur le cadre de référence. La collecte et le traitement des données ont pour but de décrire et de rendre explicite le cadre de référence déjà existant. Pour comprendre une situation ou pour formuler correctement un problème, il importe d'étudier le contexte ou encore la manière d'agir des personnes concernées. Les symptômes et les malaises vécus par les membres du système sont souvent dus au fait que le cadre de référence ne convient pas, que chacun suit sa propre logique ou qu'il n'y a pas véritablement de cadre de référence. Le choix d'une orientation et des priorités d'action qui en découlent exige un ajustement ou un remaniement du cadre de référence. Il constitue donc un élément crucial de l'intervention.

On peut illustrer la notion de cadre de référence par l'exemple suivant. Le comité de direction d'une entreprise a depuis plusieurs mois beaucoup de difficulté à fonctionner et il fait appel à un consultant qui l'aidera à rendre les réunions plus productives. Le consultant recueille de l'information et profite d'une réunion du comité pour communiquer les résultats de la collecte. Les membres du comité ratifient ce qui est dit et tentent, sans trop de succès, d'expliquer les causes de l'inefficacité des réunions. Pour sa part, le consultant énumère les causes possibles des difficultés rencontrées, chacune constituant un cadre de référence :

- Le comité de direction est composé des directeurs des différentes unités; chacun d'eux a en vue l'intérêt de son unité et tente de tirer la couverture à lui-même; les membres se perçoivent les uns les autres comme des rivaux; le cadre de référence du comité est fondé sur la compétition;

- Les réunions du comité sont mal organisées; les membres ne reçoivent aucun ordre du jour ni aucune documentation relative aux points importants à discuter ou à décider; chaque réunion se déroule de façon informelle, personne ne se souciant de préciser les objectifs à atteindre ni les moyens de le faire; on s'éloigne souvent des sujets et on doit expédier certains d'entre eux par manque de temps; le cadre de référence dans lequel les réunions s'inscrivent se résume à ceci : la prise de décision basée sur l'improvisation;

- Plusieurs membres doutent de l'utilité de la plupart des réunions; les vraies décisions se prennent ailleurs; l'information circule principalement à travers les conversations de couloir ; on a l'impression de perdre son temps dans les réunions, parce qu'on est persuadé qu'il existe des moyens plus efficaces de faire le travail de coordination ; étant donné qu'il existe des mécanismes parallèles de décision, les membres du comité se réfèrent à différents processus décisionnels.

Après avoir échangé leurs points de vue concernant le cadre de référence ou la création d'un tel cadre, les différents acteurs du système peuvent discuter la question des correctifs ou des changements à apporter pour améliorer la situation. Choisir une orientation, c'est se donner un cadre de référence.

6.5   S'AJUSTER OU CHANGER

L'intervention du consultant a pour but d'amener un changement. Insatisfaits de la situation vécue, les membres d'un système ont été conduits à demander à un spécialiste de trouver un remède. Le consultant est un agent de changement. Mais qu'est-ce que changer ?

Notons d'abord avec Lefebvre (1982) que, dans les organisations, le changement a quelque chose de paradoxal. Les acteurs d'un système ont besoin de stabilité pour exercer leurs rôles respectifs, et le milieu doit répondre à ce besoin. Mais le milieu est sans cesse mouvant et force l'organisation à s'ajuster au changement, faute de quoi celle-ci court le risque de disparaître à plus ou moins bref délai. L'organisation doit donc être à la fois stable et dynamique.

L'organisation qui demande à un consultant d'intervenir s'attend que la situation du système ne soit pas tout à fait la même après le départ du consultant. Il est habituellement impossible de déterminer avec précision, au moment de l'entente, la nature et l'ampleur du changement à opérer. C'est à l'étape de l'orientation que les personnes concernées auront à décider quel type de changement elles veulent. Pour gérer correctement le processus devant mener à la prise de décision, le consultant doit être familiarisé avec certaines théories concernant le changement.

6.5.1 Difficulté et problème

Le changement a fait l'objet de plusieurs études. Les chercheurs de l'École de Palo Alto, dirigée par Paul Watzlawick, ont élaboré une conception du changement qui s'accorde avec le modèle intégré de consultation. Dans une de leurs publications, Watzlawick, Weekland et Fisch (1975) tentent de répondre à la question suivante :

«Comment se forment et se résolvent les problèmes?» Ils font d'abord une distinction entre une difficulté et un problème. Pour eux, une difficulté est simplement une situation indésirable que l'on arrive soit à résoudre par des moyens relevant du sens commun, soit à supporter parce qu'il n'existe pas de solution. On peut dire qu'une équipe de travail fait face à une difficulté si les participants à une réunion s'éloignent souvent du sujet; il suffirait d'en prendre conscience et de décider d'y mettre fin ou de nommer un animateur qui veillerait à maintenir la discussion sur le point à l'ordre du jour. Un problème, lui, fait référence à une impasse, à un dilemme ou à une situation que l'on a tenté de corriger sans succès et qui s'est même aggravée ou compliquée à la suite de ces tentatives. En tant que membre de l'équipe de direction, le responsable d'une unité est placé devant un dilemme: il croit de son devoir de défendre les intérêts de son unité, alors que les autres membres de l'équipe de direction veulent le voir travailler pour l'ensemble de l'organisation. Watzlawick et ses collègues estiment que, avant d'amorcer un changement, il importe de savoir si l'on est en présence d'une difficulté ou d'un problème.

6.5.2 Le changement de premier ordre: s'ajuster

La distinction qui a été faite entre difficulté et problème amène à différencier deux niveaux de changement: le changement de premier ordre et le changement de deuxième ordre. Les manières habituelles de trouver des solutions à une difficulté paraissent convenables parce qu'elles amènent les acteurs à demeurer à l'intérieur de la logique déjà existante ou à l'intérieur d'un ensemble de structures et de règles auxquelles ils sont habitués. Un changement est de premier ordre lorsqu'il améliore une situation, mais qu'il ne modifie pas le cadre de référence déjà existant. Par exemple, les rapports entre les acteurs, la définition des rôles et les normes ou les valeurs du milieu ne sont pas modifiés de façon importante; les membres de l'organisation développent leurs compétences, leur action devient plus efficace, et ils font mieux ce qu'ils faisaient déjà. Les membres de l'équipe de direction qui ont de la difficulté à fonctionner pourraient s'entendre pour préparer les ordres du jour et planifier les réunions sans qu'il soit besoin de remettre en cause le mandat de l'équipe ou les objectifs fixés. Le changement de premier ordre consiste à aplanir une ou des difficultés en apportant certains remaniements au cadre de référence ou en aidant les membres d'un système à s'ajuster au cadre de référence déjà en place.

6.5.3 Le changement de deuxième ordre: recadrer

Lorsqu'une personne, un groupe ou une organisation fait face à un problème, au sens que Watzlawick, Weekland et Fisch (1975) donnent à ce mot, un ajustement ou un changement de premier ordre n'est pas indiqué. En conservant le même cadre de référence, on risque de rendre la situation inextricable et de transformer la solution en problème. Les acteurs sont en quelque sorte engagés dans un cercle vicieux, et tous les efforts déployés auront uniquement pour effet d'aggraver le problème. Mieux vaut, par exemple, s'interroger sur l'utilité d'une directive que de multiplier les notes destinées à signaler l'importance de celle-ci. Le changement de deuxième ordre est une modification du cadre de référence. Il consiste non pas à chercher des solutions aux difficultés, mais à remettre en cause la façon de poser le problème ou la manière de voir la situation. La recherche de solutions sera axée sur le contexte ou le cadre dans lequel s'inscrit le problème. Par exemple, si le comité de direction découvre que tout est subordonné à la compétition dans le groupe, il ne suffira pas d'inciter les membres à faire preuve de plus de discipline au cours des réunions. Ce sont les règles du jeu ou le cadre de référence qui alimentent cet esprit de rivalité. Pour que le comité devienne plus productif, on devra adopter un autre cadre de référence et opérer un changement de deuxième ordre consistant à modifier la culture de gestion. La notion de recadrage paraît convenir pour rendre compte de l'opération qu'exige un tel changement.

> Recadrer signifie donc modifier le contexte conceptuel et émotionnel d'une situation, ou les deux, ou le point de vue selon lequel elle est vécue, en la plaçant dans un autre cadre qui correspond aussi bien, ou même mieux, aux faits de cette situation concrète dont le sens, par conséquent, change complètement. (Watzlawick, Weekland et Fisch, 1975 : p. 116.)

L'opération de recadrage soulève parfois des difficultés ; elle fait beaucoup appel à l'intuition et à la créativité. Il peut arriver que, pour mener à bien cette opération, on ait à appliquer des solutions paradoxales ou contraires au sens commun (Bandler et Grinder, 1982 ; Layole, 1984 ; Watzlawick, Weekland et Fisch, 1975) ou à recourir à l'emploi de métaphores pour susciter de nouvelles idées (Schön, 1981). L'exemple qui suit aidera à mieux comprendre la notion de changement de deuxième ordre à la suite d'un recadrage.

Le conseil d'administration d'un organisme public a adopté un nouveau plan d'organisation. Celui-ci modifie l'organisation du travail. Le principal changement apporté consiste dans le fait que les équipes deviennent semi-autonomes, c'est-à-dire capables d'accomplir leur mandat sans être constamment dirigées par un cadre et de décider par elles-mêmes de leur manière d'agir. La directrice générale de l'organisme a chargé Alain, un consultant en développement organisationnel, d'accompagner un comité ayant pour rôle de mettre sur pied des équipes semi-autonomes dans chaque service. Après plusieurs semaines de travail, le comité s'est retrouvé dans une impasse. Des informations recueillies auprès des cadres et des employés ont permis au comité de constater que plusieurs équipes ainsi que certains cadres étaient opposés à un changement aussi radical de leur mode de fonctionnement. Invité à donner son avis sur la situation, Alain a d'abord fait valoir qu'il était paradoxal d'imposer aux équipes un supplément d'autonomie et il a ensuite demandé s'il était possible de modifier le mandat du comité. Surpris d'entendre ce genre de propos, les membres du comité ont demandé à Alain de s'expliquer. Il a proposé le recadrage suivant : au lieu d'imposer la présence d'un consultant dans les équipes, le comité pourrait offrir à celles-ci de les accompagner aussi bien dans le choix de devenir des équipes semi-autonomes que dans la mise sur pied du nouveau type d'organisation et, le cas échéant, d'encadrer le processus d'implantation de cette nouvelle structure dans le cas des équipes qui prendraient la décision de l'adopter. Alain s'est ainsi permis de modifier le cadre de référence ou les règles du jeu en invitant les équipes à décider par elles-mêmes si elles allaient changer leur mode de fonctionnement et en suggérant aux membres du comité de devenir des personnes-ressources au service des équipes. La direction générale a approuvé cette manière de procéder et, par la suite, le comité a mis en œuvre un plan d'intervention qui s'est révélé efficace.

6.6   Faire circuler l'information

Le comité de direction qui s'attache, avec l'aide d'un consultant, à accroître son efficacité pourrait rapidement entreprendre des actions propres à redresser la situation initiale. Par exemple, il lui serait possible d'étudier à fond la manière dont un groupe fonctionne ou d'apprendre à travailler en équipe. Les membres du comité s'efforceraient ainsi concrètement d'améliorer leur rendement et pourraient déterminer par la suite si le moyen employé a été efficace et, le cas échéant, en appliquer un autre. Dans la pratique, l'analyse d'une situation demande souvent l'essai de solutions. Quand on n'arrive plus à allumer la lumière, on peut supposer qu'une ampoule est la source du problème. Si celui-ci persiste, on cherche ailleurs. On procède par déduction.

Ordinairement, la situation qui doit faire l'objet de l'intervention est trop complexe pour qu'il soit possible de procéder par tâtonnement. Assez souvent, on a déjà essayé certains correctifs, mais sans succès. Il est donc nécessaire d'effectuer des recherches avant de prendre une décision sur les actions à entreprendre ou les changements à apporter. Si l'on veut que l'intervention soit fructueuse, il faut examiner de manière approfondie les différents facteurs qui influent sur la situation, le contexte ou le cadre de référence, ou, dans certains cas, rechercher les causes du mauvais fonctionnement. Le choix de l'orientation et des priorités d'action repose sur l'examen des données factuelles, car seul ce dernier permet de juger convenablement de la situation.

Plusieurs méthodes de recherche peuvent faciliter une analyse qui conduit à poser correctement un problème. Le modèle intégré privilégie une démarche relativement simple qui consiste à recenser et à diffuser les informations déjà présentes dans le système. Cette démarche s'inspire largement d'une stratégie de développement organisationnel qui a, depuis longtemps, fait ses preuves (Bowers, 1973; Lescarbeau, 1994; Nadler, 1977). Le processus de circulation de l'information comporte trois étapes:

1. La collecte de données; il s'agit de colliger les résultats des démarches antérieures et de rendre compte des perceptions que les différents membres du système ont de la situation;

2. Le traitement des données recueillies; pour être facilement accessibles et aider à la prise de décision, les informations recueillies doivent être classées par ordre d'importance;

3. La diffusion de l'information; l'étape de la diffusion permet à certains membres du système non seulement de prendre connaissance des données, mais aussi de prendre part à leur interprétation, laquelle conduira à la définition du cadre de référence, des orientations et des priorités d'action.

Le consultant qui travaille avec un comité de direction peu productif commencera par demander à chacun des membres ce qu'il pense de la situation. Une fois cette enquête terminée, il peut obtenir un supplément d'information en étudiant certains procès-verbaux et en assistant à une rencontre à titre d'observateur. Par la suite, il classera toutes les données recueillies et en fera la synthèse. Le traitement des données rendra compte fidèlement de la réalité vécue par cette équipe; il fera ressortir les ressemblances et les différences entre les diverses perceptions de la situation ou entre les façons de formuler le problème. Une rencontre spéciale du comité permettra au consultant de faire connaître les résultats de sa collecte et aux membres de ce comité d'exprimer leurs opinions concernant les données en question. Le consultant pourra, s'il le juge à propos, faire part de sa propre analyse. Le comité tentera de s'entendre sur la description de la situation ou du problème et sur l'orientation à donner aux mesures correctives.

Le processus permettant de définir l'orientation, qui sera exposé un peu plus loin, s'inspire de cette méthode de recherche constituée de trois étapes. L'étude des principes sur lesquels repose cette manière de procéder montre que celle-ci s'accorde avec le modèle intégré:

■ En tant qu'agent de coopération, le consultant s'assure que ses partenaires (le client et les autres membres du système-client) et lui s'entendront sur une cible commune. Il reconnaît les compétences des personnes concernées, et leur aptitude à prendre part à l'analyse de la situation et à la recherche de solutions ; il met à profit leur expérience et leurs connaissances, favorise la prise de responsabilités et fait valoir sa connaissance du fonctionnement des systèmes pour influencer ses partenaires ;

■ En tant que gestionnaire d'un processus, le consultant s'applique principalement à planifier et à mettre en œuvre une démarche qui rendra l'information accessible à tous et qui permettra à chacun d'élargir son point de vue, grâce à un échange avec les autres personnes. Pour ce faire, il suggère des méthodes, choisit les outils convenables et, au besoin, construit des instruments sur mesure tant pour recueillir les données que pour les traiter.

6.7   LES ACTIVITÉS DE L'ORIENTATION

L'entente est l'*input* de l'orientation. L'*output* est constitué par les priorités d'action. Pour arriver à celles-ci, le consultant devra exécuter une série d'actions distinctes, énumérées dans le tableau 6.1.

TABLEAU 6.1
Les activités de l'orientation

30. *Input*: l'entente
    31. Diffusion de l'information
    32. Détermination du champ d'investigation
    33. Élaboration d'un plan de travail
    34. Construction des instruments et collecte d'information
    35. Traitement de l'information recueillie
    36. Diffusion des résultats et cueillette des commentaires
    37. Choix des priorités
40. *Output*: les priorités d'action

6.7.1   Diffusion de l'information (31)

L'entente est un engagement formel que le client et le consultant prennent. Lorsque le système-client est relativement peu étendu, comme dans le cas d'un comité de direction, il arrive souvent qu'au cours des étapes de l'entrée et de l'entente les personnes concernées sont consultées. L'information sur l'intervention éventuelle a déjà commencé à circuler. Dans un système plus vaste, peu de personnes savent qu'un consultant a été engagé et connaissent la nature exacte de l'intervention. Il est normal que l'apparition d'une personne-ressource chargée d'améliorer une situation soulève des questions et que, parfois, elle suscite des craintes. Pour prévenir les résistances, pour éviter les rumeurs et, surtout, pour amener le plus de monde possible à participer, il importe que toutes les personnes directement ou indirectement concernées soient adéquatement informées avant d'accomplir les actions que comporte l'étape de l'orientation. En faisant un grand mystère de l'intervention et du rôle du consultant, on ne peut que compromettre l'ensemble du processus. Le fait de laisser les rumeurs circuler à l'intérieur du système peut avoir pour effet d'induire les gens en erreur sur le sens de la démarche et d'empêcher une véritable concertation autour d'une cible commune. La diffusion de l'information est, de plus, une excellente occasion pour les gestionnaires de commencer véritablement l'intervention et de manifester leur volonté de changement.

Le client et le consultant s'entendent sur les modalités de cette diffusion d'information et prennent un ensemble de décisions. L'instrument 9, « Planification de la diffusion de l'information dans le milieu » (voir l'annexe, p. 294), permet de planifier cette première activité liée à l'étape de l'orientation.

6.7.2   Détermination du champ d'investigation (32)

Le champ d'investigation a déjà été défini comme l'ensemble des éléments sur lesquels portera la collecte des données devant avoir lieu à l'étape de l'orientation. Il doit être défini avant même que la manière de faire cette collecte soit précisée. Il a pu être déterminé à l'étape de l'entente, puisque c'en est une activité facultative. Sinon, le consultant et le client le déterminent à cette étape-ci. Il convient de décider ce sur quoi la collecte portera ; on aura précisé au préalable les aspects sous lesquels la situation sera considérée et la manière de traiter le problème. Pour exécuter cette opération, le consultant utilise l'instrument 6, « Champ d'investigation » (voir l'annexe, p. 289). Si l'opération a déjà été faite à l'étape de l'entente, on passera en revue les informations obtenues à l'aide de l'instrument.

6.7.3 Élaboration d'un plan de travail (33)

Les trois activités du processus de circulation d'information (collecte, traitement et diffusion) doivent être préparées avec soin. Étant donné qu'elles sont liées entre elles, il y a lieu d'examiner assez tôt l'ensemble du processus, de s'entendre sur les nombreuses questions à résoudre et d'établir un échéancier précis et tenant compte de l'emploi du temps des participants. L'instrument 10, « Planification de la collecte, du traitement et de la diffusion de l'information » (voir l'annexe, p. 296), comprend une liste de questions auxquelles il convient de répondre au moment de faire un plan de travail pour les activités de l'orientation. Il arrive qu'on ne puisse pas répondre immédiatement à toutes ces questions. On s'efforcera néanmoins de trouver des éléments de réponse dans les meilleurs délais. Le plan de travail détermine les modalités de participation et de prises de décision concernant le choix des priorités. Avant de fournir de l'information, les personnes sollicitées ont besoin de savoir quel sera leur rôle dans le processus décisionnel.

6.7.4 Construction des instruments et collecte d'information (34)

Le consultant et le client se sont entendus sur la manière de recueillir l'information : ils auront recours à l'entrevue, au questionnaire, à l'observation, à l'analyse de documents, etc. Quelle que soit la méthode employée, le consultant a la charge d'élaborer des instruments de travail adaptés à la situation. Des instruments précis contribuent à accroître la rigueur de la collecte des données. Pour que l'instrument soit adéquat, le consultant a avantage à se familiariser avec l'art de formuler des questions et avec les différentes méthodes d'élaboration de questionnaires (Dillman, 1978 ; Javeau, 1971 ; Mucchielli, 1968) ou de grilles d'entrevue (Gordon, 1980). Au besoin, il consulte des spécialistes ou des ouvrages. Dans l'élaboration de ses instruments, il se conforme aux règles suivantes :

- Il tient compte du champ d'investigation qui a été déterminé avec le client à l'étape de l'entente ou au cours de l'activité 32 ;

- Il favorise l'exploration de pistes de recherche susceptibles d'éclairer la situation ;

- Il indique clairement les buts de la collecte ;

- Il tâche d'équilibrer les données quantitatives et les données qualitatives ;

- Il précise la partie du temps par rapport à laquelle les répondants doivent se situer : le présent, le passé ou le futur ;

- Il énonce les directives avec clarté et concision ;

- Il évite les formulations tendancieuses ;

- Il écarte les questions qui entraînent des réponses stéréotypées ;

- Il vérifie la qualité des instruments en les testant auprès de quelques personnes ;

- Il soigne la présentation ;

- Il fait ressortir les points forts et les points faibles, les éléments de satisfaction et les éléments d'insatisfaction.

Avant de procéder à la collecte, il soumet la rédaction finale de ses instruments au client. Comme l'emploi des instruments concerne habituellement les membres du système-client, il est nécessaire d'obtenir l'accord du client pour éviter les désagréments.

Le consultant a la tâche de coordonner les différentes opérations de la collecte : impression et distribution de questionnaires, invitations à passer les entrevues, conduite de celles-ci, ramassage des questionnaires remplis, rappel aux personnes qui n'ont pas remis le questionnaire dans les délais impartis, etc.

Si des membres du système-client sont appelés à collaborer à l'une ou l'autre de ces opérations, le consultant fournit des directives claires concernant l'utilisation des instruments et supervise discrètement le déroulement des activités. Dans certains cas, une séance de formation permettra d'unifier les manières de procéder et de développer les capacités.

Quand il invite les membres à fournir de l'information, le consultant observe certaines règles :

- Il rappelle les objectifs de l'intervention ;

- Il indique les buts de la collecte ;

- Il indique quelle catégorie de personnes sera invitée à donner son point de vue et, s'il y a échantillonnage, il explique la méthode qui a été utilisée ;

- Il rappelle que l'anonymat sera respecté ;

- Il indique, conformément à l'entente conclue avec le client, de quelle façon les résultats seront communiqués et qui pourra prendre part à leur analyse ;

- Il invite, s'il y a lieu, les membres à prendre part à une séance de diffusion de l'information.

Si la collecte doit se faire au moyen d'entrevues individuelles ou de groupes, il convient de faire parvenir à l'avance aux répondants la liste des questions auxquelles ils auront à répondre. Ceux-ci apprécient habituellement le fait d'être informés au préalable des questions qui leur seront posées, car ils peuvent mieux se préparer. La prise de notes au cours d'une entrevue comportant des questions ouvertes présente une difficulté. On peut lever celle-ci en résumant la pensée du répondant pour chaque question.

6.7.5 Traitement de l'information recueillie (35)

À la fin de la collecte, le consultant se trouve parfois en face d'une surabondance de données : des piles de questionnaires, des notes prises au cours des entrevues, des enregistrements, des documents de toutes sortes, etc. Dans le traitement des données, on distingue les cinq opérations suivantes : compiler, choisir, ordonner, interpréter et rédiger.

Compiler

Toutes les données quantitatives sont colligées et présentées sous une forme synthétique dans des tableaux. Souvent, le traitement informatique permet de faire un travail rapide et précis. Les données qualitatives provenant des questions ouvertes ou des observations font l'objet d'une analyse de contenu utilisant une méthode déterminée. Les résultats de cette analyse peuvent être résumés dans des tableaux. Le consultant classe toutes les données recueillies de manière à pouvoir y avoir accès rapidement.

Choisir

Dans certains cas, il convient de transmettre au client et au système-client toutes les données recueillies. Généralement, le consultant doit faire des choix parmi la masse de données dont il dispose. Le fait d'inonder les gens d'informations peut nuire au bon déroulement de l'intervention. Les règles suivantes ont pour but de faciliter le choix des données :

- Le consultant met au premier plan les données qui se rapportent directement au but de l'intervention ;

- Il met en évidence les données qui sont de nature à stimuler les membres du système ;

- Il accorde plus d'importance aux données factuelles qu'aux données pouvant faire l'objet d'une interprétation ;

■ Il fait ressortir les points les plus importants et les plus pertinents ;

■ Il écarte toute formulation tendant à désigner des coupables ou à avantager une personne ou un groupe au détriment des autres.

Ordonner

Pour rendre toutes les données accessibles et aisément compréhensibles, le consultant définit un cadre ou une structure permettant de grouper l'information de manière ordonnée. En faisant preuve d'imagination dans leur emploi, on peut appliquer les méthodes ou les procédés suivants, spécialement conçus à cette fin :

■ La méthode du champ de forces rend compte des forces motrices et des forces d'inertie par le recours à divers paramètres ; elle permet de distinguer dans les données les éléments qui favorisent le changement et ceux qui s'y opposent ;

■ Le classement des résultats en fonction de la piste d'investigation ;

■ La comparaison entre la situation actuelle et la situation souhaitée ;

■ La comparaison entre différentes perceptions de la situation en fonction de l'appartenance à un groupe ;

■ Une liste pondérée d'éléments, tels que les besoins, les attentes, les actions suggérées, etc.

Le consultant doit savoir tirer parti des résultats, faire preuve de rigueur dans leur interprétation et s'assurer qu'ils sont fidèles à la réalité.

Interpréter

L'opération la plus importante du traitement est sans doute l'interprétation des résultats. Examinant les opinions et les faits recueillis, le consultant se forme progressivement sa propre idée de la situation et il en vient à formuler des hypothèses concernant la nature de la difficulté ou du problème. Parfois, il aboutit à un recadrage, c'est-à-dire à une nouvelle façon de voir la situation. Il est donc normalement conduit à déterminer les principaux changements à apporter et, au moment opportun, il fera part de ses conclusions au client et au système-client.

L'instrument 11, « Formulation d'une interprétation » (voir l'annexe, p. 298), a pour rôle d'aider le consultant à traiter l'information en fonction du contexte de la demande et du champ d'investigation.

Rédiger

Les résultats du traitement des données doivent normalement faire l'objet d'un rapport. Selon le cas, ce rapport peut être plus ou moins complexe. Le consultant évite de tout dire : un rapport bref et concis a souvent plus de chances de susciter l'intérêt et d'encourager à agir. Le rapport peut d'ailleurs prendre différentes formes selon les personnes auxquelles il s'adresse.

6.7.6   Diffusion des résultats et cueillette des commentaires (36)

Le plan de travail sur lequel le consultant et le client se sont mis d'accord (activité 33) décrit la façon de communiquer l'information. Différentes questions ont alors été abordées : à qui les résultats de la collecte seront-ils fournis, sous quelle forme, à quel moment et dans quel but ?

Le consultant doit veiller à ce que le client soit le premier à prendre connaissance des résultats. Dès qu'il est informé de ceux-ci, le client peut, avec l'aide du consultant, commencer à assimiler l'information tout en demeurant réceptif à l'égard de l'opinion de ses collaborateurs. Parfois, le mécontentement exprimé vise directement le client ; il importe alors au premier chef que le consultant l'aide à recevoir et à interpréter correctement l'information.

Pour pouvoir planifier les activités de cette étape, le client et le consultant auront à prendre plusieurs décisions. La question la plus délicate concerne le rôle que les membres du système auront à jouer dans l'interprétation des résultats et la définition des priorités. En tenant compte de certaines contraintes et des habitudes de l'organisation, le consultant propose différentes avenues pour la communication de l'information : rencontre de toutes les personnes qui ont pris part à la collecte, remise d'un rapport-synthèse des résultats à tous les répondants, invitation faite à ces derniers à commenter ces résultats, mise sur pied d'un groupe de travail ou d'un comité consultatif ayant comme mandats d'interpréter les résultats et de suggérer des orientations, etc.

Faisant une large place à la concertation, le consultant privilégiera une manière de procéder qui favorise la participation active du plus grand nombre de personnes. Selon la logique de l'enquête feed-back (Lescarbeau, 1994 ; Nadler, 1977), tous les répondants devraient pouvoir prendre connaissance des résultats. Ils devraient être invités à commenter les résultats et être en mesure d'influencer le processus décisionnel. Idéalement, la rencontre devrait permettre aux répondants d'opposer ou de rapprocher leurs points de vue. Le tableau 6.2 décrit une démarche qui favorise la participation et qui débouche sur l'action.

TABLEAU 6.2
Les activités d'une transmission d'information à un groupe

Présentation

- des participants ;
- des buts de la rencontre ;
- de la démarche proposée.

Information

- transmission des résultats de la collecte ;
- éclaircissements concernant certaines données ;
- compléments d'information fournis par les participants ;
- vérification : la description de la situation paraît-elle exacte ?

Réaction

- échange d'impressions et libre expression des sentiments ;
- commentaires généraux ;
- questions suscitées par les données ;
- amorce d'interprétation (analyse, diagnostic, recadrage) ;
- élaboration de diverses interprétations ;
- recherche de l'interprétation la plus commune.

Prospective

- choix des actions à entreprendre ;
- suggestions concernant les priorités ;
- mécanismes de mise en œuvre des actions retenues ;
- mandats et échéances.

Le consultant prend connaissance du modèle et l'adapte aux circonstances présentes en tenant compte d'éléments tels que le temps alloué à la rencontre, le nombre de personnes invitées, la nature des données à présenter et le type de participants. Une rencontre ayant pour but d'exposer au client le projet de structure de celle-ci permettra de s'assurer que ce dernier est favorable à la proposition et, le cas échéant, d'apporter les modifications nécessaires.

Lorsque le client et le consultant ont utilisé un autre moyen que la rencontre pour transmettre les résultats, il est nécessaire que les personnes qui ont pris connaissance de ceux-ci puissent, d'une part, exprimer leurs commentaires et donner leur propre interprétation et, d'autre part, suggérer des actions qui permettront de faire évoluer la situation. L'instrument 12, « Réactions aux résultats » (voir l'annexe, p. 299), aide le consultant à ordonner la collecte des commentaires.

6.7.7 Choix des priorités (37)

L'orientation vise l'action et prend fin lorsque des décisions ont été arrêtées. C'est au client qu'il revient de prendre celles-ci, puisque c'est lui qui doit les appliquer. Il associe souvent ses collaborateurs principaux au processus décisionnel. Parfois, il doit lui-même soumettre ses décisions à ses supérieurs hiérarchiques.

Le consultant aide le client à définir des priorités ; il l'accompagne dans la prise de décision. Il lui présente d'abord un résumé des commentaires qu'il a recueillis à la suite de la transmission des résultats de la collecte. Les commentaires en question sont importants, car ils permettent de déterminer s'il existe ou non un consensus au sein du système-client, de juger si les personnes concernées désirent travailler en vue d'amener un changement, de préciser la nature du changement à apporter, etc. Le consultant aide aussi le client à interpréter la situation à la lumière des réactions recueillies ; il peut mettre en avant sa propre interprétation s'il juge à propos d'influencer le client dans les décisions à prendre.

Cette étape de l'intervention est cruciale, car le jugement porté sur la situation influe sur le choix du changement à opérer. Le changement sera de premier ordre ou de deuxième ordre selon que l'on choisira d'ajuster le cadre de référence actuel ou de le modifier. Quel que soit le type de changement adopté, il reste à choisir les priorités d'action. Pour ce faire, le consultant rédige d'abord une synthèse des réactions recueillies à la suite de la diffusion des résultats de la collecte de données. Il remet au client cette synthèse et se reporte, s'il le juge à propos, à l'instrument 11 (« Formulation d'une interprétation » ; voir l'annexe, p. 298), qu'il a déjà utilisé. Au cours d'une rencontre avec le client, il pose les trois questions suivantes :

1. À la lumière des informations recueillies et des commentaires exprimés, comment interpréterions-nous maintenant la situation faisant l'objet de l'intervention en cours ?

2. De façon générale, quelle orientation devrait prendre le plan d'action ?

3. Quelles sont les actions ou les démarches que nous pourrions entreprendre ?

Afin d'aider le client à établir des priorités, il pose ensuite pour chaque action retenue les questions suivantes :

- L'action est-elle réaliste ?

- Représente-t-elle un vrai défi ?

- Contribuera-t-elle à modifier la situation initiale ?

- Aura-t-on les ressources nécessaires pour l'accomplir ?

- Aura-t-elle des effets positifs sur l'ensemble de l'organisation ?

- Stimulera-t-elle la motivation et l'intérêt des personnes concernées ?

Le consultant invite ensuite le client à classer les priorités par ordre d'importance.

CONCLUSION

L'étape de l'orientation marque un tournant dans la tentative de changement que le système-client a décidé de mener. Toutes les personnes concernées par la modification de la situation initiale se sont attachées à définir les différents facteurs qui expliquent cette dernière ; elles ont partagé leurs perceptions, et elles se sont entendues sur une définition de la source du problème et sur les solutions à appliquer. Les membres du système-client ont aussi commencé à se responsabiliser et à se concerter pour modifier la situation.

Au cours de cette étape, le consultant a mis à contribution ses capacités en matière de gestion des processus et ses connaissances théoriques pour recueillir des informations et des commentaires auprès des membres du système-client. En tant qu'agent de changement, il a aidé le système-client dans le choix des actions à entreprendre en priorité pour changer de façon durable la situation qui fait problème. Si l'entente initiale prévoit qu'il aura à gérer les étapes de la planification et de la réalisation, il se mettra rapidement au travail de façon à battre le fer pendant qu'il est encore chaud. Il évitera ainsi de voir le désir de changement s'effacer progressivement.

VÉRIFICATION DES CONNAISSANCES

Le lecteur peut évaluer les connaissances qu'il a acquises au cours du présent chapitre en répondant aux questions suivantes, puis en vérifiant ses réponses à l'aide du corrigé placé à la suite de cet exercice.

Est-il vrai ou faux que les auteurs soutiennent les énoncés suivants ?

	VRAI	FAUX
1. L'étape de l'orientation consiste, d'une part, à trouver des données factuelles qui permettent d'éclairer une situation qui fait problème en la plaçant dans un contexte élargi et, d'autre part, à choisir une direction déterminée pour améliorer cette situation.	☑	☐
2. Un cadre de référence est un ensemble d'énoncés qui, dans un domaine particulier, guident différents acteurs dans les décisions courantes à prendre, dans les comportements à adopter ou dans l'interprétation des situations.	☑	☐
3. L'étape de l'orientation sert à décrire et à rendre explicite le cadre de référence déjà existant.	☑	☐
4. Le choix des priorités d'action ne nécessite habituellement pas de changement du cadre de référence.	☐	☑
5. Un problème est une situation indésirable que l'on arrive soit à résoudre en faisant appel au sens commun, soit à supporter parce qu'il n'existe pas de véritable solution.	☐	☑
6. Un changement est dit de premier ordre lorsqu'il améliore une situation en modifiant le cadre de référence.	☐	☑

▼

▼

	VRAI	FAUX
7. La démarche consistant à choisir le type d'orientation et les priorités d'action comprend trois étapes : la collecte de données, leur traitement et le diagnostic du consultant.	❏	☑
8. L'*input* de l'étape de l'orientation est l'entente.	☑	❏
9. L'*output* de l'étape de l'orientation est le changement du cadre de référence.	❏	☑
10. Il est souhaitable de laisser planer le mystère sur l'intervention et sur le rôle du consultant afin de ne pas influencer l'opinion des membres du système-client.	❏	☑
11. Définir le champ d'investigation consiste à déterminer dans quelles directions se fera la recherche visant à décrire la situation et à situer convenablement le problème.	☑	❏
12. Avant de procéder à la collecte des données, il convient que le consultant soumette la rédaction finale de ses instruments au client et qu'il obtienne son accord.	☑	❏
13. Avant d'inviter les membres à prendre part à la collecte de données, le consultant doit expliquer en quoi consiste l'opération.	☑	❏
14. Lorsque la collecte de données se fait au moyen d'entrevues, le consultant doit éviter que les questions qui seront posées soient connues d'avance afin d'empêcher la collusion entre les répondants.	❏	☑
15. Après qu'il a recueilli les données, le consultant doit les compiler et les classer, mais non pas les interpréter.	❏	☑

CORRIGÉ

13. *Vrai*	14. *Faux*	15. *Faux*	
9. *Faux*	10. *Faux*	11. *Vrai*	12. *Vrai*
5. *Faux*	6. *Faux*	7. *Faux*	8. *Vrai*
1. *Vrai*	2. *Vrai*	3. *Vrai*	4. *Faux*

CHAPITRE 7
La planification

Un bon plan évite bien des égarements.

L'ouvrier suit un plan pour construire un édifice. Ce plan précise la nature et la succession des travaux à exécuter, la distribution des tâches ainsi que les matériaux requis. Grâce à lui, l'ouvrier est en mesure de déterminer le temps nécessaire pour accomplir le travail et d'établir un calendrier des opérations. Il en est de même dans beaucoup d'autres domaines, en particulier dans celui de la consultation. La planification est constamment présente dans le processus de consultation, que ce soit dans la préparation des rencontres avec le client et les membres du système-client, dans l'organisation d'une séance de travail, dans l'élaboration des instruments ou dans l'analyse des données. La planification constitue en outre une des grandes étapes du processus de consultation et vise la mise au point d'un plan d'action qui permettra de faire évoluer la situation initiale dans le sens souhaité.

Planifier consiste à prévoir les opérations principales de manière qu'elles se déroulent dans les meilleures conditions. La planification est d'abord une œuvre de création : le consultant détermine l'enchaînement des opérations devant amener le changement désiré. Il trace les grandes lignes de celles qui prendront place à l'étape suivante, l'étape de la réalisation.

7.1   Les activités de la planification

Le présent chapitre fournit au consultant une méthode ainsi que des outils qui l'aideront dans son travail de planification. Le tableau 7.1 indique les deux activités essentielles à accomplir. La cohérence des opérations à exécuter à l'étape de la réalisation dépend de la qualité du plan d'action. La complexité de ce dernier, eu égard aux actions à mener et aux responsabilités à engager, est fonction de celle de l'intervention.

7.1.1 L'ébauche du plan d'action (41)

Dans un premier temps, il s'agit d'établir un cadre général de travail sur lequel reposera le plan d'action définitif. La définition des grandes lignes du plan d'action se fait habituellement au cours d'une séance de travail à laquelle prennent part le consultant et le client. Ce dernier invite parfois à se joindre à lui un ou plusieurs membres du système-client particulièrement concernés par l'intervention.

Chaque priorité d'action correspond à un but à atteindre. La planification répond aux besoins lorsque à chacun des buts se rattachent un certain nombre de résultats observables et vérifiables. Ce sont ces derniers qui permettront de juger, au terme de l'intervention, si la priorité a été réalisée. Le tableau 7.2 présente un cas où, en appliquant la priorité d'action qui avait été retenue lors de l'étape de l'orientation, un directeur d'usine a été conduit à améliorer le mode de circulation de l'information dans les différentes équipes. Le consultant l'a aidé à définir la manière d'évaluer l'atteinte des objectifs, et ils ont ensuite tracé ensemble les grandes lignes du plan d'action. Ils ont décidé d'élaborer un document de travail préliminaire et de tenir une séance de travail au cours de laquelle, conjointement

TABLEAU 7.1
Les activités de la planification

40. *Input*: les priorités d'action
41. Ébauche du plan d'action
42. Mise au point avec le client du plan d'action définitif
50. *Output*: le plan d'action opérationnel

TABLEAU 7.2

Priorités d'action et résultats recherchés

Priorité d'action (but à atteindre)

Mieux faire circuler l'information dans les différentes équipes de production.

Résultats recherchés

À la fin de l'intervention, on sera à même de constater :

1) que les modes actuels d'acheminement de l'information auront été reconsidérés et adaptés aux besoins ;

2) que les contremaîtres de l'usine auront mis en œuvre les modes d'acheminement de l'information qui auront été adaptés aux besoins ;

3) que les équipes de production se diront mieux informées.

---

avec les contremaîtres, ils détermineraient les différents modes d'action. Ils ont en outre fixé la durée de l'étape de la réalisation.

Pour ébaucher le plan d'action, le consultant et le client (le cas échéant, accompagné d'un certain nombre de personnes) ont mis en commun leurs compétences. Ils ont d'abord échangé leurs points de vue et dressé la liste des principales opérations à mener, retenant les idées les plus valables eu égard au résultat visé, à la situation initiale et à son contexte, à l'expérience antérieure du milieu et aux capacités des individus. En général, il n'est pas nécessaire d'être très précis. Pour déterminer les opérations à mener, le consultant pose au client la question suivante : « Qu'est-ce qu'il faut faire pour arriver au résultat ? » L'instrument 13, « Détermination des résultats à rechercher et des opérations à exécuter » (voir l'annexe, p. 300), peut alors être employé.

Si besoin est, le consultant donnera dans l'ébauche du plan d'action des précisions concernant les opérations à mener et leur enchaînement. Le tableau 7.3 décrit les divers éléments devant figurer dans l'ébauche du plan d'action pris comme exemple.

Avant de mettre au point les détails du plan d'action, lorsque la situation le justifie, le consultant dispose dans l'ordre voulu les opérations retenues au moment de la séance de travail avec le client et, au besoin, apporte des précisions. Il détermine ensuite les méthodes à employer ainsi que les modes d'évaluation. Enfin, il établit un échéancier. Il peut par la suite développer l'ébauche décrivant les principales actions à mener en désignant les personnes qui seront chargées de les exécuter, et

TABLEAU 7.3
Ébauche du plan d'action

La façon actuelle de faire circuler l'information doit être revue et corrigée par les contremaîtres. Pour que cela soit possible, il faut que :

■ un document de travail décrive la situation initiale que le directeur désire corriger, résume les données principales recueillies à l'étape de l'orientation et rende compte des modes de transmission de l'information actuellement en usage dans les équipes de production ;

■ ce document soit distribué aux contremaîtres et que ces derniers soient invités à prendre part à une séance de travail ;

■ au cours de la séance de travail, on recueille les commentaires et les suggestions des contremaîtres concernant la façon d'améliorer la circulation de l'information.

En vue d'aider les contremaîtres à établir les nouveaux modes de transmission de l'information, on aura, au cours de la séance de travail :

■ déterminé le contenu des séances de formation et la nature des instruments qu'il faudra créer ;

■ indiqué les mesures de soutien (par exemple : des rencontres régulières avec le directeur pour obtenir l'information, un *coaching* effectué par le consultant) à mettre en place ;

■ défini les responsabilités et fixé un échéancier pour l'étape de la réalisation ;

■ planifié les opérations à exécuter à l'étape de la réalisation ;

■ trouvé des moyens de reconnaître et de lever les difficultés potentielles.

Pour être sûr que les membres de l'équipe sont mieux informés, on aura :

■ mis au point un instrument d'évaluation basé sur les données recueillies à l'étape de l'orientation ;

■ recueilli et analysé l'information ;

■ rendu compte de l'analyse de l'information au cours d'une rencontre réunissant le directeur et les contremaîtres.

en donnant des indications sur les ressources matérielles et les délais à respecter. L'instrument 14, « Élaboration du plan d'action » (voir l'annexe, p. 302), a pour but de faciliter la tâche du consultant à cette étape. Ce dernier a également besoin de savoir quel rôle le client s'attend à jouer au cours de la réalisation et quel est le budget prévu. La mise en ordre des opérations consiste à disposer celles-ci suivant un ordre rationnel de manière qu'elles s'enchaînent le plus harmonieusement possible, apportant un supplément d'information, une meilleure concertation des individus ou une plus grande unité dans la démarche. Le tableau 7.4 fournit un

TABLEAU 7.4
Exemple de disposition ordonnée des opérations

Entrevues individuelles avec des membres du système-client

1. planifier l'entrevue et rédiger les questions ;
2. arrêter un rendez-vous avec chacun des membres ;
3. recueillir les données ;
4. les compiler ;
5. les analyser.

---

exemple de la manière d'ordonner les opérations liées à l'entrevue avec les membres du système-client.

La durée d'une opération peut s'exprimer en minutes, en heures ou en jours. On utilise surtout les minutes quand on planifie des activités de formation ou d'animation. Dans les autres types d'intervention, on calcule en heures ou en jours. Il est difficile à un débutant d'évaluer la durée d'une opération ; aussi, l'avis d'un collègue expérimenté pourrait-il être précieux. À titre d'exemple, voici quelle pourrait être la durée des activités décrites dans le tableau 7.4 :

■ La planification de l'entrevue et la rédaction des questions demandent une demi-journée ;

■ La prise de rendez-vous avec une douzaine de personnes peut facilement s'étaler sur deux ou trois jours, selon l'occupation de ces personnes ;

■ L'entrevue servant à recueillir des données demande habituellement entre une heure et une heure trente par personne, selon la complexité du sujet ;

■ L'analyse des données requiert autant de temps qu'il en a fallu pour faire la collecte ;

■ La rédaction du rapport demande habituellement autant de temps que l'analyse des données.

Dans le calcul de la durée de l'opération, il faut tenir compte du nombre de personnes qui sont concernées. S'il y a, par exemple, 90 entrevues à mener, le temps requis pour la collecte d'information variera selon qu'elles seront conduites par une seule personne ou par une équipe d'interviewers ; dans ce dernier cas, en effet, plusieurs entrevues peuvent être réalisées de façon concomitante. On peut estimer la durée de l'opération en additionnant les temps de ses différentes parties.

Certaines opérations nécessitent l'emploi de diverses méthodes : pour recueillir, traiter ou transmettre l'information, pour faire des choix, pour pondérer des données, etc. Par exemple, on peut être appelé à se demander si on utilisera l'entrevue individuelle, l'entrevue de groupe, le questionnaire, la méthode du champ de forces ou l'enquête feed-back.

Les opérations liées à l'étape de la réalisation nécessitent des ressources matérielles : un local pour les rencontres, un véhicule pour des déplacements, du matériel audio-visuel, des multi-feuilles et des crayons feutres, des photocopies, du matériel de bureau ou tout autre moyen dont l'utilisation sera nécessaire pour atteindre les résultats visés.

Certaines opérations peuvent concerner une partie seulement des membres du système-client : soit les cadres intermédiaires, soit les employés, soit les cadres intermédiaires et le client. Dans les situations complexes, il est parfois nécessaire de déterminer auprès de quelle catégorie d'acteurs l'opération sera conduite.

Il importe aussi d'indiquer quelles seront les personnes qui exécuteront l'opération ou l'action : le consultant, des membres du système-client ou le client lui-même. Le consultant précise les tâches de tous et, le cas échéant, la formation qu'ils devront recevoir pour être capables d'assumer leurs rôles.

Le consultant doit pouvoir évaluer les différentes opérations. Si l'une d'elles est jugée essentielle, il s'assurera, avant de passer à la suivante, qu'elle s'est déroulée comme prévu et qu'elle a produit les résultats escomptés. Pour ce faire, il établira des mécanismes ou des moyens qui lui permettront de déterminer, au terme de chaque opération, si l'intervention va bon train. L'évaluation en question permettra d'ajuster la gestion du processus et, suivant les réactions du milieu ou les résultats obtenus, de planifier de nouvelles opérations (par exemple, si les premières entrevues mettent en évidence des réactions négatives, on aura soin de tenir une séance d'information). Les modes d'évaluation peuvent être divers : entretien avec le client ou avec un petit groupe d'individus, examen des résultats obtenus ou des réactions du milieu, évaluation plus ou moins approfondie d'une rencontre, questionnaire, etc. Le consultant se base autant que possible sur des faits et non sur de simples impressions, et il cherche à diversifier les sources d'information.

Zúniga (1994, p. 15) estime que l'évaluation fait partie intégrante de l'action :

> C'est une composante essentielle de la capacité des acteurs de mener à terme une action et de l'améliorer, de produire un changement qui respecte tant l'orientation qu'on veut donner à une situation que l'efficience avec laquelle on réussit à la changer.

Le plan d'action comprend le calendrier des opérations à exécuter. Le consultant fait une distinction entre les opérations consécutives et les opérations concomitantes. Voici un exemple d'opérations consécutives : le choix des sujets à traiter et la préparation d'une présentation. Pendant ce temps, le secrétariat peut exécuter l'opération concomitante qui consiste à réserver un local et du matériel audio-visuel.

Une fois toutes les données rassemblées, on peut représenter le calendrier sous la forme d'un graphique de Gantt (tableau 7.5). Le consultant prend alors en compte la date du début de la réalisation, la durée des opérations ou des actions, leur succession, les échéances à respecter, les empêchements de toutes sortes (congés annuels, horaires de travail, projets de première importance à terminer, etc.). Muni d'un calendrier précis, il pourra combiner et, au besoin, modifier les opérations et les méthodes de travail s'il s'aperçoit qu'il ne dispose pas de suffisamment de temps.

Le graphique de Gantt comprend trois parties : la liste des activités à accomplir, les noms des responsables et le calendrier proprement dit. Le consultant détermine d'abord l'unité de temps (jours ou semaines) qui servira de base au graphique. Il inscrit ensuite les dates à la tête de chaque colonne, les activités concomitantes à l'intérieur d'une même colonne et les activités consécutives dans les autres colonnes. La date où chaque activité débute et celle où elle se termine sont

TABLEAU 7.5

Graphique de Gantt représentant le calendrier des opérations

Responsable	Activités	Août					Septembre				
		01	05	12	19	26	03	09	16	23	30
Consultant	Préparer l'entrevue et rédiger les questions	/----------/									
Client											
Secrétariat	Arrêter les rendez-vous	/-----/									
Consultant	Recueillir les données			/----------/							
Consultant	Compiler les données					/-----/					
Consultant	Analyser les données						/----------/				
Client											
Consultant	Rédiger le rapport								/----------/		

marquées de traits obliques. Ceux-ci sont liés par une ligne horizontale qui indique la durée prévue. Le tableau 7.5 illustre un exemple de graphique de Gantt basé sur les données contenues dans le tableau 7.4.

Le graphique de Gantt comporte plusieurs avantages : il permet de voir d'un seul coup d'œil la suite des opérations, de discerner aisément celles qui sont concomitantes ou consécutives, et d'établir le chemin critique. Ce dernier a rapport aux opérations consécutives qui doivent être réalisées sans retard si l'on veut que le projet soit mené à bonne fin, dans le respect des échéances. Habituellement, il est aisé de le dégager. Dans l'exemple cité, le chemin critique est constitué des opérations suivantes : préparer l'entrevue, recueillir les données, les compiler, les analyser et faire un rapport. Pour ce qui est de la prise de rendez-vous, le secrétariat a suffisamment de temps pour ne pas compromettre l'achèvement du projet. Si certains retards risquent d'affecter l'ensemble de l'échéancier, le consultant apportera les modifications qui s'imposent. Les modifications les plus courantes sont l'augmentation des ressources consacrées à certaines opérations, l'emploi de nouvelles méthodes ou leur adaptation aux circonstances.

Avant de passer à l'opération suivante, qui consiste à soumettre le plan d'action au client et à établir avec lui la version finale, le consultant peut utiliser l'instrument 15, « Contrôle de la qualité du plan d'action » (voir l'annexe, p. 304), pour s'assurer que son travail est en tout point satisfaisant.

7.1.2 La rédaction avec le client du plan d'action définitif (42)

Le consultant soumet son plan d'action au client et l'invite à lui faire part de ses commentaires. Dans le cas d'une intervention générale, la remise du plan d'action est plus qu'une simple formalité, puisque les orientations envisagées dans le plan d'action n'ont pas encore fait l'objet d'un accord formel avec le client. C'est un peu comme si le consultant venait compléter l'entente initiale. Il devra donc s'assurer que la décision prise par le client concernant les changements à apporter est éclairée. Cette préoccupation concernant la conclusion de l'entente est absente de l'intervention spécifique : dans cette dernière, toutes les opérations ont déjà été désignées dans l'entente initiale et ont reçu l'approbation du client.

Pour rédiger le plan d'action définitif, le consultant a d'abord pris rendez-vous avec le client et lui a indiqué clairement qu'il allait lui soumettre une simple ébauche. La date retenue devra être suffisamment éloignée pour que le client ait le temps d'étudier attentivement l'ébauche. La séance de travail a pour but d'éclaircir certains aspects du plan, de le compléter, de recevoir les commentaires du client, et de s'entendre sur les correctifs à apporter et sur la suite à donner si des informations supplémentaires ou des autorisations se révèlent nécessaires.

L'adoption du plan d'action par le client et le consultant marque la fin de l'étape de la planification. Le plan d'action adopté est l'*output* des activités de cette étape. Il vient s'ajouter à l'entente initiale et prépare l'étape de la réalisation. Le consultant et le client fixent alors la date du début de la nouvelle étape et s'entendent sur les modalités de la réalisation.

7.2   LES DIFFICULTÉS AUXQUELLES L'ÉTAPE DE LA PLANIFICATION DONNE LIEU

Pour assurer le bon déroulement des activités de la planification, le consultant prendra garde de tomber dans les pièges suivants :

- passer hâtivement à l'action, en se fiant à l'inspiration du moment ; estimer qu'une planification soigneuse retarde inutilement l'action, d'autant que le plan est appelé à changer au cours de l'étape de la réalisation ;

- planifier « pour la forme », sans y mettre beaucoup d'efforts : laisser trop de questions en suspens, ne pas vérifier si les différents éléments de la planification s'accordent parfaitement entre eux, ne pas rechercher l'approbation du client ;

- s'attacher à fignoler le plan tout en sachant qu'il sera très probablement modifié par la suite ;

- mal ordonner les diverses opérations ;

- privilégier des opérations qui répondent à des intérêts personnels, mais qui ne s'accordent pas avec les résultats recherchés ;

- manquer de réalisme dans l'évaluation des ressources à mettre en jeu ou le temps exigé par certaines opérations ;

- ne pas tenir compte des particularités et des exigences du milieu ;

- se rendre indispensable en assumant trop de responsabilités, ce qui a pour effet d'empêcher les membres du système-client de s'approprier la démarche ;

- prolonger indûment le séjour dans le milieu ;

- ne pas prévoir la prise en charge des suites par les membres du système-client;

- concevoir un plan d'action détaillé pour une intervention simple et de courte durée.

CONCLUSION

Une bonne planification est exigeante, surtout pour les personnes qui craignent de nuire à leur créativité ou à leur spontanéité en accomplissant les tâches qui s'y rattachent. L'établissement d'un plan d'action demande beaucoup d'énergie, mais c'est de l'énergie bien dépensée. Il est utile de signaler que l'étape de la réalisation fournira l'occasion d'exercer sa créativité : un plan d'action est un bon instrument à condition que l'on fasse preuve de souplesse lorsqu'on l'utilise. Qu'il soit global ou détaillé, il est ordinairement préférable à l'improvisation et offre, entre autres, les avantages suivants :

- Il aide à mieux comprendre le déroulement de l'intervention. En effet, les représentations simplifiées du plan d'action permettent de saisir rapidement l'enchaînement des éléments ainsi que les relations qui existent entre ceux-ci;

- Il répond aux préoccupations des membres du système-client et leur permet d'avoir une vue d'ensemble du déroulement des différentes étapes;

- Il favorise la concertation entre le consultant, le client et les membres du système-client, car ils ont tous la possibilité d'exprimer leurs sentiments sur le contenu et les objectifs du plan;

- Il facilite la coordination des opérations qui se rattachent à l'étape de la réalisation, car chacun sait ce qu'il aura à faire, à quel moment il le fera et sur quels critères on se basera pour évaluer son action;

- Il permet d'apprécier la motivation des membres du système et de confirmer de façon plus concrète l'entente initiale, notamment dans le cas des interventions générales;

- Il permet de déterminer si le changement souhaité est réaliste. On s'assure, d'une part, que les individus peuvent accomplir les tâches qui leur sont assignées dans les délais prévus et, d'autre part, que les opérations répondent aux besoins et aux exigences du milieu;

■ Il permet, à tout moment, de savoir où en est rendue la démarche et d'avoir une vue claire de ce qui reste à faire. Il sert de point de référence ;

■ Il permet de voir rapidement si les correctifs apportés en cours de route auront des effets préjudiciables sur les opérations ultérieures ou s'ils aideront à atteindre plus facilement les résultats recherchés.

En résumé, planifier consiste à traduire les priorités d'action en résultats, puis à préciser les opérations ou les actions qui permettront d'atteindre ces derniers, les contributions des différentes personnes, les délais à respecter, les méthodes et les ressources.

VÉRIFICATION DES CONNAISSANCES

Le lecteur peut évaluer les connaissances qu'il a acquises au cours du présent chapitre en répondant aux questions suivantes, puis en vérifiant ses réponses à l'aide du corrigé placé à la suite de cet exercice.

Est-il vrai ou faux que les auteurs soutiennent les énoncés suivants ?

	VRAI	FAUX
1. Les priorités d'action constituent l'*input* de l'étape de la planification.	☑	☐
2. Le plan d'action conçu par le consultant constitue l'*output* de l'étape de la planification.	☐	☑
3. Les deux activités principales liées à la planification sont les suivantes : déterminer avec le client les suites à donner et soumettre le plan d'action à l'approbation du client.	☐	☑
4. Le consultant définit seul les grandes lignes du plan d'action.	☐	☑
5. Une priorité d'action comporte des buts à atteindre, des résultats recherchés et des opérations.	☑	☐
6. Un résultat recherché diffère d'un but en ce qu'il est observable et vérifiable.	☑	☐
7. Voici un bon exemple de résultat recherché : sensibiliser les contremaîtres.	☐	☑
8. Pour obtenir un plan d'action complet, le consultant met en ordre les activités retenues, indique les méthodes à employer, définit les mandats, et évalue les ressources matérielles et financières qui devront être mises en jeu.	☐	☑

▼

	VRAI	**FAUX**
9. Le graphique de Gantt permet de discerner les opérations concomitantes et les opérations consécutives, et d'établir le chemin critique de la réalisation.	☑	☐
10. Lorsqu'il dispose d'un plan d'action qui le satisfait, le consultant a terminé l'étape de la planification.	☐	☑

CORRIGÉ

1. Vrai	2. Faux	3. Faux	4. Faux
5. Vrai	6. Vrai	7. Faux	8. Faux
9. Vrai	10. Faux		

CHAPITRE 8
La réalisation

Le secret du changement est de concentrer toute son énergie non pas à lutter contre le passé, mais à construire l'avenir.

Socrate

Au cours des étapes antérieures, les priorités d'action ont été définies, puis les opérations à réaliser ainsi que les méthodes, les ressources et les instruments requis ont été précisés dans un plan d'action. L'étape de la réalisation permet d'apporter le changement souhaité dans les activités du système-client. Le changement s'est amorcé dès la première étape ; à celle de la réalisation, il se concrétise et commence à porter ses fruits. Il convient donc maintenant de considérer les activités qui se rattachent à cette étape ainsi que les principales préoccupations du consultant relativement aux opérations à mener.

8.1   LES ACTIVITÉS DE LA RÉALISATION

Au début de l'étape de la réalisation, on a déjà en main un plan d'action accepté par le client (*input*). Au terme de l'étape, on devrait pouvoir prendre acte d'un certain nombre de réalisations (*output*). Entre le point de départ et le point d'arrivée, le consultant a la responsabilité de coordonner les différentes opérations définies dans le plan d'action en tenant compte de la distribution des tâches déjà faite. Il veille en particulier à ce que le milieu se donne les moyens de réaliser le plan de la façon la plus harmonieuse possible, amenant ainsi les membres du système-client à éprouver un sentiment d'accomplissement. Sa responsabilité consiste essentiellement à gérer les activités mentionnées dans le tableau 8.1.

TABLEAU 8.1
Les activités de la réalisation

---

50. *Input* : le plan d'action accepté par le client

    51. Présentation du plan d'action aux membres du système-client

    52. Coordination des opérations

60. *Output* : les réalisations

8.2   LA PRÉSENTATION DU PLAN D'ACTION AUX MEMBRES DU SYSTÈME-CLIENT (51)

La première activité du consultant consiste à faire connaître aux membres du système-client la manière dont il entend mettre en œuvre les priorités d'action définies par le client au cours des étapes précédentes. Le consultant poursuit alors trois objectifs : informer les membres, recueillir leurs réactions et leurs commentaires, et les mobiliser autour du projet.

8.2.1 Informer

La plupart des acteurs ont pris part aux activités de l'orientation qui ont conduit à la détermination des priorités d'action. Il convient maintenant, si ce n'est déjà fait, de les informer des priorités retenues et des moyens qu'on entend prendre pour les réaliser.

Il arrive que les activités de la réalisation exigent le concours de membres du système qui n'ont pas été actifs dans les étapes précédentes. Il est nécessaire de bien les informer avant de les associer à la réalisation. On les renseigne généralement sur les points suivants : l'origine du projet, le cheminement suivi, les priorités retenues, les principales étapes de réalisation prévues, la contribution des différentes catégories de personnes, les mécanismes de soutien mis en place, les répercussions du projet sur le travail de tout un chacun et les bénéfices escomptés.

Le client et le consultant s'entendent sur le contenu des informations à transmettre et se partagent les rôles selon leurs compétences respectives.

8.2.2 Recueillir des réactions et des commentaires

Le consultant a élaboré un plan d'action qui tient compte de trois ordres de données : les objectifs auxquels se rattachent les priorités d'action, les particularités du milieu et sa propre expertise des processus. Le client a révisé ce plan ; le cas échéant, il l'a adapté aux besoins du milieu. Malgré les précautions prises, des imprévus peuvent survenir au moment de la réalisation : ainsi, des membres du système-client normalement associés peuvent avoir des vues différentes de celles des personnes qui ont été mises à contribution dans les étapes précédentes. Il est donc utile de s'enquérir des sentiments de chacun pour s'assurer, une fois de plus, que l'intervention donnera les résultats attendus.

Les commentaires formulés donnent souvent au consultant et au client un nouveau point de vue ; ils fournissent également l'occasion de vérifier si les participants éventuels comprennent bien le sens de la démarche et ce qu'on attend d'eux. Des rencontres personnelles, des réunions en petits groupes ou un questionnaire suscitent habituellement plus de réactions qu'une simple présentation orale faite devant un groupe nombreux et suivie de questions et de commentaires.

Le traitement de l'information recueillie est important. Le consultant s'attache à comprendre le point de vue des personnes. Selon la nature des réactions, il fournira un supplément d'information, approfondira certains points, rectifiera des idées erronées ou prendra note des opinions exprimées pour réévaluer et ajuster, s'il y a lieu, le plan d'action.

Deux écueils guettent le consultant à cette étape : le premier consiste à s'attacher opiniâtrement aux orientations retenues et à ne pas accorder suffisamment d'attention aux commentaires qui sont formulés ; le second consiste à se hâter de modifier le plan d'action. Le consultant doit recueillir avec soin les commentaires des membres, prendre le temps de les étudier avec le client et, le cas échéant, convenir avec celui-ci des modifications à apporter ou des mesures à prendre.

L'instrument 16, « Information sur l'étape de la réalisation » (voir l'annexe, p. 306), a pour fonction de faciliter la concertation entre le client et le consultant relativement à la diffusion de l'information et à la façon de recueillir les commentaires.

8.2.3 Mobiliser les membres autour du projet

La plupart des projets, et en particulier ceux qui peuvent avoir des répercussions sur les conditions de travail des membres du système-client, ne peuvent être réalisés sans le concours de ces derniers. Au cours de cette étape, le consultant doit se préoccuper d'inciter les membres à contribuer à changer leur milieu.

La mobilisation se trouve facilitée lorsque les conditions suivantes sont remplies : les bénéfices escomptés excèdent les coûts prévus ; les participants connaissent la voie à suivre pour atteindre les objectifs ; ils savent clairement ce que l'on attend d'eux et s'estiment capables de s'acquitter de leurs tâches ; les ressources matérielles et financières sont suffisantes ; et les résultats obtenus en cours de route répondent aux attentes. Une bonne stratégie d'information, telle que celle qui est décrite plus haut, est propre à réunir toutes ces conditions. Une planification réaliste du projet ainsi que la mise en place de mécanismes de soutien adaptés aux différentes catégories d'acteurs contribuent aussi à susciter les enthousiasmes.

8.3   LA COORDINATION DES OPÉRATIONS (52)

Une fois les acteurs correctement informés et le plan d'action ajusté, les opérations prévues peuvent commencer. Selon les besoins, le consultant planifie et coordonne les opérations, aide à l'enracinement et traite les résistances. Pendant tout le temps des opérations, il demeure à la disposition du client pour faire le point et discuter avec lui des problèmes qui nécessitent des ajustements d'importance.

Pendant que le plan d'action se réalise, le consultant prépare son départ : il aide les personnes qui le souhaitent à prendre en charge leur propre développement, à adopter de nouvelles manières d'aborder les problèmes, à développer leurs capacités en matière de relations interpersonnelles et d'organisation, et à tirer un meilleur parti des ressources et des compétences du milieu. Il évite le piège qui consiste à réaliser lui-même toutes les opérations, et à sacrifier les objectifs d'apprentissage aux résultats immédiats. Block (1981) est d'avis qu'un consultant qui se charge lui-même de la réalisation agit comme un employé engagé à l'essai. Le rôle du consultant est *d'aider à faire* ou *de faire avec* plutôt que *de faire à la place de*.

8.3.1 Préparer et accomplir les activités

Même si elles ont été planifiées avec soin, les diverses opérations requièrent habituellement une légère préparation avant d'être réalisées, ne serait-ce que pour revoir leurs objectifs et préciser la méthode d'action.

La préparation peut prendre différentes formes. Elle peut consister à planifier en détail certaines actions, à élaborer un questionnaire ou un instrument de réflexion ou d'évaluation, à offrir aux participants des séances de formation qui leur permettent d'accroître leurs compétences ou tout simplement d'acquérir plus d'assurance, à obtenir des autorisations ou, enfin, à recueillir, à traiter ou à transmettre des données.

Dans le cas où l'intervention nécessite le concours de personnes de l'extérieur, le consultant prépare avec soin la venue de celles-ci en les mettant en contact avec le système-client.

Le recours aux services d'experts

Il arrive parfois, au cours d'une intervention, que l'on doive faire appel à des personnes qui ont une expertise dans un domaine particulier, comme un ingénieur-conseil, un conseiller juridique, un informaticien, un spécialiste en dotation ou un conseiller en formation. Ces experts possèdent un savoir très utile sinon nécessaire à l'intervention. Leurs compétences seront mises à contribution pour découvrir des pistes d'investigation, évaluer des choix ou résoudre un problème technique. Ces ressources peuvent être soit internes, soit externes.

Avant de recourir à ce type d'assistance, le consultant et son client s'assurent que les spécialistes peuvent aider au succès de l'intervention, par exemple en améliorant la qualité de l'information, en trouvant de nouvelles solutions à considérer ou en s'employant à faire admettre les priorités de changement.

Si l'on décide d'utiliser les services d'experts, il importe d'indiquer au préalable ce en quoi consistera leur contribution : ce que l'on attend d'eux (le résultat escompté, les limites de leurs attributions), le moment où ils commenceront à agir (à quelle étape et dans quel cadre) et l'emploi qui sera fait des données obtenues d'eux.

Le recours à des experts comporte deux difficultés. La première concerne surtout le consultant lui-même : une forme de compétition risque de s'installer entre la personne-ressource et lui. Il convient donc que le consultant établisse un climat propice à la coopération, par exemple en précisant le rôle de chacun. La seconde difficulté a trait à la démarche, qui doit demeurer celle des membres du système-client. Il est donc essentiel de définir avec soin les besoins du milieu et d'apporter des précisions sur ce qui est attendu de l'expert. À cet égard, on aura intérêt à réunir les experts pour leur expliquer d'abord le sens de la démarche collective et les limites de leurs mandats, et pour établir ensuite avec eux l'ordre du jour d'une séance de travail avec les gens du milieu. L'instrument 17, « Planification d'une séance de travail avec un expert » (voir l'annexe, p. 308), peut être utilisé à cette fin.

8.4   L'AJUSTEMENT DE LA MISE EN ŒUVRE

En consultation, il est rare qu'un plan d'action se réalise exactement comme on l'avait prévu. Il est généralement nécessaire de faire des ajustements pour satisfaire le système-client ou pour surmonter des obstacles survenus en cours de route. Le consultant se doit donc d'être vigilant. Il évaluera les progrès, veillera à ce que la démarche se régularise et favorisera l'enracinement de la volonté de changement.

8.4.1 Évaluer les progrès

Lippitt et Lippitt (1978) considèrent qu'une des tâches principales du consultant à l'étape de la réalisation consiste à susciter par divers moyens un feed-back sur le déroulement de la démarche et à associer les personnes clés du système-client à l'analyse de ce feed-back.

Kurt Lewin (1959), qui a travaillé avec des ingénieurs en aéronautique, a établi un parallèle entre le maintien d'une fusée sur sa trajectoire et le maintien d'un équilibre dans les systèmes sociaux ; dans les deux cas, la notion de feed-back est centrale. Les ingénieurs ont découvert qu'il fallait constamment faire de légères corrections pour maintenir la trajectoire des engins spatiaux. Pour que celles-ci soient possibles, les fusées devaient régulièrement envoyer des signaux vers la Terre, de manière que l'on puisse connaître avec précision leur position. Lewin s'est aperçu que, pour opérer un changement social ou organisationnel, il est nécessaire de susciter et de traiter l'information qui vient du milieu.

Quelque rigoureux que soit le plan d'action, il faut souvent apporter des correctifs plus ou moins importants en cours de route. À l'étape de la réalisation, le consultant est tenu de faire une évaluation continue des opérations. Habituellement, dans le plan d'action, les opérations s'enchaînent. Lorsqu'au terme d'une opération on découvre que les objectifs ne sont que partiellement atteints, le consultant doit décider avec les personnes concernées s'il y a lieu d'ajouter une activité ou de modifier le plan d'action.

L'instrument 18, « Aide-mémoire pour l'étape de la réalisation » (voir l'annexe, p. 310), sert à l'évaluation continue du plan d'action et aide à obtenir les résultats recherchés. Il suppose que le consultant se fait un devoir de se tenir au courant de ce qui se passe sans aller jusqu'à agir comme un inspecteur de police. Le consultant rencontre régulièrement les personnes les plus engagées dans l'action, il fait périodiquement le point avec le client et il veille à ce que les différents sous-systèmes soient tenus au courant de la marche des opérations. Des instruments spécifiques d'évaluation (questionnaires, échelles de mesure, relevés) peuvent, dans certains cas, fournir des données quantitatives permettant d'évaluer objectivement le déroulement de l'intervention.

Le processus continu d'évaluation conduit parfois à faire des constats qui obligent à remettre en question les orientations majeures du projet. Par exemple, le consultant et le client peuvent s'apercevoir que les priorités de changement retenues ne sont pas adaptées à la situation. Dans ce cas, la trajectoire devra être corrigée, ce qui implique une interruption ou un ajustement des activités en cours.

8.4.2   Assurer l'autorégulation

Au cours de l'intervention, il faut habituellement, par suite de l'apparition de certains obstacles, apporter d'autres correctifs que ceux qui découlent de l'évaluation continue. Les obstacles rencontrés peuvent être dus à des techniques ou à des méthodes qui ne permettent pas d'atteindre les objectifs ; un incident critique perturbe le déroulement des opérations ; la démarche entraîne des effets secondaires indésirables, etc. L'autorégulation permet alors de déterminer les ajustements à faire.

Le terme « autorégulation » désigne le processus par lequel les personnes engagées dans la démarche apportent elles-mêmes les ajustements nécessaires. Le consultant a donc avantage à ce que cette autorégulation s'établisse. Il s'attachera, en conséquence, à associer les acteurs à l'évaluation périodique du mode d'action et des effets de ce dernier sur l'ensemble des personnes concernées, et il encouragera les gens à exprimer leurs sentiments concernant l'intervention.

Le consultant a soin d'employer des techniques éprouvées et des méthodes adaptées aux conditions particulières d'un milieu. Ces techniques et ces méthodes peuvent toutefois, dans certaines circonstances, se révéler incompatibles avec les objectifs poursuivis. Par exemple, les questions ouvertes placeront les personnes dans une situation embarrassante ; la manière dont on justifie les changements peut déplaire fortement à certaines d'entre elles ; ou encore, la méthode de collecte des données fait naître des attentes qui ne pourront être satisfaites. Aussitôt qu'il fait face à ce genre d'obstacles, le consultant doit s'efforcer de les surmonter le plus rapidement possible.

Au cours d'une intervention, le consultant est fréquemment placé en face d'incidents critiques. Un incident critique est un événement circonscrit dans le temps et en général imprévu, susceptible d'avoir des répercussions sur le plan des valeurs, des principes, de l'approche ou de l'éthique. L'incident critique appelle une réaction rapide de la part du consultant. Le tableau 8.2 fournit des exemples d'incidents critiques.

La réaction du consultant à un incident critique a habituellement des répercussions importantes sur la suite de la démarche. Le consultant doit réagir rapidement à la suite de l'incident en apportant les précisions ou les correctifs qui s'imposent. L'incident critique l'oblige habituellement à reconsidérer ses choix et sa méthode d'action, et à prendre position. La façon dont il réglera le problème aura un effet sur sa crédibilité dans le milieu, sur ses relations avec le client et sur le système-client, et aura une incidence sur le déroulement de l'intervention. L'incident critique met à l'épreuve les capacités du consultant, mais il peut aussi servir d'enseignement. L'art de le régler au cours d'une consultation s'acquiert progressivement, et il existe de multiples façons de s'y prendre. L'instrument 19, « Gestion d'un incident critique » (voir l'annexe, p. 311), a pour fonction d'aider le consultant à développer sa capacité à réagir promptement aux incidents critiques.

Les activités liées à l'étape de la réalisation peuvent avoir des effets secondaires, c'est-à-dire qui n'ont pas été prévus au moment de la planification. Certains peuvent aller dans le sens des changements souhaités. Par exemple, le travail en groupe peut avoir resserré les liens entre les personnes ou fourni à celles-ci l'occasion de développer leurs rapports sociaux. Évidemment, les effets secondaires peuvent aussi être négatifs. Par exemple, une démarche peut effrayer un participant ou se solder par un échec pour d'autres dans le cas où l'effet secondaire est indésirable. Le consultant doit s'attacher à mettre en place des mesures propres à

TABLEAU 8.2
Exemples d'incidents critiques

- Au cours d'une séance collective de travail, le consultant présente un instrument qui doit aider les participants à évaluer les services. Les participants restent silencieux ou ont l'air perplexe. Le consultant sollicite des réactions, et l'un d'entre eux lui répond : « Au fond, on ne vous a rien demandé, nous autres. »

- Par un communiqué interne, le client convoque les membres de l'organisation à une réunion qui sera animée par le consultant. Celui-ci juge inacceptable la façon dont l'objectif de la réunion a été présenté dans ce communiqué.

- Au cours de l'étape de la réalisation, le client, un directeur d'entreprise, fait la demande suivante au consultant : « J'aimerais que tu me remettes, confidentiellement, une évaluation de mes cadres ; elle pourrait m'aider dans le choix des mises à pied que j'ai à faire. »

faire disparaître ou à atténuer les effets négatifs. Cela fait aussi partie de l'auto-régulation.

8.4.3 Faciliter l'enracinement

L'enracinement du changement est un des éléments qui permettent d'apprécier le succès d'une intervention. Il signifie que le changement visé par la démarche est accepté et qu'il est assimilé dans les activités courantes du système. On parle aussi d'institutionnalisation, de stabilisation, de permanence, de généralisation ou d'intégration du changement pour désigner cet élément de l'intervention. On peut comparer l'enracinement à la troisième phase du processus de changement décrit par Lewin (1959), qui correspond au regel survenant après les phases de dégel et de mouvement. L'enracinement représente habituellement une période de tranquillité dans le processus d'introduction des changements. Les systèmes humains ne peuvent constamment être placés dans une suite ininterrompue de périodes de dégel et de mouvement ; les personnes doivent pouvoir reprendre leurs forces avant d'entreprendre un autre projet d'envergure.

Voici quatre signes qui indiquent que le changement est enraciné :

1. Les comportements nouvellement adoptés par le milieu sont devenus habituels ;

2. La majorité des personnes concernées par le changement ne regrettent pas les pratiques antérieures ;

3. La majorité des personnes ont adopté sans hésitation les nouvelles manières d'agir ; les gestionnaires n'ont pas eu besoin d'exercer des pressions considérables pour appliquer les changements ;

4. La majorité des personnes veulent être à la hauteur de la situation et compétentes.

L'enracinement est un long processus qui demande une attention particulière. À l'étape de la réalisation, le consultant peut contribuer à l'enracinement en évaluant périodiquement l'état du milieu et, au besoin, en appliquant des mesures propres à le favoriser. Sa tâche sera facilitée si le client assume ses responsabilités dans l'instauration du changement.

8.4.4 Traiter les résistances

La résistance au changement est une partie intégrante d'une intervention. Elle constitue un défi de taille pour le consultant qui veut établir et maintenir des rapports de coopération avec ses collaborateurs. Une gestion adéquate de cette résistance prépare le succès de l'intervention. Le traitement de la résistance met parfois à l'épreuve la capacité de travailler en commun.

La résistance au changement est une réaction d'ordre socio-affectif à l'introduction d'une nouveauté perçue comme une menace par une ou plusieurs personnes. Cette réaction se traduit par une attitude d'opposition à la démarche en cours.

Le consultant peut tirer un avantage du phénomène de résistance s'il parvient à reconnaître les besoins sous-jacents. Selon Mealia (1978), certains besoins sont plus souvent à l'origine de la résistance que d'autres. Il s'agit :

■ du besoin de remplir ses fonctions convenablement, donc d'être outillé pour le faire, de savoir ce que l'on attend de soi, d'avoir la possibilité d'acquérir la compétence nécessaire avant d'être évalué ;

■ du besoin de contrôler son milieu et de connaître d'avance les conditions dans lesquelles on aura à travailler dans un avenir plus ou moins proche ;

■ du besoin de discuter avec d'autres de certains aspects importants de son travail et d'obtenir d'heureux résultats en travaillant dans un esprit de collaboration ;

■ du besoin de disposer d'une relative autonomie dans son travail et d'exercer une certaine forme de créativité ;

■ du besoin de maintenir sa position sociale dans le milieu.

La résistance peut aussi être due à l'absence ou au mauvais exercice de certains rôles liés au processus de changement planifié. Par exemple, il se peut qu'un responsable n'exerce pas un leadership approprié, qu'il y ait un manque de soutien dans la démarche de changement ou que personne n'ait la capacité de gérer convenablement le processus de changement et de régler les problèmes qui se présentent. Les résistances peuvent être également provoquées par les méthodes ou la manière d'agir du consultant. C'est le cas, notamment, lorsque les personnes ne parviennent pas à s'expliquer clairement le sens des gestes qu'il accomplit ou lorsque la démarche exige des efforts considérables de leur part sans qu'elles puissent entrevoir des profits à court terme (on a en vue un résultat à long terme plutôt qu'un résultat immédiat). La résistance peut aussi être due au fait que la période pour opérer le changement a été mal choisie, que la distance entre les personnes rend les échanges difficiles, ou que les ressources pécuniaires, l'équipement ou le personnel sont insuffisants.

Il arrive également que les opinions des personnes se polarisent : d'une part, il y a celles qui sont favorables au changement et, d'autre part, celles qui s'y opposent. Cela risque de créer un obstacle insurmontable si nul ne s'emploie à rapprocher les deux camps. Il y a également ceux qui se sentent menacés par les orientations qui sont prises.

Le consultant doit être prêt à faire face à la résistance, car elle est inhérente au processus de changement. La prévention constitue certainement le meilleur traitement. Elle s'obtient grâce à une gestion adéquate du processus de consultation. Quand les résistances se manifestent, mieux vaut les utiliser que les nier ou les combattre. Deux types de traitements peuvent être indiqués : le traitement des aspects socio-affectifs et le traitement du contenu.

Le consultant et les personnes qui gèrent le processus de changement peuvent facilement se sentir menacés ou dépréciés sur le plan professionnel lorsque des résistances se manifestent. Ils ont cependant avantage à surmonter leurs sentiments négatifs et à se servir de la résistance de façon constructive. La capacité d'encourager l'expression des résistances et une attitude accueillante à l'égard de ceux qui ressentent du malaise constituent des manières positives d'utiliser la résistance. Les personnes manifestant des résistances peuvent ainsi éliminer les tensions qui, souvent, sont à l'origine d'une mauvaise perception de la réalité et qui les font exagérer les conséquences négatives.

Toutefois, le traitement des aspects socio-affectifs ne suffit pas car, si les individus concernés ne voient en ce traitement qu'un moyen de les neutraliser, ils trouveront des façons détournées de faire de l'obstruction. Tout en permettant aux personnes d'exprimer leurs malaises, on peut se servir de ce sur quoi leurs résistances portent. Parfois, cela permet de découvrir des lacunes dans la diffusion de l'information, et on peut alors s'employer à les combler. Parfois aussi, on parvient de la sorte à mieux évaluer l'impact du projet sur le milieu et à améliorer, grâce au concours des personnes qui ont su exprimer leurs résistances, la gestion du processus de changement. Il convient de reconnaître, lorsque c'est le cas, que les inconvénients sont une conséquence inévitable du changement. On peut alors demander aux personnes récalcitrantes d'indiquer de quelle manière les effets qu'elles craignent pourraient être tempérés, ce qui les associe par le fait même au processus de changement. Bref, en appliquant les règles de la coopération qui feront l'objet du chapitre 11, on pourra trouver une façon de faire servir à une fin utile les résistances du milieu. L'instrument 20, « Gestion d'une résistance » (voir l'annexe, p. 313), a pour rôle d'aider le consultant à traiter comme il convient les différents types de résistance qu'il rencontrera au cours de ses interventions.

8.5   LES TÂCHES DU CONSULTANT

Outre la coordination des activités liées à la réalisation, le consultant doit remplir trois tâches : favoriser la concertation, aider les personnes et le système-client, et encourager la prise de responsabilités.

8.5.1 Favoriser la concertation

Normalement, une planification bien faite favorise la concertation entre les différentes personnes chargées de réaliser le projet. On doit s'attacher à travailler de concert. Le consultant veille toutefois en cours de route à ce que les diverses actions n'interfèrent pas entre elles. Se reportant constamment au plan d'action, il s'assure que chacun exécute sa tâche au moment voulu, en harmonie avec les autres. Au besoin, l'échéancier est modifié ou le plan d'action est ajusté de manière à maintenir la concertation. L'instrument 18, « Aide-mémoire pour l'étape de la réalisation » (voir l'annexe, p. 310), a pour but d'aider le consultant à diriger les différentes opérations liées à la réalisation.

Le fait d'avoir en main les autorisations nécessaires favorise la concertation. Même si le contrat définit clairement les limites du système-client et même s'il désigne les personnes ou les groupes qui prennent part à l'intervention, le consultant doit s'assurer qu'il traite avec égard chacun des sous-systèmes. Il suffit parfois qu'un responsable soit offusqué pour que toute l'opération échoue.

Comme la responsabilité de la concertation ne lui incombe pas toute, le consultant doit faire circuler l'information relative au projet au moyen de rencontres, notamment.

8.5.2 Assister les personnes et le système-client

Le changement dans le système ne va pas de soi. Même s'il a fait l'objet d'une longue préparation, il arrive que des individus associés au processus perdent leur enthousiasme lorsque des difficultés surgissent ou qu'ils doivent payer de leur personne. Le consultant doit s'attendre à rencontrer ce genre de problème au cours de l'étape de la réalisation et il lui faut être prêt à porter assistance aux personnes qui sont dans l'embarras.

L'assistance qu'il prête peut prendre plusieurs formes : il peut calmer les craintes, examiner les difficultés rencontrées et suggérer des solutions, ramener à leur juste proportion les échecs subis, déceler les progrès accomplis, complimenter sur les petits et les grands succès, reconnaître la contribution de chacun, etc.

Au lieu d'attendre simplement que l'on fasse appel à lui, le consultant peut, par sa seule présence, indiquer qu'il est prêt à offrir son aide ; il peut aussi prendre l'initiative d'une rencontre. Sachant que de petits succès répétés contribuent grandement à motiver les participants, il ne manque pas de souligner l'issue heureuse des actions qui sont menées. Après certaines opérations importantes, il favorise l'expression des sentiments et l'assimiliation de l'expérience au moyen d'un *debriefing*.

8.5.3 Encourager la prise de responsabilités

Dans le modèle intégré, la consultation est conçue comme un processus interactif visant à mobiliser les ressources d'un système en vue de l'amener à reconnaître lui-même ses problèmes, à trouver des solutions originales et efficaces et, par consé-quent, à assumer pleinement ses responsabilités. Le chapitre 2 traite en détail de la mobilisation du milieu et l'instrument 21, « Évaluation du processus de responsabi-lisation du milieu » (voir l'annexe, p. 315), aide le consultant à évaluer le processus de prise en charge et à déterminer les mesures qui conviendront à la situation.

CONCLUSION

Au cours de l'étape de la réalisation, la mobilisation des acteurs est nécessaire pour mener à terme le projet de changement. Elle est grandement facilitée et elle se maintient lorsque la démarche répond aux conditions suivantes :

- Les bénéfices sont supérieurs aux coûts ;

- Les objectifs poursuivis et le cheminement prévu dans le plan d'action sont connus des participants ;

- Les acteurs savent ce qui est attendu d'eux et se sentent appuyés par le responsable et le consultant ;

- Les ressources sont suffisantes ;

- Les résultats obtenus en cours de route correspondent à ce que l'on attendait ;

- Les participants au projet accumulent les succès ;

- La concertation est maintenue ;

- Les résistances sont convenablement traitées ;

- La démarche est efficace.

Le rôle du consultant au cours de l'étape de la réalisation se compare à celui du chef d'orchestre. Il s'assure que les participants agissent de concert, que chacun joue convenablement sa partie. Il prépare et accomplit les activités en mobilisant le client et les membres du système-client. Il *fait faire* et *fait avec ;* il fait donc de l'assistance plutôt que de la suppléance. Il évalue les progrès ainsi que les comportements des acteurs et prend toutes les mesures nécessaires pour que la démarche soit un succès. Il favorise la responsabilisation, offre son assistance aux participants, les traite avec égard et sait apprécier leur contribution.

VÉRIFICATION DES CONNAISSANCES

Le lecteur peut évaluer les connaissances qu'il a acquises au cours du présent chapitre en répondant aux questions suivantes, puis en vérifiant ses réponses à l'aide du corrigé placé à la suite de cet exercice.

Est-il vrai ou faux que les auteurs soutiennent les énoncés suivants ?

	VRAI	FAUX
1. Les priorités d'action sont l'*input* de l'étape de la réalisation.	☐	☑
2. Au début de l'étape de la réalisation, le consultant informe les acteurs des priorités d'action retenues par le client.	☑	☐
3. Une information adéquate du milieu couvre généralement les points suivants : l'origine du projet, le cheminement suivi, les priorités retenues, les principales étapes de réalisation prévues, la contribution des différentes catégories de personnes, les mécanismes de soutien mis en place, les répercussions du projet sur le travail de tout un chacun et les bénéfices escomptés.	☑	☐
4. Le plan d'action ne peut être modifié au cours de l'étape de la réalisation, puisqu'il a été accepté par le client.	☐	☑
5. Au cours de l'étape de la réalisation, le consultant évite de se charger de tout le travail prévu dans le plan d'action.	☑	☐
6. Au cours de l'étape de la réalisation, le consultant est le seul responsable de la concertation entre les différentes personnes chargées de réaliser le projet.	☐	☑

▼

	VRAI	FAUX

7. Une des tâches principales du consultant à l'étape de la réalisation consiste à recueillir des commentaires sur le déroulement de la démarche.   ☑ ☐

8. Dans le processus continu d'évaluation, il faut éviter de communiquer de l'information qui peut avoir pour effet de remettre en question les orientations majeures de l'intervention.   ☐ ☑

9. Le terme « autorégulation » désigne le processus par lequel les personnes engagées dans la démarche apportent elles-mêmes les ajustements nécessaires.   ☑ ☐

10. Il peut arriver que les techniques ou les méthodes employées par le consultant soient incompatibles avec les objectifs poursuivis.   ☑ ☐

11. Un incident critique est un événement précis, imprévu, capable de heurter des valeurs ou des principes et appelant une réaction rapide de la part du consultant.   ☑ ☐

12. Un incident critique n'oblige presque jamais le consultant à revoir son approche.   ☐ ☑

13. Le terme « effet secondaire » désigne un effet qui a peu de répercussions sur le milieu.   ☐ ☑

14. L'enracinement du changement est un des éléments qui permettent d'apprécier le succès d'une intervention.   ☑ ☐

15. La résistance au changement est une réaction d'ordre socio-affectif à l'introduction d'une nouveauté perçue comme une menace par une ou plusieurs personnes.   ☑ ☐

16. Au cours de l'intervention, le consultant peut de lui-même introduire un expert dans le milieu.   ☐ ☑

▼

	VRAI	FAUX
17. Si l'intervention ne comporte pas d'objectifs de formation, le consultant doit éviter d'inclure au cours de la démarche des activités visant l'acquisition de certaines compétences par les membres du système-client.	❏	☑
18. À l'étape de la réalisation, le consultant doit préparer la fin de l'intervention.	❏	☑

CORRIGÉ

		18. *Faux*	17. *Faux*
16. *Faux*	15. *Vrai*	14. *Vrai*	13. *Faux*
12. *Faux*	11. *Vrai*	10. *Vrai*	9. *Vrai*
8. *Faux*	7. *Vrai*	6. *Faux*	5. *Vrai*
4. *Faux*	3. *Vrai*	2. *Vrai*	1. *Faux*

CHAPITRE 9
La terminaison

On juge un arbre à ses fruits.

L'entente qui lie le client et le consultant prévoit normalement le moment où les obligations mutuelles prendront fin et où l'intervention sera considérée comme terminée. Il peut arriver que le client demande au consultant de continuer son travail au-delà du temps fixé dans l'entente. Un danger qui guette aussi bien le client que le consultant est de différer l'échéance de l'entente ; stimulé par les succès obtenus, le client est parfois tenté de demander au consultant d'assurer un suivi ou d'entreprendre de nouvelles démarches. Le consultant qui a des relations cordiales avec les membres du système-client et qui désire vivement voir « son » œuvre se parachever peut avoir de la difficulté à mettre un terme à son action. Le consultant a la liberté de refuser une prolongation de son mandat. S'il accepte de le prolonger, il est préférable de conclure une nouvelle entente qui définit clairement aussi bien les tâches à accomplir et les délais que les coûts et les conditions de travail. Cette entente peut être uniquement verbale mais, si la prolongation est relativement importante, il vaut mieux qu'elle soit écrite.

Dans toute intervention, il est nécessaire de mettre clairement un terme à un engagement, mais il faut aussi avoir égard à la manière de le faire. L'étape de la terminaison permet en quelque sorte de couronner l'intervention, de quitter le système-client, de s'assurer qu'« il ne reste rien qui traîne », et de clore convenablement la relation avec le client en demeurant à sa disposition ; c'est se ménager une bonne sortie.

9.1   TERMINER, C'EST INTERVENIR

Le modèle que nous utilisons comporte un certain nombre de principes qui peuvent guider le consultant au moment de mettre fin à une intervention. Comme il est responsable de la gestion de l'ensemble de l'intervention, il n'est libéré de ses engagements qu'après avoir accompli les activités de la terminaison. La plupart des auteurs et des praticiens emploient le mot « évaluation » pour désigner cette étape. L'évaluation est un élément important de la fin de l'intervention ; cependant, le mot « terminaison » convient davantage, parce qu'il réfère à un ensemble plus large d'activités. L'étape de la terminaison n'est pas une étape accessoire dont la réalisation dépend du temps et des ressources dont on dispose. Dans notre modèle, la terminaison fait partie intégrante du processus de consultation. Au cours de cette étape, le consultant continue à accomplir des actions qui contribuent à amener le changement désiré au sein du système. Aussi, au moment de l'entente, le consultant doit-il inscrire l'étape de la terminaison dans la démarche et s'engager à mener à bien les activités qui s'y rattachent. En contrepartie du travail qu'il s'engage à exécuter, des honoraires lui seront versés. Dans l'entente qui a été conclue, le client s'engage aussi à prendre part aux différentes activités de la terminaison.

9.2   LES ACTIVITÉS DE LA TERMINAISON

À l'étape de la terminaison, les trois tâches principales du consultant sont les suivantes : évaluer l'intervention, prévoir les suites et clore la relation. L'*input* de cette étape est constitué par les réalisations accomplies dans les étapes précédentes ; les résultats obtenus sont habituellement observables et permettent au consultant de juger s'il est temps de commencer les activités de la terminaison. L'*output* est tout simplement la fin de l'intervention clairement marquée. L'entente qui, au cours de l'intervention, a lié le client et le consultant est échue, et les deux partenaires s'accordent pour reconnaître qu'ils n'ont plus d'obligations l'un envers l'autre. Le tableau 9.1 indique les deux activités de l'étape de la terminaison.

9.2.1   Évaluation de l'intervention (61)

On rencontre régulièrement des clients qui sont peu disposés à prendre le temps d'évaluer l'intervention. Ils se contenteront de dire qu'ils sont satisfaits ou qu'ils

TABLEAU 9.1
Les activités de la terminaison

60. *Input*: les réalisations
61. Évaluation de l'intervention
62. Conclusion de l'intervention
70. *Output*: la fin de l'intervention

ont aimé travailler avec le consultant. Ils se demandent à quoi peut servir l'évaluation et ce qu'elle peut apporter; l'intervention est terminée et il n'y a rien à ajouter. Tout au plus, ils accepteront de faire l'évaluation pour rendre service au consultant.

Aux besoins de qui le processus d'évaluation répond-il? Certes, le consultant a des raisons personnelles d'évaluer l'intervention: il veut mesurer l'efficacité ou l'utilité de son travail, poursuivre son développement professionnel et assumer ses responsabilités professionnelles (Lescarbeau, 1983).

Le client, pour sa part, peut retirer de nombreux avantages de l'évaluation, pour lui et pour son milieu de travail. En tant que gestionnaire, il a besoin de savoir quel chemin a été parcouru par son organisation, quelle est la nouvelle situation dans laquelle le système se trouve. Était-il utile de faire appel à un consultant? Le choix du consultant était-il judicieux? Si l'on examine les coûts (en argent et en temps) et les bénéfices, la démarche a-t-elle été rentable? Qu'est-ce qui explique le succès ou l'échec de l'intervention? Celle-ci a-t-elle eu des effets secondaires? Les réponses à ces questions permettront au client d'assumer avec lucidité ses responsabilités.

Il importe d'admettre, cependant, que l'évaluation est une opération délicate et qu'elle peut provoquer des réticences. Porter un jugement sur la valeur, l'utilité et l'efficacité de la démarche entreprise peut se révéler difficile. Parfois, les résultats ne peuvent être observés et mesurés immédiatement; certains effets sont temporaires, d'autres apparaîtront plus tard. On peut aussi avoir de la peine à contrôler les variables à cause de la multiplicité et de l'imbrication réciproque des facteurs qui ont influé sur l'intervention. On sera parfois tenté de dire: «Cela ne peut pas s'évaluer.» Il appartient au consultant de relever le défi et d'insister pour que le client et le système-client prennent part au processus d'évaluation.

Il est toujours utile d'évaluer une intervention, quel qu'en ait été le déroulement. Une intervention qui n'a fait l'objet d'aucune évaluation demeure incomplète.

C'est ce qui doit inciter le consultant à appuyer le caractère primordial de l'évaluation dès l'élaboration du projet et à inclure une clause la concernant dans l'entente.

Il reste à déterminer l'ampleur que prendra le processus d'évaluation. On peut affirmer que, en principe, le temps et l'énergie consacrés aux opérations d'évaluation doivent être proportionnels à l'ensemble de l'intervention. Il arrive qu'une simple rencontre bien planifiée avec le client ou un groupe de travail associé à l'intervention suffise pour juger les résultats. Dans certains cas, l'évaluation peut concerner plusieurs personnes et durer quelques jours. Avant de l'entreprendre, le client et le consultant doivent s'entendre sur son ampleur. Quelle que soit celle-ci, le consultant doit s'assurer de la rigueur de l'opération.

Décisions relatives à l'évaluation

Le client et le consultant prennent d'abord ensemble une série de décisions sur la façon dont l'évaluation se fera. Les divers modèles théoriques (Swartz et Lippitt, 1975 ; Gallessich, 1982) comportent une prise de décision sur chacun des points suivants : les sources d'information, les méthodes de collecte, les objets de l'évaluation et les critères d'évaluation.

Les sources d'information

Qui, mis à part le client et le consultant, doit-être associé au processus d'évaluation et fournir des informations qui aboutiront à la formulation d'un jugement ? Souvent, certains membres du système-client peuvent prendre part à l'évaluation. Dans certains cas, le promoteur de l'intervention est une source précieuse et relativement objective d'information, et il peut être mis à contribution pour assurer la suite de l'intervention. Parfois, il y a intérêt à recueillir des renseignements auprès des personnes qui sont en rapport avec le système-client.

Les méthodes de collecte

Différentes méthodes peuvent être employées. Chacune comporte des avantages et des inconvénients. Les méthodes les plus courantes sont le questionnaire, l'entrevue individuelle, l'entrevue de groupe et l'observation directe.

Les objets de l'évaluation

Les modèles d'évaluation définissent quatre objets sur lesquels un jugement peut être porté : l'atteinte des objectifs et des résultats, les effets de l'intervention, son utilité et son déroulement. Ces quatres points évalués, il restera à mener, pour juger de l'efficacité de l'intervention, une analyse répondant aux critères décrits au chapitre 1.

Les critères d'évaluation

Pour que l'évaluation soit valable, il faut que les critères soient bien clairs et réalistes. Dans le contrat, on aura pris soin de s'assurer que les résultats attendus de l'intervention sont formulés de façon à être observables, ce qui fournira une excellente base d'évaluation. On utilise également les critères énoncés dans le plan d'action. Le client et le consultant auront à examiner, au cours de l'intervention, si ces critères doivent être révisés. L'instrument 22, « Projet d'évaluation de l'intervention » (voir l'annexe, p. 317), aide à planifier l'évaluation.

Décisions relatives aux suites à donner

Par conscience professionnelle, le consultant s'attache à prévoir les suites de l'intervention. Pour éviter que celle-ci ne soit qu'une parenthèse ou un simple épisode dans la vie du système-client, le consultant ne quitte le milieu qu'après l'avoir aidé à continuer seul la démarche ou à consolider l'acquis. À l'étape de la réalisation, il a déjà préparé le système-client à se prendre en charge par un transfert progressif des responsabilités et il doit, à l'étape de la terminaison, pousser son travail. Son objectif est alors d'assurer une continuité, de maintenir la mobilisation des personnes et de concrétiser les attentes dans un plan réaliste et fonctionnel. Lippitt et Lippitt (1978) sont d'avis que c'est sans doute cette activité qui permet le mieux de reconnaître la valeur du travail du consultant.

L'instrument 23, « Suites à donner et recommandations » (voir l'annexe, p. 318), aide à préparer une rencontre avec le client en vue de déterminer les suites à donner à l'intervention selon que l'on est placé dans l'une ou l'autre des situations suivantes :

- L'évaluation de l'intervention a montré que certains objectifs du plan d'action n'ont pas été atteints et qu'il conviendrait de poursuivre la démarche en cours. On révise alors la stratégie qu'on a ébauchée et, au besoin, on y apporte les corrections nécessaires.

- Selon l'évaluation, les objectifs sont atteints, mais il reste à déterminer les mécanismes qui permettront d'enraciner les changements qui commencent à s'opérer. Ces mécanismes peuvent prendre différentes formes : habitudes de travail (par exemple, mieux préparer les réunions), comportements (par exemple, partager l'information), processus (par exemple, faciliter le feed-back) ou supports institutionnels (par exemple, affecter un crédit à des séances de perfectionnement).

L'instrument proposé soulève aussi la question du recours à une ressource externe pour aider à la consolidation. Certains consultants sont discrets et attendent que le client aborde le sujet. D'autres sont plus audacieux et envisagent clairement la possibilité de maintenir une certaine forme d'entente (par exemple, une visite à bref délai, des échanges téléphoniques à intervalles réguliers). Les ententes conclues entre le client et le consultant peuvent parfois être prises en compte dans l'élaboration d'un nouveau projet.

Outre des indications concernant les suites à donner à l'intervention, le rapport peut contenir certaines suggestions que le consultant peut adresser aux personnes responsables du milieu. À la différence des suites à donner, qui concernent directement la continuité de l'intervention, les recommandations débordent habituellement le cadre de celle-ci ; elles touchent, par exemple, à des problèmes plus généraux observés au cours de la démarche : repenser la mission ou les structures du milieu, améliorer les modes de communication, prendre le temps de consolider une équipe, se doter d'une ligne de conduite directrice en matière de perfectionnement, envisager la possibilité d'engager un consultant interne, etc. Le consultant s'appuie ici sur son expérience et sur sa connaissance des groupes et des organisations pour donner certains conseils, formuler des mises en garde ou suggérer des démarches qui favoriseront le développement du milieu.

L'évaluation proprement dite

À moins qu'il n'en ait été décidé autrement, il appartient au consultant de superviser les différentes activités d'évaluation. Quand le processus d'évaluation va plus loin qu'une simple rencontre avec le client, le consultant mène les trois opérations proposées à l'étape de l'orientation :

■ Recueillir de l'information : se servant des instruments prévus à cette fin, il demande aux personnes considérées comme des sources d'information de fournir des renseignements ;

■ Traiter les données : il se charge habituellement de compiler et de classer les données de façon qu'elles soient accessibles et utiles. S'il le juge à propos, il analyse et interprète les résultats ;

■ Retourner l'information : il est souvent opportun de communiquer les résultats de l'évaluation. Le consultant détermine avec le client la façon dont ils seront diffusés ; la remise du rapport d'intervention aux membres du système-client constitue une bonne manière de procéder si cela est compatible avec les décisions prises par le client et le consultant.

L'instrument 24, « Contrôle de la qualité du rapport d'intervention » (voir l'annexe, p. 319), fixe certains critères de qualité et sert de guide au consultant pour corriger le premier état de son rapport.

Une fois le rapport complété, le consultant le transmet au client en suivant les recommandations déjà formulées au chapitre 5 à propos du projet d'intervention. Le rapport est présenté sous la forme d'une lettre au client ou est accompagné d'une lettre de présentation. Il est remis de la main à la main ou par une tierce personne, ou transmis par la poste, par télécopieur, par courrier intérieur ou par courriel. On choisira le mode d'acheminement qui laisse au client le plus de temps pour réfléchir avant la rencontre qui suivra.

Le rapport suivant, rédigé au terme d'une intervention dans un centre de jour d'un établissement de santé, servira d'exemple.

Monsieur André Lemay
Directeur du Centre de jour
Centre d'hébergement de Val-Joly

Monsieur,

Avant de mettre fin à l'intervention et de quitter votre organisme, j'aimerais vous rendre compte de ce qui a été accompli et déterminer la façon dont on pourrait assurer une suite à notre travail.

Entente initiale

Au début du mois de janvier, vous m'avez demandé de voir s'il serait possible de mener une étude approfondie des besoins de la clientèle du Centre de jour en vue d'établir si les objectifs poursuivis et les services offerts par votre organisme répondaient bien aux besoins des bénéficiaires, et en vue d'élaborer une politique de développement. Vous m'avez décrit la situation et m'avez fait part du désir de votre équipe de voir le malaise qu'elle ressentait se dissiper. Nous avons alors convenu que je préparerais un projet d'intervention et que je vous le soumettrais.

La proposition que je vous ai faite formulait un objectif d'intervention qui était d'obtenir les éléments d'information nécessaires pour réorganiser ou modifier les services offerts par le Centre. Je vous indiquais les éléments qui nous permettraient de juger, à la fin de l'intervention, si les résultats espérés avaient été atteints et je décrivais les étapes principales de la démarche à suivre.

Déroulement de la démarche

La démarche s'est déroulée comme prévu, bien qu'il y ait eu quelques légères modifications au calendrier de travail. J'ai soigneusement mis au point un questionnaire écrit devant servir à recueillir les opinions d'un échantillon représentatif de 30 bénéficiaires. Muni de la liste de questions que vous avez bien voulu approuver, j'ai ensuite rencontré tous les professionnels chargés d'appliquer le programme.

J'ai moi-même fait une première compilation des données, que j'ai remise au comité *ad hoc* chargé de les analyser. Ce comité, avec qui j'ai travaillé, a fait un rapport sommaire sur la situation : la mission du Centre de jour est considérée comme imprécise et ambiguë aussi bien par les bénéficiaires que par les professionnels, ce qui expliquerait les frustrations et les tensions. Le rapport final du comité, accompagné de l'analyse des données, a été remis aux membres de l'équipe de base. Vous avez déjà en main une copie de ce rapport. Les membres de votre équipe l'ont commenté au cours de rencontres animées et fructueuses. Ils se sont ralliés à cette nouvelle façon de voir le problème et sont même allés jusqu'à affirmer que la mission du Centre de jour ne pouvait être pleinement accomplie que moyennant une concertation à l'échelle régionale. À la suite de cette évaluation de la situation, l'équipe s'est entendue sur certaines priorités d'action, qui ont servi de base au plan d'action.

Plan d'action

Avec le consentement unanime de l'équipe de base, nous avons alors commencé à appliquer les décisions prises en commun. Les deux priorités retenues étaient les suivantes :

- Amener, le plus tôt possible, les responsables de la planification régionale à définir clairement la mission du Centre de jour et sa place parmi les organismes du même genre déjà existants ;
- Réévaluer les services actuellement offerts par le Centre de jour en vue de les intégrer à une planification régionale.

Évaluation de l'intervention

L'entente qui nous lie précise les critères de succès de l'intervention et les critères permettant de vérifier si les objectifs ont été atteints. Je vous ai invités, vous et chaque membre de l'équipe, à évaluer l'intervention à l'aide de l'instrument que j'ai soumis à votre approbation. Tous s'accordent pour dire que les divers signes de succès qui ont été définis ont été observés ; de plus, l'équipe s'est déclarée très satisfaite des résultats de l'intervention. Les effets sont nombreux et, en général, positifs : on comprend mieux les malaises ressentis au travail, on a décrit avec franchise la manière dont on percevait la situation, l'équipe a commencé à se mobiliser autour d'un projet, et les relations avec les bénéficiaires et les autres membres du personnel se sont améliorées.

Suites de l'intervention

De manière à pouvoir réaliser le plan d'action adopté, nous nous sommes appliqués à trouver des moyens qui permettraient d'obtenir le plus rapidement possible les résultats souhaités. Permettez-moi de vous rappeler brièvement les moyens sur lesquels nous nous sommes entendus. Il fallait :

1) présenter, dans les prochaines semaines, le plan d'action au directeur du département dont relève le Centre de jour ;

2) informer par écrit les responsables régionaux et les autres intervenants sociaux de notre désir d'établir avec leur aide une concertation à l'échelle régionale ;

3) préparer avec les responsables régionaux de la planification des rencontres ayant la concertation pour objet ;

4) mettre sur pied une méthode d'action permettant au Centre de jour de conformer ses actions à la politique régionale qui serait éventuellement adoptée.

Recommandations

Je me permets, en terminant, de faire deux recommandations qui ont pour but de faciliter l'atteinte des objectifs du plan d'action ainsi que l'action de votre équipe :

1) Il conviendrait qu'un membre de votre équipe soit détaché pour diriger les opérations prévues ;

2) Il me paraît indispensable de suivre la suggestion exprimée par quelques membres de votre équipe et de continuer à travailler à rendre l'équipe plus unie et plus productive.

J'ai eu, soyez-en assuré, un réel plaisir à travailler avec vous et avec votre équipe, et je demeure à votre disposition pour vous aider ou vous conseiller dans les étapes à venir. Je vous serais très reconnaissant de me tenir au courant de l'évolution des événements dans votre établissement.

Sylvain Larochelle

9.2.2 Conclusion de l'intervention (62)

La dernière étape du processus de consultation consiste à conclure l'intervention de manière nette et dans les formes. Conclure, c'est « amener à sa fin par un accord », selon le premier sens que donne le *Petit Robert* à ce mot. L'intervention du consultant est parvenue à sa conclusion quand le client et lui s'entendent sur le fait que tous leurs engagements respectifs sont remplis. On peut s'entendre sur la conclusion au cours d'une rencontre ou d'une conversation téléphonique, ou encore par un échange de lettres. La rencontre avec le client représente la meilleure façon de franchir cette dernière étape. Dans certains cas, il est accompagné d'une ou de plusieurs personnes qui ont été associées de près à l'intervention. Les objectifs de la rencontre sont habituellement les suivants : discuter le rapport d'intervention, évaluer la relation et célébrer l'événement.

Discuter le rapport d'intervention

Le client a habituellement certains commentaires à faire sur le rapport qu'il a lu. Le consultant, pour sa part, veut vérifier si le contenu du rapport s'accorde avec les discussions antérieures, et si la formulation est claire et compréhensible. Il peut, au besoin, apporter certaines précisions pour clarifier le contenu, expliquer certaines affirmations ou mettre ses recommandations en évidence. Le consultant est l'auteur du rapport, mais certaines observations du client peuvent l'amener à y apporter des corrections.

Le consultant s'assure également qu'il n'y a aucune question pendante. Si certains effets de l'intervention font problème, c'est que son travail n'est pas encore terminé : il a le devoir d'aider le client ou le système-client à trouver des moyens de résoudre les problèmes. Il serait même possible de décider de prolonger l'intervention ou de négocier une autre entente à l'occasion de cette rencontre.

Évaluer la relation

La relation qui s'est établie entre le client et le consultant fait partie des éléments à évaluer. L'instrument 25, « Feed-back au consultant » (voir l'annexe, p. 321), peut servir de guide au client pour exprimer un feed-back franc, ouvert et constructif sur l'évolution de la relation au cours de l'intervention. Le client qui a pris connaissance de cet instrument assez tôt aura le temps de préparer son évaluation. Celle-ci peut être une source d'enrichissement tant pour le client que pour le consultant.

Célébrer l'événement

Célébrer, c'est exprimer la satisfaction d'avoir obtenu un résultat donné ou d'avoir franchi une étape importante. C'est aussi fêter. La célébration permet de lier ensemble, à un moment donné, le passé, le présent et le futur. La fête transcende le temps et établit une continuité. Elle peut se faire à divers moments dans un processus de consultation, par exemple à la fin d'une série d'actions importantes. Au moment de se séparer, le consultant et le client, parfois même une partie du système-client, sentent la nécessité de marquer par une célébration la fin de leur travail. Celle-ci peut suivre la rencontre consacrée à la discussion du rapport ou se faire à un autre moment. Elle prend toutes sortes de formes : un repas de fête, un goûter, un coquetel, le lancement d'un rapport, une rencontre dans un café, une conférence de presse, une activité de plein air, etc. La célébration prolonge en quelque sorte l'intervention ; elle est habituellement l'occasion de donner du renforcement, de refaire le plein d'énergie et de préparer la suite.

9.3	**LA SITUATION DU CONSULTANT INTERNE**

Le consultant interne qui, après être intervenu dans un sous-système, continue d'être actif dans la même organisation se doit, tout comme le consultant externe, d'exécuter avec soin les opérations liées à l'étape de la terminaison. Étant donné sa situation particulière, la tentation est grande pour lui et pour son client de ne pas clore l'intervention ; le fait de laisser les activités en suspens peut être une façon de montrer l'intérêt que l'on a pour son travail. Il est cependant nettement préférable pour le consultant interne de gérer les activités de la terminaison et de mettre un terme aux engagements formulés dans l'entente. Il a alors toute liberté d'accepter une nouvelle demande susceptible d'aboutir à une autre entente. Au lieu d'entretenir l'ambiguïté, le consultant interne qui désire s'occuper des prolongements de l'intervention peut, au moment de conclure celle-ci, faire avec le client une entente claire concernant une nouvelle forme de collaboration : rencontres occasionnelles ou régulières, visites des lieux de travail, assistance dans l'évaluation des effets, etc. Mentionnons que la consignation des résultats de l'évaluation dans le rapport final de l'intervention permet aux dirigeants de l'organisation d'être renseignés sur la situation des différentes unités et d'adopter des mesures qui favorisent leur développement. L'ensemble des rapports des consultants internes permet d'évaluer l'efficacité de leur travail et de déterminer, au besoin, la part du budget qui sera affectée à leur rémunération.

CONCLUSION

Au cours de l'étape de la terminaison, le consultant tente de répondre au besoin d'intégration. La terminaison est exigeante. Elle fait partie intégrante du processus de consultation, et la responsabilité du consultant à son égard ne prend fin que lorsque l'on convient de part et d'autre que l'intervention est terminée du fait de l'accomplissement des activités.

Le client et le consultant, des partenaires dans une entreprise qui a sans doute remué certaines choses en eux et autour d'eux, font tous deux un retour sur les événements. À l'étape de la terminaison, le client évalue la nouvelle situation, tandis que le consultant fait un pas de plus dans un processus de formation continue.

VÉRIFICATION DES CONNAISSANCES

Le lecteur peut évaluer les connaissances qu'il a acquises au cours du présent chapitre en répondant aux questions suivantes, puis en vérifiant ses réponses à l'aide du corrigé placé à la suite de cet exercice.

Est-il vrai ou faux que les auteurs soutiennent les énoncés suivants ?

	VRAI	FAUX
1. L'intervention est terminée lorsque le consultant a quitté dans les formes le système où l'intervention s'est déroulée, qu'il s'est assuré que rien ne reste en suspens, que les affaires avec le client sont closes, que celui-ci a pris congé de lui en se disant prêt à reprendre contact.	☑	☐
2. L'étape de la terminaison peut être omise dans certains cas.	☐	☑
3. Il suffit que le client et le consultant s'entendent sur le fait que les engagements mutuels sont remplis pour que l'intervention puisse être considérée comme terminée.	☐	☑
4. Si l'on veut effectuer un autre travail d'intervention, il est préférable de terminer d'abord l'intervention en cours et de conclure ensuite une nouvelle entente.	☑	☐
5. Le processus d'évaluation répond surtout aux besoins du consultant.	☐	☑
6. Une intervention qui n'a fait l'objet d'aucune évaluation demeure incomplète.	☑	☐
7. Pour planifier l'évaluation, il suffit que les parties conviennent d'utiliser, moyennant les ajustements qui s'imposent, les critères définis dans l'entente et le plan d'action.	☐	☑

▼

▼

	VRAI	FAUX
8. La détermination des suites à donner a pour but de consolider les acquis.	☑	☐
9. On ne décide des suites à donner que lorsqu'il apparaît qu'on doit poursuivre la démarche en cours, parce que l'évaluation de l'intervention a montré que certains objectifs du plan d'action n'ont pas été atteints.	☐	☑
10. Le rappel de la demande initiale, de l'entente et de ses dispositions principales ainsi qu'un bref historique du déroulement de l'intervention sont les éléments principaux contenus dans le rapport soumis au client.	☐	☑
11. Si, à l'étape de la terminaison, on signale des effets de l'intervention qui font problème, ce n'est plus l'affaire du consultant.	☐	☑
12. La relation entre le client et le consultant doit faire l'objet d'une évaluation.	☑	☐
13. On ne peut célébrer que lorsque tous les objectifs ont été atteints.	☐	☑
14. Le consultant interne n'a pas à accomplir les activités liées à l'étape de la terminaison.	☐	☑

CORRIGÉ

		14. *Faux*	13. *Faux*
12. *Vrai*	11. *Faux*	10. *Faux*	9. *Faux*
8. *Vrai*	7. *Faux*	6. *Vrai*	5. *Faux*
4. *Vrai*	3. *Faux*	2. *Faux*	1. *Vrai*

CHAPITRE 10
Les instruments

« Donnez-moi un levier et je soulèverai le monde. »

Archimède

L e chapitre 1 a mis en évidence les deux composantes indissociables du modèle d'intervention proposé dans le présent ouvrage : la composante méthodologique et la composante relationnelle. La composante méthodologique a rapport à la façon de gérer les six étapes décrites précédemment et comporte un aspect technique qui fait du consultant un spécialiste qui emploie ou construit des instruments répondant aux exigences de l'intervention. L'aspect technique suscite un certain nombre de questions.

Lorsqu'un outil de travail est un objet courant, par exemple un marteau, un robot culinaire, un ordinateur ou un moyen de transport, on est facilement convaincu de son utilité. Grâce à l'outil, on peut exécuter son travail avec plus de facilité et augmenter son efficacité. Pour Saint-Exupéry, l'outil est bien plus qu'une mécanique, il est un dépassement de la condition humaine.

Des actions telles qu'apprendre, communiquer, s'informer, décider, planifier, évaluer, etc., gagnent-elles à être encadrées par la technique ? Ne risque-t-on pas, en utilisant celle-ci, d'effacer la spontanéité et l'intuition ? Une conversation à bâtons rompus n'est-elle pas préférable à une entrevue réglée dans les moindres détails ? Pour réfléchir sur un échange de vues, a-t-on besoin d'un outil spécial ?

Dans certains milieux, l'outil et la technique sont mal vus. L'intervenant professionnel aurait-il atteint un stade de développement où l'utilisation de moyens techniques ou d'instruments n'est plus indiquée ? Les instruments d'intervention seraient-ils des moyens plus ou moins mécaniques qui enferment l'action professionnelle dans un cadre contraignant, incapable de rendre compte du caractère unique de chaque intervention ?

10.1   LE RÔLE DES INSTRUMENTS D'INTERVENTION

Tout intervenant possède un instrument de base, et cet instrument, c'est lui-même : ce qu'il est, ses connaissances, son expérience, son intuition, sa façon personnelle d'intervenir… Intervenir comme consultant est un art.

Les instruments d'intervention ne remplacent pas l'expérience ; ils permettent d'utiliser au mieux les capacités de la personne qui intervient. Ils ont pour rôles d'assurer la rigueur, de favoriser la précision, d'augmenter l'efficacité, de guider la démarche et d'accroître l'autonomie.

10.1.1 Assurer la rigueur

L'expertise du consultant qui s'inspire du modèle intégré réside principalement dans sa connaissance et sa maîtrise des processus, dans sa capacité à les élaborer et à les gérer. Le processus a été défini comme un ensemble organisé d'opérations ayant pour but de transformer de la matière ou de l'information. Le client attend d'un consultant dont l'expertise porte principalement sur les processus qu'il mène l'intervention avec le plus de rigueur possible, que la démarche destinée à améliorer une situation donnée soit cohérente. Pour obtenir cette rigueur indispensable, le consultant dispose d'un éventail d'instruments.

On peut voir que les instruments décrits en annexe permettent de donner de la cohérence à une activité ou à un ensemble d'activités. Prenons, par exemple, l'instrument 1, « Description de la situation initiale » (voir l'annexe, p. 282). L'outil est adapté au but des activités de l'entrée, qui est d'explorer une demande d'intervention. L'instrument sert à encadrer un échange dynamique au cours duquel le consultant recueille et transmet de l'information, et amène ensuite le client éventuel à prendre une décision concernant les suites à donner. L'instrument comporte une diversité de questions à prendre en considération qui repose sur les principes de base du modèle intégré. Les informations recueillies à l'aide de l'instrument doivent, par exemple, porter sur les cinq points suivants : la situation initiale, son évolution, les symptômes, le système-client et la nécessité de modifier la situation. Le consultant désireux d'analyser une demande de façon rigoureuse peut donc utiliser cet instrument.

10.1.2 Favoriser la précision

Pour scier une planche à angle droit, le menuisier peut soit se fier à son œil, soit utiliser une équerre. Les résultats obtenus peuvent être assez différents. La plupart des instruments d'intervention permettent d'exécuter avec plus de précision certaines opérations. La précision est un élément qui peut accroître la qualité de l'intervention. Son excès peut, bien sûr, rendre l'information moins aisément compréhensible ou empêcher d'avoir une vue d'ensemble de la situation. Mais, en général, le consultant ne se trompe pas en recherchant la précision. Ainsi, des questions précises permettent d'obtenir des données concrètes sur une situation donnée et de mieux déceler les symptômes. Associé à l'étape de l'orientation, l'instrument 10, « Planification de la collecte, du traitement et de la diffusion de l'information » (voir l'annexe, p. 296), sert à préparer soigneusement l'activité principale ; la série de questions qu'il comporte permet au consultant et au client de passer en revue les divers éléments du processus global, avant de procéder à la collecte de l'information.

10.1.3 Augmenter l'efficacité

Un des critères de réussite de l'intervention est la rentabilité, c'est-à-dire un rapport coûts-bénéfices avantageux. Les instruments d'intervention contribuent à rentabiliser certaines opérations. L'instrument 9, « Planification de la diffusion de l'information dans le milieu » (voir l'annexe, p. 294), a pour but de rendre le plus profitable possible la rencontre avec le client portant sur la détermination du contenu et des modalités de l'opération, qui vise à informer les membres du système-client de l'intervention à mener.

Ainsi, l'instrument permet d'augmenter l'efficacité de ceux qui l'utilisent en les aidant à mettre à profit l'expérience de ceux qui l'ont conçu.

10.1.4 Guider la démarche

L'appareil ménager que le consommateur achète est habituellement accompagné de notices explicatives qui indiquent comment assembler les pièces, mettre l'appareil en marche, assurer son entretien et se prémunir contre certains dangers. De même, bon nombre d'instruments d'intervention donnent des conseils ou renseignent sur la marche à suivre dans certaines situations précises. L'instrument 20, « Gestion d'une résistance » (voir l'annexe, p. 313), est un bon exemple de ce genre d'instrument. Il repose sur une théorie du changement et procède d'une conception bien définie du phénomène de la résistance au changement. Il guide le consultant qui fait face à une résistance dans sa réflexion sur la conduite à tenir et, éventuellement, dans le choix des correctifs à apporter. L'un des rôles principaux des instruments est donc de faciliter la gestion de certaines étapes ou l'exécution d'actions importantes.

10.1.5 Accroître l'autonomie

Un bon instrument peut être utilisé plusieurs fois. Cela permet à l'utilisateur de se familiariser avec lui, donc de gérer avec plus de facilité des situations complexes et de devenir plus autonome. Le menuisier qui possède plusieurs outils et qui sait en faire un bon usage jouit d'un degré élevé d'autonomie dans l'exercice de son métier.

Les instruments d'intervention favorisent non seulement l'autonomie du consultant, mais aussi celle de ses clients. Il arrive que des clients qui ont vu la rigueur dont a fait preuve le consultant dans son intervention manifestent le désir de se familiariser avec certains des instruments employés. Soucieux d'amener son client à prendre ses responsabilités et de lui « apprendre à faire », le consultant n'hésitera pas à lui expliquer la manière de les utiliser. Le questionnaire dont il se sert pour recueillir des commentaires à la fin d'une réunion est un instrument relativement simple, qui pourrait servir d'appoint au chef d'équipe désireux de mieux évaluer les résultats. Un usage constant de cet instrument lui permettrait d'accroître son autonomie par rapport à l'expertise professionnelle offerte par les consultants.

10.2   LA CONSTRUCTION D'UN INSTRUMENT

Le consultant ne peut se contenter d'utiliser ou d'adapter des outils déjà existants. Assez souvent, il fait face à des situations nouvelles qui exigent une méthode d'action particulière comportant des instruments. Tout consultant est capable de créer des instruments. Placé devant la nécessité de recueillir des informations ou d'évaluer une activité, il est amené à élaborer des questionnaires ou des grilles d'entrevue. Il peut aussi se doter d'instruments spéciaux dans une grande variété d'activités.

Les auteurs du présent ouvrage ont réfléchi sur la façon dont ils s'y sont pris pour construire les divers instruments proposés ici. Ils ont défini un certain nombre d'opérations aboutissant à la création d'un instrument d'intervention. Les diverses opérations sont indiquées dans le tableau 10.1.

TABLEAU 10.1
Les étapes de la fabrication d'un instrument

1. Déterminer le contexte de l'utilisation
2. Désigner les utilisateurs éventuels
3. Définir les objectifs à atteindre
4. Déterminer les éléments constitutifs
5. Établir une séquence d'utilisation
6. Formuler des règles d'utilisation
7. Mettre l'instrument à l'épreuve

10.2.1 Déterminer le contexte de l'utilisation

Le consultant doit déterminer le contexte dans lequel l'instrument sera utilisé. Par exemple, il doit, au cours d'une intervention, préparer et animer la réunion du comité chargé d'examiner un sujet complexe. Afin de rendre le travail du comité plus efficace, il crée un instrument servant à encadrer la discussion et le propose aux membres du comité. La première étape de la fabrication de l'instrument consisterait sans doute à s'enquérir du contexte dans lequel ceux-ci traiteront le sujet : Où se situe cette rencontre dans l'ensemble du processus d'exploration ou de décision ? Des documents informant des sujets à discuter ont-ils déjà circulé ? Quel est le mandat précis du comité ? Quels sont les principaux enjeux de la discussion ? La situation est-elle urgente ? Quelles sont les limites des attributions du comité ? En répondant à ces questions, on pourra adapter l'outil à la situation.

10.2.2 Désigner les utilisateurs éventuels

Si l'on connaît bien les personnes, on peut adapter l'instrument à leurs capacités. Les employés d'une organisation à qui l'on demande de recueillir de l'information auprès de certains clients auront de la difficulté à utiliser un instrument très complexe. Comme l'outil est destiné à servir, il faut qu'il soit approprié aux besoins de l'utilisateur, qu'il soit formulé dans des termes que l'utilisateur comprend aisément et qu'il respecte ses valeurs. Par ailleurs, si les membres du comité sont familiarisés avec le sujet qu'ils ont à étudier, l'instrument servant à la discussion devra en tenir compte.

10.2.3 Définir les objectifs à atteindre

En général, l'outil sert à produire un effet observable ; le résultat recherché doit être bien défini. Recueillir de l'information, évaluer des besoins, planifier, résoudre un problème, prendre une décision ou s'entendre sur une stratégie sont des opérations qui comportent des buts différents. Le pourvoyeur d'instruments doit avoir une idée claire de ce que chaque outil permet de faire avant de mettre en œuvre les éléments techniques appropriés. Dans l'exemple du comité qui doit examiner un sujet complexe, l'instrument devra aider le comité à remplir son mandat avec exactitude.

10.2.4 Déterminer les éléments constitutifs

La préparation d'un questionnaire implique le choix de divers éléments. Par exemple, s'il doit servir à évaluer un atelier de formation, on retiendra les éléments sur lesquels on veut obtenir le point de vue des participants. On commencera par dresser avec le client la liste des éléments qui pourraient être l'objet d'une évaluation : l'atteinte des objectifs de l'atelier, les différents facteurs qui ont contribué aux résultats, les besoins non comblés, les actions à entreprendre pour consolider les acquis, etc. Dans le choix des éléments, on doit tenir compte des besoins du client et des participants, de l'utilisation que l'on fera des résultats, du temps qui sera alloué pour remplir le questionnaire, etc. Les éléments retenus serviront à faire le schéma de l'instrument.

10.2.5 Établir une séquence d'utilisation

La plupart des instruments proposés dans l'annexe illustrent l'importance d'établir une séquence d'utilisation. Ils comportent des étapes simples, mais liées logiquement entre elles. L'instrument 1, « Description de la situation initiale » (voir l'annexe, p. 282), a pour rôle d'aider le consultant à traiter les informations recueillies lors d'un premier contact avec le demandeur. Il est composé de neuf questions. L'ordre dans lequel ces dernières sont posées repose sur une certaine logique qu'il importe de respecter. Si l'instrument vise à faciliter une prise de décision en groupe, on devra s'assurer que la démarche est cohérente et ordonnée. En formulant des propositions avant même d'avoir bien déterminé la nature du problème ou de la question à résoudre, on risque de prendre des décisions plus ou moins judicieuses. Si l'on pose les avantages et les inconvénients d'une solution avant d'avoir exploré à fond les différentes possibilités, le groupe peut être obligé de considérer un nombre réduit de solutions.

10.2.6 Formuler des règles d'utilisation

Habituellement, l'utilisateur n'a pas pris part à la construction de l'instrument. Aussi lui est-il difficile d'en saisir immédiatement la logique. Tous les instruments présentés dans le présent ouvrage comportent des règles d'utilisation. Il appartient donc au « constructeur » de formuler quelques règles claires et simples, ou directives, qui permettront à l'utilisateur de se servir correctement de l'instrument. En fournissant ces règles, on favorise l'autonomie des utilisateurs.

10.2.7 Mettre l'instrument à l'épreuve

Il est rare qu'un instrument destiné à un usage courant se révèle efficace dès le premier essai. La plupart du temps, il faut procéder à des ajustements. Dans la majorité des cas, l'instrument doit être testé d'abord auprès d'éventuels utilisateurs. On le met à l'épreuve dans des situations concrètes ; on peut ainsi vérifier si les différents éléments sont utiles et concourent à produire les résultats recherchés. Pour vérifier si l'instrument est accessible au plus grand nombre, on demandera aux personnes chargées de faire la vérification d'examiner la manière dont les objectifs, les modes d'utilisation et les directives sont formulés. Il est possible que ces utilisateurs mettent eux-mêmes l'instrument à l'épreuve et indiquent au constructeur certaines difficultés qu'ils ont rencontrées.

Lorsque l'instrument est destiné à être utilisé couramment, la mise à l'épreuve est toujours suivie de corrections ou d'améliorations, car, à l'usage, l'instrument montre des faiblesses ou des imperfections. Au cours de la rédaction du présent ouvrage, les auteurs ont été amenés à revoir chacun des instruments et à apporter des améliorations ou des correctifs.

10.3   LES CARACTÈRES D'UN BON INSTRUMENT

Pour remplir sa fonction, un instrument d'intervention doit présenter certains caractères. Il doit être avant tout précis, simple, convivial et souple.

10.3.1 La précision

Le coffre à outils d'un travailleur comprend habituellement des outils ayant un usage précis; étant donné, par exemple, la grande diversité des types de vis, le menuisier aura besoin de l'éventail complet des tournevis pour exécuter certains travaux. Comme les situations dans lesquelles le consultant est placé peuvent différer grandement les unes des autres, ce dernier doit disposer d'un bon nombre de moyens d'intervention et d'instruments. Réfléchir à une proposition, recueillir des informations, faire une évaluation sont autant d'actions différentes; un seul instrument ne suffit pas pour mener à bien toutes ces actions. Étant donné qu'un instrument ne sert habituellement qu'à une seule fin, le consultant est obligé de se doter d'un coffre à outils. Celui-ci sera utile dans la plupart des situations.

10.3.2 La simplicité

Dans un grand nombre de professions, les instruments les plus simples sont souvent les plus utiles et les plus utilisés. Le niveau du menuisier, le manomètre du mécanicien, le fil à plomb du maçon ou l'équerre du dessinateur sont d'une étonnante simplicité, ce qui n'empêche pas ces outils de rendre quotidiennement de grands services. Un instrument d'intervention peut être plus ou moins complexe, selon l'usage auquel il est destiné. Il faut cependant se garder de vouloir mesurer un trop grand nombre de facteurs ou de multiplier les étapes d'une démarche; un instrument très compliqué peut être difficile à utiliser de manière courante. L'instrument 9, « Planification de la diffusion de l'information dans le milieu » (voir l'annexe, p. 294), qui est destiné à être utilisé au début de l'étape de l'orientation, est peu complexe parce qu'il est seulement en rapport avec six éléments à explorer. L'instrument 10, « Planification de la collecte, du traitement et de la diffusion de l'information » (voir l'annexe, p. 296), est, quant à lui, plus compliqué en raison des nombreuses décisions qui doivent être prises avant qu'une opération dont l'ampleur est considérable puisse être entamée.

10.3.3 La convivialité

Un instrument est d'autant plus utile qu'un grand nombre d'utilisateurs y ont aisément recours. Dans une perspective de partenariat et de collaboration, les instruments du consultant peuvent, dans plusieurs cas, appeler la participation du client et de certains membres du système-client. L'instrument 16, « Information sur l'étape de la réalisation » (voir l'annexe, p. 306), aide le consultant et le client à se concerter en vue de la diffusion de l'information et de la collecte des commentaires ; le client doit donc avoir facilement accès à cet instrument. Pour aider au bon déroulement de la séance de travail avec le comité chargé de préparer la rencontre de retour d'information, le consultant peut fournir à chacun des membres l'instrument 12, « Réactions aux résultats » (voir l'annexe, p. 299). Il se trouve ainsi à inviter les membres du comité à collaborer à la préparation d'une activité importante. En mettant son coffre à outils à leur disposition, il montre qu'il est prêt à partager son expertise et qu'il veut donner le goût de la rigueur. À la notion d'accessibilité se greffe facilement celle de convivialité créée par le sociologue Illich (1977), le partisan d'une société conviviale. Pour illustrer son propos, cet auteur se sert d'un exemple particulièrement frappant : la bicyclette est un moyen de transport convivial parce qu'il est simple, facile à utiliser et à la portée de tous.

10.3.4 La souplesse

Un instrument doit aussi pouvoir répondre à divers besoins. S'il est souple, son utilisateur pourra lui trouver de nouvelles applications moyennant quelques ajustements, et ce, tout en respectant son caractère. Certains éléments de l'instrument ne s'appliquent pas dans tous les cas ; d'autres doivent être ajustés ou bien ajoutés. Dans l'instrument 1, « Description de la situation initiale » (voir l'annexe, p. 282), la liste des questions auxquelles le consultant a à répondre ne convient pas nécessairement à toutes les situations ; le consultant doit adapter l'instrument à ses besoins. Tous les instruments de travail se sont améliorés au cours des ans parce que les utilisateurs en ont corrigé les défauts. L'outil est à la disposition de l'utilisateur qui le rend le plus efficace possible. Le propre d'un instrument, c'est d'être un moyen. L'instrument d'intervention diffère du test standardisé en ce que celui-ci, à cause d'exigences méthodologiques, ne peut être modifié.

Conclusion

La bonne gestion des processus exige plusieurs qualités. L'assistance technique dans les activités liées à la consultation fait partie des tâches du consultant. Le client est en droit d'attendre du consultant qu'il mette à la disposition du milieu un éventail d'instruments propres à faciliter le déroulement d'une intervention et à assurer la rigueur et la cohérence de l'action. Le consultant n'est pas un magicien ; c'est un spécialiste qui dispose d'un coffre à outils et qui sait s'en servir ; la baguette magique n'en fait pas partie. Il est capable de fabriquer des instruments sur mesure pour satisfaire aux besoins particuliers des organisations. Fabriquer des outils et les utiliser à bon escient est un art. Le consultant est un artisan.

VÉRIFICATION DES CONNAISSANCES

Le lecteur peut évaluer les connaissances qu'il a acquises au cours du présent chapitre en répondant aux questions suivantes, puis en vérifiant ses réponses à l'aide du corrigé placé à la suite de cet exercice.

Est-il vrai ou faux que les auteurs soutiennent les énoncés suivants ?

	VRAI	FAUX
1. Bien qu'ils jouent un rôle important, les outils et les techniques ne sont pas vraiment indispensables dans le modèle d'intervention.	❑	❑
2. Le meilleur instrument du consultant, c'est lui-même.	❑	❑
3. L'instrument d'intervention permet au consultant de gérer une activité de façon logique et cohérente.	❑	❑
4. Il n'y a aucun inconvénient à utiliser un instrument pour recueillir des données très détaillées.	❑	❑
5. L'utilisation d'instruments d'intervention n'a aucune incidence sur l'efficacité de l'intervention.	❑	❑
6. Certains instruments peuvent prendre la forme d'un guide indiquant la marche à suivre pour mener une opération.	❑	❑
7. Le consultant doit se garder de renseigner ses clients sur les instruments qu'il utilise.	❑	❑
8. Pour construire un instrument, il est préférable de s'inspirer d'un processus.	❑	❑
9. Comme l'instrument doit avant tout servir le consultant, celui-ci peut le modifier à sa guise.	❑	❑

▼

▼

	VRAI	FAUX
10. La construction d'un instrument comporte plusieurs étapes.	❑	❑
11. La raison d'être de l'instrument est d'aider à produire un résultat.	❑	❑
12. La création d'instruments d'intervention est une tâche difficile réservée à des spécialistes.	❑	❑

CORRIGÉ

9. *Vrai*	10. *Vrai*	11. *Vrai*	12. *Faux*
5. *Faux*	6. *Vrai*	7. *Faux*	8. *Vrai*
1. *Faux*	2. *Vrai*	3. *Vrai*	4. *Faux*

PARTIE III
LA COMPOSANTE RELATIONNELLE

CHAPITRE 11
La relation
de coopération

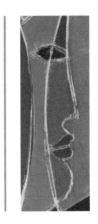

Pourquoi se battre quand on peut être alliés?

L a coopération représente en général un type de relation que l'on souhaite. Elle est difficile à établir. Le discours du consultant qui utilise le modèle intégré pour gérer le processus de consultation est axé sur la coopération ; c'est la partie la plus facile. Mais, pour que le consultant soit crédible, il faut qu'il conforme son action à son discours, ce qui est plus difficile. Le présent chapitre définit la relation de coopération et décrit les facteurs de coopération liés aux différents éléments de cette définition ; il présente pour terminer un guide servant à établir et à maintenir une relation de coopération.

11.1   DÉFINITION DE LA RELATION DE COOPÉRATION

Toute coopération implique au moins deux individus : dans le domaine de la consultation, ce sont le consultant et son interlocuteur, lequel peut être soit un individu, soit un groupe. Ce n'est pas tant à l'attitude, aux intentions et au comportement de son interlocuteur que le consultant attachera son effort de réflexion qu'à la façon dont il s'y prendra pour renforcer la coopération. Cette dernière a ici rapport à la structure de la relation et non pas à la manière d'agir de l'interlocuteur.

La structure d'une relation est déterminée par le rapport qui s'établit entre trois éléments : le consultant, l'interlocuteur et le but poursuivi au cours de l'interaction.

Les réponses aux trois questions suivantes permettent de définir la structure d'une relation :

1. Qui fixe le but ?
2. Sur l'action de quelle personne l'atteinte du but repose-t-elle ?
3. Dans quel sens l'influence s'exerce-t-elle surtout ?

Les réponses à ces questions permettent, en outre, de dégager trois types de relations : la structure de pression, la structure de service et la structure de coopération.

11.1.1 La structure de pression

La structure de pression s'établit lorsque le consultant prend l'initiative d'une rencontre : il en détermine le but. Ordinairement, le consultant qui demande une telle rencontre attend une action de son interlocuteur : celui-ci doit agir de manière que le but de l'intervenant soit atteint. Enfin, en réponse à la troisième question, c'est surtout le consultant qui exerce une influence : il tente de convaincre son interlocuteur de faire ce qu'il faut pour que le but soit atteint. Dans la définition de la structure, le terme « pression » ne renvoie pas à l'attitude de l'intervenant. La structure ne dépend pas directement des intentions de chacun. Le simple fait d'organiser une rencontre et d'en déterminer le but exerce une certaine pression sur l'interlocuteur. L'interlocuteur qui apprend que l'on veut le rencontrer se pose une série de questions : Pourquoi cette convocation ? A-t-on quelque chose à me reprocher ? Qu'est-ce qu'on me veut ? Cette structure est toujours présente dans cette sorte de rencontre, même si celle-ci profite à l'interlocuteur.

Dans la figure 11.1, la flèche en pointillé qui relie l'octogone au but indique que c'est l'intervenant seul qui détermine le but. Dans le rectangle, il est précisé que c'est le but du consultant qui oriente l'interaction. Par ailleurs, le pointillé sert à marquer que le consultant ne peut atteindre le but visé qu'avec le concours de l'interlocuteur (ce concours est représenté par la flèche qui relie l'interlocuteur au but visé). En conséquence, l'intervenant essaie d'amener l'interlocuteur à faire le nécessaire pour que le but soit atteint (c'est ce que signifie la flèche reliant l'intervenant à l'interlocuteur). La difficulté principale à laquelle donne lieu cette structure, dans la pratique, est la réticence de l'interlocuteur à faire ce qu'on lui demande.

Le consultant externe est invité à intervenir ; il n'est donc pas dans une structure de pression au point de départ. Il aura toutefois, à maintes reprises, l'occasion de convoquer des réunions ou des rencontres au cours de son intervention, ce qui

FIGURE 11.1
La structure de pression

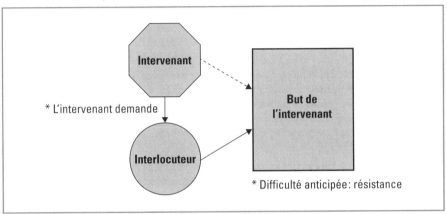

le placera dans une telle structure. Le consultant interne, pour sa part, est fréquemment placé dans l'obligation de s'acquitter d'un mandat qu'il n'a pas reçu des personnes pour lesquelles il travaille. Dans tous les cas, le consultant qui demande une rencontre doit s'assurer que le but qu'il propose sera également visé par tous les autres, comme on le verra plus loin.

Il arrive aussi que le but d'une rencontre soit fixé par l'interlocuteur qui la sollicite, mais, si des remaniements doivent être faits, on risque de se retrouver dans une structure de pression, le consultant cherchant alors à modifier le but initial. Le cas de Ginette illustre cette situation : c'est un échec du point de vue de la coopération.

Le cas de Ginette

Ginette est une consultante qui compte trois ans d'expérience. Elle travaille pour un groupe de consultants dont les clients principaux viennent de l'entreprise privée. Le 15 janvier 2002, elle va rencontrer au siège social de la firme ROBEC le directeur du service du personnel. Celui-ci lui est complètement inconnu. Elle a seulement reçu une note de service de son patron disant : « M. Lefort, directeur du personnel à la firme ROBEC, demande les services d'un consultant pour un problème de gestion. Tu as rendez-vous avec lui le 15 janvier, à 14 heures, pour étudier sa demande et voir si nous pouvons y répondre. »

Ginette rencontre donc M. Lefort dans son bureau. Le tableau 11.1 résume le dialogue entre ces deux personnes.

TABLEAU 11.1
Le cas de Ginette

L. J'ai reçu le rapport d'activités du secteur de la formation pour l'année qui s'achève. La productivité a considérablement baissé : on est passé d'une moyenne de 125 jours de formation par formateur à une moyenne de 105 jours de formation.

Pour augmenter la productivité, j'ai décidé de modifier la ligne de conduite du service en matière de suivi. Jusqu'à présent, chaque responsable d'une activité de formation faisait un suivi d'une journée avec son groupe deux mois après l'activité. Je veux remplacer ces rencontres par un questionnaire qui sera envoyé aux supérieurs hiérarchiques des employés ayant pris part aux activités de formation.

Je voudrais vous charger de rencontrer les cinq membres de l'équipe des formateurs pour préparer et élaborer avec eux ce questionnaire.

1. G. J'admets avec vous que vous avez un problème de productivité dans le secteur de la formation mais, avant d'appliquer une solution, que pensez-vous de l'idée de discuter de la baisse de productivité avec les formateurs ?

    L. Comme gestionnaire, j'ai déjà rencontré les formateurs, et ils ne m'ont pas expliqué de manière satisfaisante leur baisse de productivité.

2. G. Il est possible que les demandes soient tout simplement moins nombreuses et il n'est pas certain que la suppression des journées de suivi réglera le problème de la productivité.

    L. Peut-être pas, mais au moins ils auront plus de temps à consacrer à la promotion des activités du Service et à la mise sur pied d'activités plus attrayantes.

3. G. Comment les formateurs accueillent-ils l'idée de supprimer les journées de suivi et de les remplacer par un questionnaire ?

    L. Ils m'ont dit qu'ils ne voient pas en quoi un questionnaire pourrait aider à évaluer l'efficacité des activités. C'est pourquoi je leur ai dit que je ferais appel à un spécialiste dans le domaine.

4. G. Vous savez, il est bien possible qu'ils aient raison.

    L. Je sais que, dans la Compagnie Y, on procède de cette manière et cela semble donner de bons résultats.

5. G. Oui, c'est possible, mais il faudrait examiner le contexte. Même si on a eu du succès ailleurs, rien ne garantit qu'il en sera de même ici.

    L. C'est à vous de trouver une méthode qui convienne à notre entreprise.

6. G. Je doute qu'un questionnaire d'évaluation puisse régler le problème de la baisse de productivité.

    L. Qu'est-ce que vous suggérez d'autre ?

▼

▼

7. G. Il faudrait d'abord déterminer la cause de la baisse de productivité, puis fixer un taux de productivité acceptable pour un service tel que le vôtre.

   L. Vous trouvez qu'une moyenne de 105 jours par année par formateur est acceptable ?

8. G. Je ne sais pas. Il conviendrait, selon moi, de baser l'évaluation sur des données précises, et je pense que vous devriez demander aux formateurs eux-mêmes de participer à cette évaluation.

   L. Évidemment, pour eux, cela ne fait pas problème. Plus on tolérera le laisser-aller, moins ils se gêneront. Écoutez, ce que je vous demande est simple : j'ai besoin d'un questionnaire pour évaluer les activités de formation. Voulez-vous vous en charger, oui ou non ?

9. G. Je ne sais pas ; laissez-moi le temps d'y penser et je vous ferai une proposition d'ici deux jours.

   L. D'accord. J'attends de vos nouvelles.

Ginette a commis trois erreurs qui sont caractéristiques des échanges s'inscrivant dans une structure de pression et donnant lieu à de la résistance :

1. Traiter la résistance avant d'avoir créé des conditions favorables ;

2. Présumer que de solides arguments suffiront pour convaincre son interlocuteur ;

3. Sous-estimer le pouvoir de son interlocuteur.

Elle entame une discussion du problème avec son client et se heurte aussitôt à de la résistance. Elle entreprend de traiter cette résistance, mais les conditions sont des plus défavorables : elle s'emploie à amener son client à discuter d'une question au sujet de laquelle il n'attend rien d'elle. Il veut simplement qu'elle mette sur pied un questionnaire qui l'aidera à résoudre son problème de productivité.

Dans sa façon de traiter la résistance, Ginette met en avant ses connaissances ; elle ne fait ainsi qu'accroître la résistance de M. Lefort. Modifiant par la bande le but de la rencontre, elle s'installe dans le rôle de consultante alors que le demandeur veut qu'elle soit une exécutante.

Enfin, Ginette conteste d'une manière indirecte la compétence de son client : elle laisse entendre non seulement qu'il évalue mal la situation, mais aussi qu'elle peut le suppléer dans son travail de gestionnaire. On verra plus loin que des principes d'action basés sur la coopération peuvent aider le consultant à éviter ces erreurs communes.

11.1.2 La structure de service

Dans la structure de service, c'est l'interlocuteur qui détermine le but et qui demande au consultant de répondre à son besoin. L'atteinte du but dépend de l'action du consultant, puisque l'on fait appel à ses services. L'influence de l'interlocuteur a la prépondérance, au moins dans la phase initiale de la rencontre ; elle est mise en jeu par la demande adressée à l'expert appelé en consultation. Sur la même base, Ginette répond à la demande de M. Lefort en se présentant à son bureau.

Dans la figure 11.2, les flèches qui relient les partenaires au but sont inversées par rapport à la figure précédente. La flèche en pointillé qui relie l'interlocuteur au but sert à indiquer que c'est lui qui détermine le but, ainsi qu'il est précisé dans le rectangle. Par ailleurs, le pointillé indique que l'interlocuteur ne peut réaliser son but qu'avec le concours du consultant (l'aide nécessaire est figurée par la flèche en trait continu qui relie le consultant au but visé). La flèche en trait continu qui part de l'interlocuteur et qui aboutit à l'intervenant représente la demande de service.

Dans la pratique, cette structure comporte comme obstacle principal la passivité de l'interlocuteur. Celui-ci souhaiterait abandonner au consultant le soin de régler la situation. Il agit comme si c'était la personne consultée qui avait cette responsabilité. Le cas de Mario illustre cette situation.

FIGURE 11.2

La structure de service

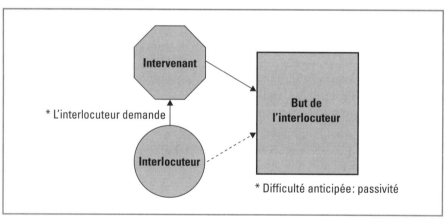

Le cas de Mario

Mario est un consultant en pratique privée. Il reçoit un appel téléphonique du responsable de la formation continue d'un ordre professionnel. Le tableau 11.2 résume la conversation.

TABLEAU 11.2
Le cas de Mario

Au téléphone :

1. M. Bonjour, ici Mario Lessard.

   C. Bonjour, je m'appelle Corinne de la Continuité. Je suis responsable de la forma-tion continue à l'Ordre des… Vous m'avez été recommandé comme spécialiste de la motivation.

2. M. C'est en effet une de mes spécialités. Que puis-je faire pour vous ?

   C. Nos professionnels boudent les activités que nous avons organisées pour eux en vue de leur permettre de se tenir à jour dans leur domaine. Dans six mois, la réunion annuelle des quelque 50 responsables de l'éducation continue de notre ordre doit se tenir. Nous aimerions que vous donniez une conférence sur la façon de persuader les professionnels de s'inscrire aux activités que nous avons mises sur pied. Nous avons prévu que la conférence durerait une heure.

3. M. Est-ce que vous savez pourquoi les gens ne s'inscrivent pas à vos activités ?

   C. Pas précisément. Je suppose que c'est un cas classique. Vous pourriez nous dire quelles sont les causes et nous proposer des remèdes.

4. M. La première chose que je peux vous dire, c'est que je doute qu'une conférence d'une heure puisse régler le problème.

   C. De combien de temps auriez-vous besoin ?

5. M. Ce n'est pas une simple question de temps. Cela exige une préparation. Il faudrait aller voir sur le terrain ce qui se passe et chercher avec les personnes concernées des façons d'améliorer la situation.

   C. Bon. C'est une question très importante pour nous et, si vous avez autre chose à proposer, cela pourrait nous intéresser.

6. M. Alors, je propose de vous rencontrer afin que nous examinions ensemble la situa-tion. J'étudierai les informations que j'aurai recueillies et vous soumettrai un projet.

   C. Ne pourrais-je pas répondre maintenant à vos questions ?

7. M. Non, pas maintenant. Toutefois, si vous ne pouvez me rencontrer, une conférence téléphonique pourrait convenir. J'aimerais que nous prévoyions un entretien d'en-viron une heure.

   C. Aussi long ? Bon, si vous jugez que c'est nécessaire, je peux vous recevoir la semaine prochaine.

Une rencontre est fixée et Mario réussit à convaincre la responsable que le système-client devrait prendre part à la recherche d'une solution. Mario soumet par la suite une proposition d'intervention qui est acceptée par le client. Pendant les semaines qui ont précédé la réunion annuelle, on a examiné en détail le programme des activités pour lesquelles il y avait peu d'inscriptions ainsi que d'autres programmes ayant eu plus de succès. Finalement, la réunion annuelle a été entièrement consacrée à cette question. S'appuyant sur les données recueillies sur le terrain, les responsables de l'éducation continue, encadrés par une équipe de professionnels, ont mis sur pied un guide pratique pour l'organisation d'activités d'éducation continue dans leur ordre professionnel. Pour arriver à ce résultat, il a fallu que Mario transforme la structure de service initiale en une structure de coopération.

11.1.3 La structure de coopération

Dans certaines professions, on peut aider un client avec une structure de service ou même avec une structure de pression. Avec le présent modèle, il est impossible de trouver une solution satisfaisante si l'on demeure dans une structure de pression ou une structure de service. C'est pourquoi on modifie la relation de façon que le but proposé soit par le consultant, soit par l'interlocuteur devienne un but commun. La structure obtenue est dite « de coopération » : outre que l'on s'assigne un but commun, on s'assure qu'aucun des partenaires ne considère l'autre comme un simple exécutant et, pour cela, on répartit les tâches de façon équilibrée. On suppose que le but ne pourra être atteint que s'il y a mise en commun des ressources du consultant et de l'interlocuteur. Il faut s'attendre que les personnes s'influencent mutuellement à proportion de leurs compétences.

La figure 11.3 illustre les trois éléments de la définition de la coopération. Les flèches qui partent des deux partenaires signifient que le but est défini conjointement ; les flèches en pointillé indiquent que l'un ou l'autre partenaire ne peut atteindre le but initial, qu'il ait été proposé ou non par lui, que s'il est devenu commun. Les flèches en traits continus signifient qu'il faut une action concertée des deux partenaires pour que le but attendu soit rempli. Le chevauchement des figures signifie qu'il y a interdépendance des partenaires, l'influence s'exerçant dans les deux sens : chacun a besoin de l'autre pour déterminer le but commun et pour l'atteindre.

Dans le modèle utilisé ici, on considère que l'efficacité est à son maximum lorsque l'on réussit à entretenir une relation de coopération, laquelle n'est possible que si son interlocuteur est autonome. On s'attend que la dépendance initiale de ce dernier, liée à la structure de service, diminue progressivement et qu'il use de plus en plus de ses propres ressources pour atteindre le but.

FIGURE 11.3

La structure de coopération

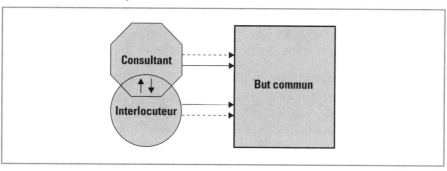

Le cas de Ginette (*suite*)

La première rencontre entre Ginette et M. Lefort a été un échec du point de vue de la coopération. On n'y retrouvait aucun des éléments de la définition donnée plus haut. Le premier obstacle qu'a rencontré Ginette réside d'abord dans le fait que son interlocuteur et elle ne poursuivent pas le même but. M. Lefort désire obtenir un accord concernant l'élaboration d'un questionnaire d'évaluation. Ginette veut évaluer, conjointement avec les formateurs, la productivité du service, ce qui représente un changement de mandat.

Le deuxième élément de la définition est également absent : on ne reconnaît pas à l'autre des compétences complémentaires. Lorsque l'on parle de « personne compétente », on pense spontanément au professionnel que l'on consulte ou à un spécialiste. Le modèle suivi ici présente l'avantage de considérer les deux partenaires comme ayant chacun leur propre champ de compétence. La première question que le consultant doit se poser est la suivante : « Est-ce que j'ai besoin de la compétence de mon interlocuteur pour atteindre le but que je me suis fixé ? » Le terme « compétence » renvoie ici à l'information dont dispose l'interlocuteur, à son autorité, à sa connaissance du milieu et de ses pratiques, et à ses habiletés. Si le consultant répond à la question par la négative, notre modèle ne peut s'appliquer.

Pour établir une relation de coopération, les partenaires doivent se faire confiance. Parfois, le consultant doit faire ses preuves avant d'obtenir la confiance de son interlocuteur. Ginette voudrait bien agir à titre de consultante, mais M. Lefort dès l'abord ne lui reconnaît que la capacité d'élaborer un questionnaire. Quand il lui demande si elle a quelque chose à proposer, il montre que l'opinion qu'elle a compte pour lui. Mais, présomptueusement, Ginette parle de « déterminer un taux de productivité qui serait raisonnable », alors que M. Lefort ne lui a encore reconnu aucune compétence en la matière. M. Lefort se retranche dans le mutisme.

Il arrive aussi que les partenaires refusent d'admettre que leurs champs de compétence se complètent ; les points de vue des deux ne peuvent être conciliés. C'est une des difficultés auxquelles Ginette a fait face dans sa rencontre avec M. Lefort. Celui-ci est convaincu que le taux de productivité du service de formation est insatisfaisant et il n'accepte aucune réplique. Le consultant peut prévenir la difficulté en prenant soin de bien définir son champ de compétence et celui de son client. Par exemple, au lieu d'attendre à la deuxième rencontre, Ginette aurait pu déterminer immédiatement le rôle qu'elle entendait jouer, celui de technicienne ou celui de consultante. Plutôt que d'endosser subrepticement le rôle de consultante, elle aurait pu faire valoir les avantages que M. Lefort aurait à lui confier ce rôle. L'initiative qu'elle prend d'intervenir comme consultante, sans attendre le consentement de M. Lefort, aboutit à la compétition plutôt qu'à la coopération. Tant que M. Lefort n'aura pas besoin de Ginette comme consultante, la coopération sera impossible. Par ailleurs, on constate que, du point de vue de la gestion du processus, Ginette n'a pas commencé par franchir les étapes de l'entrée et de l'entente décrites dans les chapitres 4 et 5 avant de rechercher des solutions.

Enfin, le dernier élément concerne le partage du pouvoir, qui est subordonné à l'opinion que l'on a de la compétence de l'autre. Plus les partenaires se considèrent mutuellement comme compétents, plus ils acceptent d'être influencés par l'autre, puisqu'ils savent qu'ils ont besoin l'un de l'autre. Cet élément est également absent de la première rencontre entre Ginette et son client : ni l'un ni l'autre ne veulent être influencés.

Au début du dialogue entre Ginette et M. Lefort, celui-ci use de son autorité : Ginette est pour lui une personne qui exécute ses décisions. Ginette, de son côté, cherche à prendre de l'autorité sur M. Lefort en tant qu'expert. Elle y parvient presque, puisque M. Lefort, à un moment donné, lui demande si elle a quelque chose à proposer. Mais elle ne saisit pas l'occasion. En laissant entendre que la productivité des formateurs devrait être réévaluée, elle fait ce que l'on appellera plus loin de l'« ingérence ». Elle a peut-être raison de vouloir réévaluer la productivité mais, comme M. Lefort ne lui a pas confié le rôle de consultante, elle ne fait que braquer son client. Celui-ci lui indique alors qu'il veut la confirmer dans un rôle d'exécutante : « Ce que je vous demande est simple, j'ai besoin d'un questionnaire... »

Ayant dressé le bilan de cette première rencontre, Ginette se ressaisit. Le tableau 11.3 résume les propos tenus au cours de la deuxième rencontre avec M. Lefort. La numérotation des éléments du dialogue poursuit celle du tableau 11.1. Cette fois, Ginette devient un agent de coopération en établissant avec M. Lefort des rapports qui satisfont aux trois conditions d'une relation de coopération. Le dialogue qui suit servira à introduire la description qui sera donnée plus loin des facteurs liés à chacun de ces trois éléments.

TABLEAU 11.3
Deuxième rencontre de Ginette avec M. Lefort

10. G. Avec l'aide de mes collègues du bureau, j'ai déterminé deux modes d'action possibles. J'aimerais vous les décrire, puis voir ce que vous en pensez.

    L. Je vous écoute.

11. G. Le premier mode d'action correspond à peu près à la demande que vous avez formulée et qui est basée sur l'évaluation que vous avez faite de la situation. [*Explications.*] J'aimerais vous signaler que mes collègues partagent mes doutes concernant l'utilité du questionnaire. J'ai apporté ici un article qui décrit une situation analogue à la vôtre et où l'utilisation d'un questionnaire d'évaluation a eu pour effet de modifier la nature même des activités de formation, les formateurs sacrifiant la qualité des apprentissages pour obtenir un meilleur feed-back après la fin de l'activité. Ce que nous vous proposons, c'est de retarder l'adoption du questionnaire jusqu'à ce que nous en ayons clairement défini les buts ensemble.

    L. Les buts sont très clairs : je veux que le taux de productivité soit en moyenne de 120 jours de formation par année par formateur.

12. G. Bon, d'accord. Disons que nous visons un objectif de 120 jours de formation. Quel serait le délai pour atteindre ce taux de productivité ?

    L. Il serait d'un an.

13. G. Bien. Un an. Ce que je vous propose, si la démarche vous intéresse, c'est de procéder à une analyse de la situation qui compléterait les données que vous avez déjà. Nous pourrions, par exemple, déterminer tous les facteurs qui ont contribué à la baisse de productivité au cours de l'année dernière, puis énumérer les différents moyens qui permettraient d'augmenter le taux de productivité. Vous choisiriez alors le ou les moyens qui vous semblent les plus appropriés.

    L. Cela me paraît bien compliqué ; il me semble que la formule que j'ai proposée est propre à augmenter la productivité.

14. G. C'est possible, mais c'est un coup de dés. Si vous tenez à cette formule, je peux l'essayer, mais sachez que notre firme n'en garantit pas l'efficacité. Selon nous, il y a très peu de chances qu'un questionnaire d'évaluation accroisse la productivité.

    L. Avec vous, les spécialistes, c'est toujours compliqué.

▼

▼

15. G. Je comprends votre sentiment et je regrette de vous compliquer la vie, mais il nous est impossible de faire fi des connaissances que nous avons. Je ne serais pas honnête avec vous si je vous disais que la situation est simple.

  L. Bon, parlez-moi maintenant de la démarche que vous proposez. Qu'est-ce que cela signifie concrètement?

16. G. [*Explique sommairement la façon de gérer un processus de consultation.*]

  L. Et tout ça, combien cela va-t-il me coûter?

17. G. Avant de vous répondre, j'aurais besoin d'autres données. Je pourrais vous préparer une soumission indiquant de façon précise les coûts et le temps requis. Vous recevriez cette soumission d'ici la fin de la semaine prochaine et vous décideriez alors si vous voulez accomplir ce genre de démarche.

  L. Très bien. Je suis prêt à examiner votre soumission et à considérer une période d'évaluation.

18. G. [*Pose les questions annoncées et note les réponses en vue de la préparation de la soumission.*]

Une des priorités du consultant, à l'étape de l'entrée, est de s'assurer d'un but qui favorise la coopération entre toutes les personnes qui seront mises à contribution dans l'intervention. Mais, pour que cela produise de bons résultats, il faut que l'entrée elle-même se fasse dans un climat de coopération. La difficulté à laquelle Ginette a fait face durant sa première rencontre avec M. Lefort tenait précisément au fait qu'elle voulait être sûre d'avoir un but que les formateurs pourraient entériner, mais qu'elle n'a pas pris soin de solliciter l'accord de son client, lequel a été obtenu à la deuxième rencontre. Il arrive que le but cherché par le client lui-même soit incompatible avec les visées du consultant. Dans tous ces cas, il y a risque de compétition; le consultant peut réduire ce risque au minimum s'il précise constamment sa position à l'égard de telle ou telle question. S'il n'y a aucun but commun, il est évident que le modèle intégré de consultation ne servira à rien.

Alors que, dans la première rencontre, elle poursuivait un but incompatible avec celui de M. Lefort, Ginette prend le temps maintenant de préciser son objectif pour la deuxième rencontre: «Avec mes collègues du bureau, j'ai déterminé deux modes d'action possibles. J'aimerais vous les décrire puis voir ce que vous en pensez.» La réponse de M. Lefort, «Je vous écoute», indique qu'il accepte cette manière de procéder: ils ont donc un but commun.

11.2	**LA POURSUITE D'UN BUT COMMUN**

Le premier élément de la définition de la structure de coopération — le but commun — implique une action déterminée de la part du consultant, car la coopération ne naît jamais spontanément au début d'une interaction. Le but étant ordinairement fixé par celui qui demande la rencontre, on ne peut jamais être assuré que l'autre personne le fera sien. Il appartient au consultant de voir ce qu'il en est. Les activités de l'entrée et de l'entente décrites dans la deuxième partie servent en grande partie à établir le but commun.

Le cas de Gaston donne des indications sur le travail à accomplir pour que l'on passe d'une structure de service à une structure de coopération. Il renseigne sur les choix qui s'offrent au consultant, ainsi que sur la manière dont on peut s'y prendre pour chercher un but commun avec son client.

 Le cas de Gaston

Gaston est un expert en relations de travail. Il a acquis, au cours de sa carrière, une expertise en matière d'organisation de colloques et de réunions de toutes sortes. Il a même publié un guide pratique à l'intention des personnes qui doivent organiser de telles assemblées. Un jour, il reçoit la visite d'un directeur du personnel, M. D. La conversation (résumée dans le tableau 11.4) s'engage aussitôt.

TABLEAU 11.4
Le cas de Gaston

1. G. Bonjour, monsieur, que puis-je faire pour vous ?

   D. Je viens vous voir parce que je suis embêté. Le conseil d'administration de l'entreprise où je travaille vient de me charger d'organiser une rencontre entre les cadres supérieurs de nos cinq succursales du Québec, rencontre qui a pour but d'établir une ligne de conduite commune concernant l'attitude à adopter à l'égard d'une demande d'accréditation syndicale. Le problème est que tout ce qui touche l'accréditation syndicale agace au plus haut point les dirigeants d'une des succursales. Je ne vois pas comment il serait possible d'éviter l'affrontement.

▼

▼

> 2. G. Je comprends un peu votre situation. J'ai déjà assisté à ce type d'affrontement et il ne fait qu'envenimer les choses. Il est important de préparer très soigneusement ce genre de rencontre.
>
>   D. Est-ce que je devrais réunir les dirigeants de cette succursale avant que la rencontre générale ait lieu ?

Avant de donner la suite du dialogue, indiquons les choix qui s'offrent à Gaston à ce moment précis de la conversation s'il veut établir une relation de coopération avec son client. Dès que M. D. a formulé sa demande, Gaston se place dans son champ de compétence en signalant l'importance de bien préparer ce genre de réunion. Le client veut connaître l'avis d'un expert sur une question précise. Deux choix s'offrent alors à Gaston. Il peut entrer dans le vif du sujet et conseiller son client, ce qui maintient la structure de service établie par M. D. Il peut aussi définir avec soin un cadre de travail adapté aux besoins de son client et commencer à élaborer une structure de coopération. C'est cette dernière solution que retient Gaston, comme le montre la suite du dialogue reproduite dans le tableau 11.5.

TABLEAU 11.5
Le cas de Gaston (*suite*)

> 3. G. Avant de répondre à votre question, j'aimerais que vous me disiez un peu ce que vous attendez de moi dans ce dossier, si vous n'y voyez pas d'inconvénients.
>
>   D. Non, je n'en vois aucun. Ce que j'attends de vous, c'est que vous m'aidiez à éviter un affrontement.

« Avant de répondre à votre question » : voilà une formule typique du consultant qui veut transformer une structure de service en une structure de coopération. La réponse à la question dépendra du but que l'on se sera donné. Plusieurs intervenants qui ont eu des difficultés sur le plan des relations interpersonnelles se sont aperçus après coup que leur rencontre avec leur client ne s'était pas établie sur la base d'une coopération. En faisant un bilan, ils ont constaté que les façons de voir la situation, les objectifs fixés pour la rencontre ou les moyens pris pour les atteindre différaient. Le problème vient non pas de ces différences elles-mêmes, mais du fait que l'on ne les reconnaît pas, d'où l'impossibilité de trouver un terrain d'entente qui hâterait l'établissement d'une coopération. Dans ces conditions, il ne faut pas se surprendre si, après s'en être rapporté aux conseils du consultant, le client agit à l'encontre de ces derniers. Certains consultants racontent qu'ils sont sortis très mécontents de leur rencontre avec le client parce que ce dernier repoussait toutes leurs suggestions et qu'il était aussi insatisfait qu'eux-mêmes. Il était persuadé que l'on ne l'avait pas vraiment aidé, et les experts, que l'on ne voulait pas prendre leurs conseils. C'est pour s'épargner de tels désagréments que Gaston prend le temps de chercher un but commun permettant le partage des ressources.

Gaston choisira d'exercer le rôle de conseiller si M. D. veut seulement obtenir des réponses à des questions précises. Pour ce faire, une rencontre devrait suffire. Gaston pourrait se renseigner sur la situation et répondre aux questions de son client. M. D. préciserait qu'il désire avoir l'avis d'un expert. Gaston répondrait alors à ces questions du mieux possible. Il pourrait, pour terminer, remettre à son client une copie du guide qu'il a publié, puis M. D. suivrait les conseils reçus.

Gaston proposera, si M. D. se sent complètement démuni, de prendre en charge la préparation et l'animation de la rencontre. Il assurera le bon déroulement de l'événement. La coopération sera nécessaire au cours de la préparation, mais la définition des champs de compétence différera de celle qui a été faite dans le premier choix : Gaston n'aura plus à partager son expertise avec son client ; dans sa gestion du processus de consultation, il utilisera les ressources de son client pour décrire la situation et donner une base solide à ses propositions.

Enfin, Gaston peut choisir d'agir comme *coach* auprès de son client : M. D. s'occuperait lui-même de l'organisation et de l'animation, et chargerait Gaston de le guider dans l'exécution de ses tâches.

En établissant une structure de coopération, Gaston applique le modèle intégré de consultation. À l'étape de l'entrée, il détermine, comme il se doit, les objectifs, les rôles de chacun et les modalités de l'intervention. Sauf dans le premier choix, qui ne comporte qu'une rencontre, Gaston prendra le temps nécessaire pour franchir avec son client les étapes conduisant à une entente satisfaisante pour les deux partenaires. On pourrait aussi voir s'il serait opportun d'examiner avec le conseil d'administration les raisons qui ont conduit ce dernier à demander à M. D. d'organiser une rencontre avec les cadres supérieurs. Ce n'est qu'au terme de l'étape de l'orientation que l'on jugerait si la réunion projetée constitue un bon moyen de résoudre le problème initial.

Ces différents choix sont tous valables mais, si Gaston veut favoriser la coopération, il a avantage à bien comprendre le sens de la demande que lui adresse M. D. Avant de répondre à des questions précises, il doit donc prier son client de lui dire ce qui est attendu de lui. L'étape de l'entrée est alors amorcée. Parfois, il ne faut que quelques minutes pour la franchir ; d'autres fois, plusieurs rencontres sont nécessaires. Dans le cas de Gaston, la demande de M. D. était assez vague. Mais la question de Gaston l'a obligé à se décider entre l'un ou l'autre des trois choix ;

M. D. a alors assigné à Gaston le rôle de consultant, de sorte que toute la première rencontre a été employée à franchir l'étape de l'entrée.

11.2.1 Les règles de la coopération

Les recherches en relations humaines ont établi qu'une structure de coopération contribue à accroître l'efficacité professionnelle (Argyris et Schön, 1974; Argyris, Putnam et Smith, 1985; St-Arnaud, 1995, 2001a). *L'interaction professionnelle* de St-Arnaud (2003) donne des indications sur la manière d'appliquer le concept et sur l'encadrement du processus de consultation; les cinq règles pratiques qui y sont formulées sont d'une aide précieuse non seulement pour établir une alliance (Bordin, 1979; Wolfe et Goldfried, 1988; Horvath et Greenberg, 1994; Safran et Muran, 1998), mais aussi pour la maintenir ou la renouer en cas de rupture (Safran et Muran, 1996).

Il va de soi que, dans le contexte d'une intervention, la règle n'a pas le même caractère contraignant qu'une règle morale ou une règle de grammaire. Le mot désigne ici une formule permettant de résoudre des problèmes de communication, et il revêt à peu près le même sens que celui qu'il a dans les expressions comme « règle de trois » en mathématique ou « règle de procédure » dans les assemblées délibérantes. Ces règles indiquent la façon de procéder pour établir et maintenir une relation de coopération. Nous les décrivons brièvement en les mettant en relation avec les trois éléments de la coopération. Chaque description est assortie d'une maxime destinée à en faciliter la mémoire. Les deux premières sont surtout relatives à la recherche d'un but commun. Les trois autres seront présentées plus loin dans ce chapitre.

La *règle du partenariat* — il s'agit de déterminer un intérêt commun — permet de s'assurer que la demande initiale peut donner lieu à une intervention réaliste qui mobilisera tous les partenaires. La maxime associée à cette règle peut servir à se rappeler que les résistances rencontrées sont le signal que les partenaires ont besoin d'un rapprochement: « Pourquoi se battre quand on peut être alliés ? » Ginette a eu un différend avec M. Lefort au cours de la première rencontre, mais sa recherche d'une entente a donné de bons résultats par la suite. Le but proposé initialement par le client était incompatible avec un processus de consultation. En demandant à son client de choisir entre le partenariat et la structure de service, Ginette lui a fait comprendre que ces derniers s'excluaient l'un l'autre. M. Lefort aurait pu choisir de s'en tenir à sa demande initiale et, dès lors, on se serait installé dans une structure de service. Il a finalement conclu que le partenariat comportait plus d'avantages. Lorsque l'on explique bien les enjeux d'une intervention, les clients optent très fréquemment pour le partenariat.

La *règle de la concertation* — il s'agit de gérer le processus de communication — contribue également à équilibrer les ressources en présence. Le travail accompli à l'étape de l'entrée concerne principalement l'établissement d'un but commun devant être poursuivi pendant toute l'intervention ; il assure un bon point de départ. La règle de la concertation permet de rester vigilant dans ses relations avec l'interlocuteur. Elle rappelle la nécessité de gérer le processus de communication. De même que toute intervention comporte une étape d'entrée, de même toute rencontre au cours de l'une ou l'autre des étapes de l'intervention doit comprendre, elle aussi, ce que l'on pourrait appeler une entrée en miniature. Comme l'indique bien la maxime associée à cette règle : « Rien ne sert de courir, il faut partir ensemble. » La règle stipule que l'on ne discute sur le fond que si l'on est assuré que son interlocuteur est disposé à entendre ce que l'on a à dire.

Cette règle, comme celle du partenariat, est relative à la recherche d'un but commun, première condition de la coopération. Mais sa portée est plus immédiate : on parle souvent d'une « cible commune » pour désigner l'objet d'une action particulière. Par exemple, pour amorcer l'étape de l'entrée avec M. D., Gaston propose à ce dernier de consacrer du temps à la définition de leur relation : « Avant de répondre à votre question, j'aimerais que vous me disiez un peu ce que vous attendez de moi dans ce dossier, si vous n'y voyez pas d'inconvénients. » Il s'assure que son interlocuteur est d'accord pour viser cette première cible, qui conduira plus tard à l'établissement d'un partenariat. L'animateur d'une réunion agit de même lorsqu'il propose un ordre du jour, qu'il demande qu'on l'accepte ou qu'on le modifie, et qu'il indique le passage d'une cible à une autre : « Sommes-nous prêts à passer au point 2 ? »

Pour se conformer à la règle de la concertation, le consultant indique ses intentions au début de chaque rencontre individuelle. Il invite, par le fait même, son interlocuteur à dire s'il accepte la cible proposée. « J'aimerais que nous déterminions ensemble… Est-ce que cela vous convient ? »

Durant la première rencontre, Ginette contrevient à la règle de la concertation lorsque, sans avoir été invitée à le faire, elle prend position sur le différend qui oppose les formateurs à M. Lefort : « Vous savez, il est bien possible qu'ils aient raison. » Elle aurait respecté la règle de la concertation si elle avait d'abord tâté le terrain, en disant par exemple : « Vous me décrivez l'attitude des formateurs, et une réflexion me vient à l'esprit. Puis-je vous en faire part ? » Il serait évidemment souhaitable que son opinion soit fondée sur des faits. Quoi qu'il en soit, l'interlocuteur qui est d'accord pour se laisser influencer sera plus réceptif. Il ne considérera pas que l'on veut lui inculquer une opinion.

De façon plus globale, cette règle invite l'intervenant à vérifier constamment si son interlocuteur et lui sont sur la même longueur d'onde. Un signe que l'on ne l'est plus est l'escalade. Lorsque l'on oppose sans cesse le même argument à une proposition, il y a lieu de faire le point et de vérifier si le client désire conserver la même cible dans le dialogue en cours. S'il n'est pas prêt à garder la même cible, il vaut mieux en changer que de s'engager dans une voie sans issue.

11.3   La reconnaissance des champs de compétence

Dans un processus d'intervention, chaque partenaire a généralement un champ de compétence qui lui est exclusif. Le champ de compétence exclusif d'un individu est constitué par l'ensemble des sujets sur lesquels celui-ci est le seul à être apte à prendre des décisions. Il y a certains domaines où les deux partenaires sont également compétents. On parle alors d'un champ de compétence partagé.

Les champs de compétence peuvent être considérés soit objectivement, soit subjectivement. Du point de vue objectif, ils sont constitués par les connaissances, les aptitudes et le statut de chaque partenaire. Par ailleurs, le consultant et son interlocuteur apprécient de manière subjective la compétence de leur vis-à-vis. C'est sur ce plan subjectif que porte le deuxième élément de la définition de la coopération. La deuxième cause la plus courante de l'échec du dialogue, déjà mentionnée plus haut, est le fait que le champ de compétence d'un des deux interlocuteurs n'est pas reconnu : on argumente comme si cet interlocuteur n'avait qu'à se rendre aux raisons avancées. Le deuxième élément de la définition de la coopération permet de se prémunir contre cette tendance. Un dialogue fictif servira à illustrer le cas où les interlocuteurs ne s'entendent pas sur la définition et la reconnaissance des champs de compétence. Ensuite, différents moyens propres à favoriser le deuxième élément nécessaire à l'établissement d'une relation de coopération seront proposés.

Le cas de Guillaume

Guillaume, un consultant externe, a été chargé par un centre communautaire d'aider à l'établissement d'un programme de perfectionnement pour les employés. Son client est le directeur général. Ce dernier et Guillaume en sont arrivés à l'étape de l'orientation. On vient de terminer une collecte de données, et Guillaume rencontre son client pour déterminer les priorités d'action. Le tableau 11.6 résume leur dialogue.

TABLEAU 11.6
Le cas de Guillaume

1. G. L'objectif de la rencontre d'aujourd'hui est de déterminer les priorités d'action. Deux priorités se dégagent des résultats de la collecte de données : mettre sur pied un système d'encadrement des employés par les cadres supérieurs et organiser des séances de formation. J'ai déjà une idée de ce qui pourrait nous permettre d'atteindre les résultats que nous visons…

   D.G. [*L'interrompant.*] Oui, j'ai étudié les résultats de la collecte avec mes collègues du bureau de direction et nous avons opté pour la formation.

2. G. Ah oui ? J'allais plutôt proposer un projet d'encadrement. L'analyse des données indique clairement que la plupart des employés sont favorables à ce projet.

   D.G. Oui, je sais. Nous avons aussi analysé attentivement ces données et nous avons quand même préféré le projet de formation.

3. G. Écoutez, je comprends que vous puissiez avoir des raisons de privilégier la formation en vous plaçant au point de vue de la direction mais, pour ce qui est de l'intervention en cours, je considère que, après la collecte de données que nous avons faite, nous risquons de voir les employés cesser de collaborer si nous ne répondons pas à leurs attentes.

   D.G. Il ne faut pas exagérer. Il est évident qu'ils préfèrent l'encadrement, mais des séances de formation pourraient répondre à plusieurs de leurs besoins.

4. G. Théoriquement oui, mais, s'ils considèrent que l'on ne tient pas compte de leurs demandes et qu'on les a consultés pour rien, on peut s'attendre à toutes sortes de résistances.

   D.G. C'est un risque que nous sommes prêts à courir. Je crois que vous trouverez un moyen de les motiver.

5. G. Je ne pense pouvoir « les motiver », comme vous dites, que si je peux leur expliquer pourquoi on ne tient pas compte de leurs suggestions.

   D.G. Je peux les rencontrer et leur expliquer notre décision. Ils seront déçus sans doute, mais je ne crois pas qu'il vont s'opposer au projet de formation.

6. G. Je ne suis pas aussi optimiste que vous…
   (*Le dialogue se poursuit.*)

La première critique que l'on peut formuler concernant le déroulement de cette rencontre est que l'on ne prend pas le temps de déterminer un but commun. Le but premier de Guillaume semble être de faire accepter sa proposition, alors que son client a déjà défini sa priorité d'action et est prêt à passer à l'action.

En ce qui concerne le deuxième élément de la définition, il apparaît que les champs de compétence sont mal définis, et que l'on ne s'entend pas sur les responsabilités des uns et des autres. Ainsi qu'il a été précisé dans les chapitres précédents, une activité liée à l'orientation se formule comme suit : « Susciter le choix des priorités. » Cela signifie que le choix des priorités d'action entre dans le champ de compétence exclusif du client. Dans le dialogue, Guillaume semble considérer que le choix des priorités d'action relève d'un champ de compétence partagé, sinon de son propre champ de compétence. Il récuse l'opinion du client et tente d'imposer la sienne. Le client ne reconnaît pas à Guillaume de compétence en matière de choix des priorités ; le bureau de direction a décidé, et Guillaume n'a qu'à se soumettre.

Le non-respect des champs de compétence provient rarement du désir de s'imposer. Il arrive même souvent que l'on ait pris le temps de déterminer ce qui appartient à chacun. L'écart entre ce que l'on veut et ce que l'on fait résulte le plus souvent de l'empressement à servir le client. On est persuadé d'avoir une bonne idée et on veut la communiquer ; si l'on rencontre une résistance, on est porté à défendre son idée, car on est persuadé que, si on l'explique clairement, le client l'acceptera. S'il veut éviter l'escalade qui résulte de l'acharnement à défendre son idée, le consultant aura intérêt à laisser systématiquement la parole à son interlocuteur après avoir exprimé son opinion sur un sujet. C'est ce que l'on appelle la *règle de l'alternance*. Celle-ci sera décrite plus loin, mais, pour en bien comprendre toute la signification, il est d'abord nécessaire de définir son objet. Cette règle porte sur le passage systématique d'une fonction de suppléance à une fonction d'assistance et vice versa.

11.3.1 Les fonctions de suppléance et d'assistance

Au cours du dialogue, le consultant a toujours le choix entre les deux fonctions de suppléance et d'assistance décrites dans le chapitre 2. La suppléance consiste à introduire dans le dialogue des idées qui peuvent aider l'interlocuteur à mieux comprendre la situation et à résoudre certains problèmes. L'assistance consiste à encourager l'interlocuteur à déployer ses ressources au cours d'une discussion. On invite l'interlocuteur à exprimer son opinion sur ce qui est proposé, au lieu de s'abstenir de s'enquérir de ce qu'il pense. On l'aide à mettre en jeu ses propres capacités, car on considère que sa connaissance du milieu et son expérience lui permettent de donner un avis motivé sur les idées qui sont formulées.

Selon le présent modèle, la suppléance et l'assistance se complètent. Une intervention dans laquelle une suppléance ne s'accompagne pas d'une assistance aboutit dans plusieurs cas à ce que l'on appelle un « rapport tabletté ». Celui-ci contient des recommandations que le système-client accueille parfois avec sympathie, mais qui se révèlent par la suite inapplicables parce que les particularités de la situation n'ont pas été suffisamment étudiées. Inversement, une intervention où la suppléance fait défaut entraîne du laisser-faire ; le système-client tourne en rond et aucun changement ne se produit.

Au cours d'un dialogue, l'alternance entre ces deux fonctions aide à reconnaître et surtout à utiliser concrètement les champs de compétence respectifs des partenaires. Dans le dialogue entre Guillaume et son client cité plus haut, toutes les interventions relèvent de la suppléance. Non seulement le client n'est pas invité à donner son opinion sur les idées émises par Guillaume, mais, lorsqu'il réagit spontanément, Guillaume continue à faire de la suppléance au lieu d'alterner en lui demandant d'expliciter son point de vue. On verra plus loin, dans le même dialogue remanié, comment une alternance entre les deux fonctions peut améliorer la communication.

On peut recourir à différents types de procédés pour faciliter l'alternance entre les fonctions de suppléance et d'assistance. Le passage à la fonction de suppléance se fait par le moyen de procédés d'information sur le contenu ou sur le processus, tandis que le passage à la fonction d'assistance fait intervenir des techniques de réception et de facilitation.

Les procédés d'information sur le contenu

La fonction de suppléance se concrétise dans l'utilisation des procédés d'information que le consultant introduit lui-même dans le système. Deux types d'information peuvent être fournis par le consultant : une information sur le contenu et une information sur le processus.

Lorsque, par exemple, deux personnes tentent de résoudre ensemble un problème, l'information sur le contenu porte sur l'un ou l'autre des aspects suivants : la nature du problème, ses causes ou les solutions envisagées. Le consultant donne de l'information sur le contenu lorsqu'il intervient pour donner son opinion, pour apporter un argument ou réfuter l'argument fourni par l'interlocuteur, pour exposer des faits, pour suggérer des solutions en rapport avec la situation initiale, etc. Ce sont les procédés privilégiés par Guillaume lorsqu'il argumente à propos de sa priorité d'action (tableau 11.6).

Les procédés d'information sur le processus

L'expérience démontre que, lorsque les partenaires s'intéressent seulement au contenu de la situation et qu'ils ne portent aucune attention à leur façon d'agir ou de communiquer, des obstacles ne tardent pas à surgir : la discussion n'avance pas, des heurts se produisent entre les partenaires, ou bien on vise plusieurs cibles en même temps. Si ces obstacles ne sont pas levés, ils risquent de grossir et de paralyser l'action des partenaires.

Le consultant dispose de plusieurs moyens de prévenir ou d'aplanir les obstacles en donnant, selon les besoins, des informations sur le processus. Ces moyens sont relatifs non pas à l'objet de l'interaction, mais au déroulement de l'intervention ou à la relation elle-même. Ils peuvent consister dans une démarche à entreprendre pour résoudre le problème, dans la définition d'une cible, dans des commentaires personnels concernant les comportements, dans une évaluation en commun de la discussion, dans une demande ou une offre de feed-back, etc.

Dans le dialogue avec son client (voir le tableau 11.6), Guillaume donne de l'information sur le processus : « L'objectif de la rencontre d'aujourd'hui est de déterminer les priorités d'action. » Il fournit ensuite de l'information sur le contenu sans jamais alterner avec la fonction d'assistance qu'il pourrait exercer en utilisant des techniques de réception ou de facilitation.

Les techniques de réception

Tous les modèles d'intervention comportent implicitement ou explicitement des procédés d'écoute ou de réception. On les applique naturellement, mais on peut écouter avec plus ou moins d'attention. Le consultant qui désire accroître la coopération peut d'abord évaluer la quantité et la qualité des procédés de réception qu'il utilise. Les analyses de plusieurs dialogues insatisfaisants ont permis de constater que, souvent, le manque d'efficacité d'un dialogue est attribuable soit à l'absence de ces procédés, surtout dans les moments difficiles où ils seraient les plus utiles, soit à une déficience de ce que l'on peut appeler le « décodage empathique ».

Le décodage empathique est une opération de l'esprit qui exige une certaine discipline. On peut le définir comme l'activité qui consiste à reconstituer, à partir du comportement verbal et non verbal de l'interlocuteur, le contenu manifeste et les messages implicites communiqués. Pour procéder au décodage empathique, le consultant doit se concentrer entièrement sur cette opération, sans se laisser distraire par ses propres réactions. Au cours du dialogue, il peut améliorer la qualité de son écoute en se ménageant des pauses « empathiques » : périodiquement, il prend quelques secondes pour faire le point sur l'information dont il dispose. Il répond alors mentalement aux deux questions suivantes : « Quel est l'essentiel de ce que mon interlocuteur a dit jusqu'à présent ? » et « Qu'est-ce que mon interlocuteur pense ou ressent en ce moment ? ».

Selon qu'il est confiant ou méfiant, l'interlocuteur fournit dans le dialogue une information plus ou moins complète et plus ou moins valide. En utilisant des procédés de réception, le consultant contribue à établir un climat de confiance. Il invite facilement son interlocuteur à donner spontanément l'information nécessaire à l'atteinte des cibles visées.

Le consultant qui emploie la méthode de décodage empathique peut améliorer la qualité de son écoute. Cette méthode est le résultat de nombreuses recherches dans le domaine de la psychologie des relations humaines (voir St-Arnaud, 1982, 1983 et 2003). *Grosso modo,* elle consiste à distinguer chez son interlocuteur deux types d'information : ce qu'il dit ouvertement (le contenu manifeste) ; et ce qu'il pense ou ressent pendant le dialogue sans le dire (le message implicite). On peut comparer le décodage empathique à une écoute en stéréophonie. À mesure que le consultant reçoit de l'information, il dirige son attention tantôt sur le contenu manifeste, tantôt sur le message implicite.

Un moyen simple d'assurer une bonne écoute consiste à ménager des pauses pour permettre à son interlocuteur de réagir. Lorsque celui-ci prend la parole, le consultant lui laisse le temps d'exprimer sa pensée. Il peut même indiquer qu'il est attentif par des mots brefs tels que « hum ! hum ! », « O.K. », « oui ». En même temps, il procède au décodage empathique de l'information reçue. Il peut ensuite vérifier s'il a bien compris son interlocuteur ou l'interroger pour connaître le contenu implicite, auquel cas il utilisera des techniques de facilitation.

Les techniques de facilitation

Lorsque le consultant emploie une technique de réception, il est attentif à l'information que l'interlocuteur introduit dans le système interpersonnel, et son écoute se traduit par un comportement non verbal. La seconde technique associée à la fonction d'assistance, la facilitation, fait appel au comportement verbal : le consultant invite par la parole le client à introduire de nouvelles informations dans le système. Ces techniques sont particulièrement utiles dans deux circonstances : lorsque le consultant veut vérifier son décodage empathique et lorsqu'il veut susciter une réaction chez son interlocuteur.

La première application de la technique correspond à ce que l'on appelle l'« écoute active » (Gordon, 1980). Le consultant qui a procédé à un décodage empathique veut s'assurer qu'il a bien saisi la pensée de son interlocuteur. Il dit alors : « J'aimerais vérifier si je saisis bien ce que vous me dites… » ou « Si je comprends bien… ».

Dans la seconde application, le consultant sollicite de nouvelles informations ou demande à son interlocuteur de réagir aux informations qu'il a lui-même introduites dans la conversation : « Que pensez-vous de cette idée ? » ou « Je vous ai dit comment je vois les choses, mais j'aimerais savoir ce que vous pensez de tout cela... ».

Les techniques de facilitation peuvent avoir comme objet le contenu manifeste ou le message implicite. Pour s'assurer qu'il a compris le contenu manifeste, le consultant peut exprimer à nouveau une opinion, résumer les propos de son interlocuteur ou poser à ce dernier des questions pour l'amener à expliciter sa pensée. Pour s'assurer qu'il a saisi le message implicite, il demande à son interlocuteur s'il est satisfait, fait des hypothèses sur ce que celui-ci peut ressentir ou bien vérifie la signification qu'il a donnée au contenu manifeste : « Vous m'apportez plusieurs objections depuis le début de notre conversation. Dois-je en conclure que vous n'êtes pas d'accord avec ma proposition ? »

11.3.2 Règle relative à l'utilisation des champs de compétence

Un groupe de praticiens expérimentés ont défini une règle pratique qui a pour but d'aider à utiliser à bon escient les champs de compétence de chacun. Dans la suppléance, le consultant fait usage de ses capacités professionnelles. Dans l'assistance, il invite son interlocuteur à utiliser ses propres capacités.

La *règle de l'alternance* veut que l'on fasse se succéder régulièrement la fonction de suppléance et la fonction d'assistance. Le consultant alterne des procédés d'information sur le contenu ou sur le processus avec des techniques de réception ou de facilitation. Toutes les expertises faites sur le contenu peuvent être soumises à l'interlocuteur pour qu'il les évalue. Par ailleurs, l'assistance est entrecoupée d'activités de suppléance sur le processus qui servent à accroître son efficacité, surtout lorsque le client a manifestement de la difficulté à utiliser ses capacités. Ainsi, le consultant dira : « Je suis prêt à passer au point suivant », « J'aimerais envisager la chose d'un autre point de vue », « Je sens votre résistance, mais je ne la comprends pas ». Le mouvement de va-et-vient fait circuler l'information et permet l'utilisation optimale des champs de compétence respectifs des deux partenaires. La maxime associée à cette règle est : « Sans feed-back, on rate la cible. »

11.4   LE PARTAGE DU POUVOIR

Ainsi que nous l'avons mentionné plus haut, on commet fréquemment l'erreur de faire bon marché de l'autorité de son interlocuteur. Craignant de le voir refuser ce qu'on lui propose, on essaie de le réduire à une position où il est forcé d'accepter ce qu'on lui demande. Dans une relation de coopération, on procède tout autrement. Loin de faire fi de l'autorité de l'interlocuteur, on prend soin de lui signaler qu'il est libre d'accepter ou de refuser, mais en ayant égard aux champs de compétence mutuellement reconnus. Le partage du pouvoir qu'implique la relation de coopération suppose que l'on évite l'ingérence ou la complicité face à l'ingérence.

Il y a ingérence lorsque l'on attribue gratuitement des pensées ou des sentiments à son partenaire sans vérifier ce qu'il en est auprès de lui, lorsque l'on essaie de lui dicter sa conduite, que l'on fait une affirmation ou que l'on traite d'une question relevant de son champ de compétence exclusif.

Les revers de Ginette durant sa première rencontre avec M. Lefort (voir le tableau 11.1) s'expliquent en partie par le fait que, en cherchant à faire reconnaître son champ de compétence et à obtenir les attributions correspondantes, elle a fait de l'ingérence. Lorsqu'elle prend parti pour les formateurs et qu'elle laisse entendre que l'évaluation que le client a faite de la productivité du secteur pourrait être révisée, elle empiète sur le champ de compétence de M. Lefort. Elle conteste son évaluation, et ce, de façon arbitraire, alors qu'elle ne peut alléguer à ce moment-là aucun fait à l'appui de ses dires. Même s'il s'avère un jour qu'elle a raison, aucune coopération n'est possible tant que M. Lefort ne l'a pas admise en qualité de consultante. Si elle réussit à se faire admettre comme consultante, l'évaluation du taux de productivité relèvera d'un champ de compétence partagé. Elle pourra alors être autorisée à recueillir de nouvelles données et reparler du taux de productivité avec M. Lefort sans que cette fois il y ait ingérence de sa part.

Il ne suffit pas d'éviter soi-même de faire de l'ingérence, il faut également éviter d'être complice d'une ingérence. Est complice d'une ingérence le consultant qui invite son interlocuteur à s'exprimer sur un sujet relevant de sa compétence exclusive. Il peut y avoir complicité si le consultant répond à une remontrance non fondée, s'il sollicite une approbation ou s'il accepte inconsidérablement un conseil sur une question relevant de sa propre compétence.

11.4.1 Règles relatives au partage du pouvoir

Les praticiens qui réussissent à établir et à maintenir une relation de coopération se donnent deux règles pratiques concernant le partage du pouvoir. Celles-ci contribuent à éviter en particulier la tendance irrésistible à occulter le pouvoir de son interlocuteur.

La *règle de la non-ingérence* — reconnaître ses limites et éviter l'ingérence — permet au consultant de distinguer à tout instant ce qui lui appartient et ce qui appartient à son interlocuteur. Une fois les champs de compétence bien définis, l'attitude de l'intervenant sera conforme à la maxime associée à cette règle : « Prendre sa place, toute sa place et rien que sa place. »

La *règle de la responsabilisation* — amener à prendre des choix éclairés — exige du consultant qu'il adopte une attitude de congruence, d'acceptation inconditionnelle et d'empathie (Rogers, 1957). Cette attitude permet d'établir et de maintenir une relation de confiance entre les partenaires. S'appuyant sur le principe que « chacun a le droit d'être ce qu'il est », le consultant reconnaît que son interlocuteur est le seul à pouvoir décider pour ce qui est du ressort de sa compétence. La règle de la non-ingérence veut qu'il s'abstienne de tout acte ou de toute parole qui pourrait empiéter sur la compétence de son interlocuteur. La règle de la responsabilisation a un contenu positif ; elle demande d'être proactif. Le consultant reconnaît le champ de compétence de son interlocuteur et l'invite à faire des choix personnels. Cela implique que le consultant utilise son propre champ de compétence de manière à pouvoir s'assurer que le choix de son interlocuteur s'accorde avec le caractère de sa profession. Le choix éclairé suppose que toute personne qui a une décision à prendre le fait en toute connaissance de cause, en étant consciente des effets qui peuvent en résulter. Le consultant peut, au moment d'une prise de décision, souligner certains effets positifs ou négatifs que le choix que l'on s'apprête à faire pourrait entraîner. La maxime associée à cette règle doit rappeler au consultant l'importance qu'il y a à respecter le choix personnel : « Mieux vaut choisir de ne rien faire que d'agir sans avoir véritablement choisi. »

 ## Le cas de Guillaume (*correction*)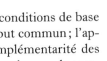

Le cas de Guillaume servira à illustrer une relation où les trois conditions de base de la coopération sont remplies : on prend le temps de fixer un but commun ; l'application de la règle de l'alternance assure le respect et la complémentarité des champs de compétence ; et le partage du pouvoir tient compte des champs de compétence. Le dialogue présenté dans le tableau 11.7 corrige celui qui figure dans le tableau 11.6.

TABLEAU 11.7
Le cas de Guillaume (*correction*)

1. G.	Nous avions fixé comme objectif de la rencontre d'aujourd'hui d'établir les priorités d'action. Est-ce que cela vous convient toujours ?
D.G.	Oui, mais cela devrait se faire assez rapidement, car le bureau de direction a déjà fait son choix. Nous pourrions commencer à planifier la suite.

▼

▼

2. G. Vous avez fait votre choix.... Dans les données qui ont été recueillies, deux priorités sont mentionnées : mettre sur pied un système d'encadrement des employés par les cadres supérieurs et organiser une activité de formation.

   D.G. Oui, j'ai examiné les résultats du sondage avec mes collègues du bureau de direction et nous avons opté pour la formation.

3. G. Ah oui ? Il me semble pourtant que la grande majorité des personnes que nous avons consultées privilégie l'encadrement... Qu'est-ce qui vous a amenés à choisir la formation ?

   D.G. Je sais que la majorité préfère l'encadrement mais, après avoir évalué les conséquences des deux projets, nous avons conclu que la formation répondait davantage aux besoins de notre entreprise.

4. G. Il y a sans doute des éléments qui m'échappent, mais, de toute façon, nous avons déjà établi que la décision concernant les priorités d'action vous appartient. Si vous n'y voyez pas d'inconvénients, j'aimerais quand même vous faire part des difficultés que je prévois si nous réalisons un projet de formation dans le contexte actuel.

   D.G. Allez-y, je vous écoute.

5. G. (*Expose les difficultés anticipées.*)

   D.G. Je comprends vos réticences et c'est un risque que nous acceptons ; par ailleurs, je considère que ce serait une erreur d'appliquer maintenant un programme d'encadrement.

6. G. Puisqu'il en est ainsi, je propose que nous cherchions ensemble les moyens de réduire les risques au minimum. Vous pourriez, par exemple, indiquer aux employés les raisons qui vous ont amenés à faire ce choix. Croyez-vous que cela soit possible sans affecter le caractère confidentiel des délibérations du bureau de direction ?

   D.G. Je ne vois pas de problème. En fait, la vraie raison est que les cadres supérieurs ne se sentent pas prêts à mettre ce programme en application. Ils estiment qu'une activité de formation leur donnerait le temps et l'occasion de se préparer. Je pense que je peux trouver une façon de donner cette information sans que les cadres perdent de leur crédibilité. Je les consulterai et nous trouverons un moyen.

7. G. Bon, dans ce cas nous pouvons commencer à planifier une activité de formation.

Dans les deux dialogues résumés dans les tableaux 11.6 et 11.7, le consultant commence par donner de l'information sur le processus : il rappelle l'objectif. Dans le premier cas, Guillaume fournit ensuite diverses informations sur le contenu ; il tente d'amener son client à modifier son choix de priorité, ce qui conduit à l'escalade. Dans le deuxième dialogue (voir le tableau 11.7), le consultant prend d'abord le temps de s'assurer qu'il y a un but commun. Il rappelle l'objectif prévu et constate que son client veut passer tout de suite à l'étape suivante. Il reformule le point qui fait problème, puis indique à son client les conséquences que son choix pourrait entraîner pour l'intervention en cours. Il se garde d'entrer en contestation avec son client sur le choix des priorités ; il exprime toutefois son inquiétude concernant le choix fait. Il dissipe toute équivoque concernant les champs de compétence : « Nous avons déjà établi que la décision des priorités d'action vous appartient. »

Dans le premier dialogue avec son client (voir le tableau 11.6), Guillaume ne met en œuvre aucune technique de facilitation, alors que, dans le deuxième dialogue, il en utilise plusieurs. Au début du dialogue, il demande au client de lui dire s'il est d'accord sur le but de la rencontre. Il lui demande ensuite ce qui l'a amené à prendre sa décision. Plus loin, il est prêt à faire part à son client de ses objections, mais il s'assure d'abord que ce dernier est disposé à l'entendre : « Si vous n'y voyez pas d'inconvénients… » Enfin, il sollicite encore de l'information : « Croyez-vous que cela soit possible sans affecter le caractère confidentiel des délibérations du bureau de direction ? »

Dans le deuxième dialogue, le partage du pouvoir tient compte des champs de compétence ; Guillaume veut s'assurer qu'il ne commettra aucune ingérence. Après avoir admis que la décision des priorités fait partie du champ de compétence exclusif de son client, il fait part à celui-ci de ses réserves, comme dans le premier dialogue, mais cette fois il cherche à comprendre son point de vue. Ayant exprimé son intérêt pour les raisons qui ont conduit son client à opter pour la formation, il obtient une information importante qu'il peut utiliser pour continuer à gérer l'intervention.

11.5   LE GUIDE DE COOPÉRATION

On est souvent tenté de dire que l'autre « ne veut pas collaborer ». Il est certes plus facile pour les partenaires de coopérer s'ils partagent les mêmes opinions et les mêmes valeurs, et s'ils agissent à peu près de la même manière. Toutefois, le consultant qui, s'appuyant sur le présent modèle, adopte des comportements déterminés et gère convenablement le processus d'interaction a toutes les chances d'établir une bonne coopération, quelles que soient les attitudes ou les valeurs de son interlocuteur. Le guide de coopération présenté ici aidera le consultant à tracer sa ligne de conduite. Il s'articule autour des trois éléments de la définition de la coopération.

11.5.1 Le but commun

1. Lorsque je prépare une rencontre, je prends le temps d'établir un plan de travail qui définit l'objectif à atteindre ainsi que les champs de compétence de chacun.

2. Au début de la rencontre, je définis ou rappelle l'objectif à atteindre. En cas de divergence de vues, je prends le temps de déterminer avec le client un but commun adapté à la situation.

3. Au cours de la discussion, je m'assure chaque fois que j'introduis une nouvelle cible que l'interlocuteur est prêt à me suivre.

11.5.2 Les champs de compétence

4. Au cours de la rencontre, je m'efforce de définir les champs de compétence respectifs et, si besoin est, j'expose à mon interlocuteur mon opinion sur le sujet. Les énoncés à compléter présentés au tableau 11.8 peuvent servir de guide dans cette opération.

TABLEAU 11.8
Définition des champs de compétence

> ■ Je considère que je suis plus compétent que mon interlocuteur pour ce qui concerne... (champ de compétence exclusif du consultant);
>
> ■ Je considère que mon interlocuteur est plus compétent que moi pour ce qui concerne... (champ de compétence exclusif de l'interlocuteur);
>
> ■ Je considère que mon interlocuteur et moi sommes aussi compétents l'un que l'autre pour ce qui concerne... (champ de compétence partagé).

11.5.3 Le partage du pouvoir

5. Pendant la rencontre, je fais continuellement alterner les fonctions de suppléance et d'assistance pour assurer une mise en commun des ressources de chacun.

6. Je fais souvent des pauses empathiques au cours desquelles je m'applique à bien comprendre le point de vue exprimé par mon interlocuteur (contenu

manifeste), et les messages implicites exprimés par son comportement verbal et non verbal.

7. J'ai recours à la facilitation lorsque je veux m'assurer que j'ai bien compris mon interlocuteur et lorsque je veux l'amener à poursuivre les mêmes cibles que moi.

8. Je donne de l'information sur le contenu lorsque la situation l'exige mais, chaque fois, je laisse à mon interlocuteur le temps de réagir et je vérifie constamment s'il m'a bien compris.

9. Je donne souvent de l'information sur le processus en faisant des commentaires sur le déroulement de l'intervention, en indiquant les buts que je poursuis, les attributions que je fais, etc.

10. Quand je discute avec mon interlocuteur, je veille à ce que chacun de nous agisse (prenne des décisions) à l'intérieur de son champ de compétence. Je recherche une entente pour toute question qui relève d'un champ de compétence partagé.

11. J'évite toute ingérence : chaque fois que j'apporte une information, je prends soin d'indiquer à mon interlocuteur qu'il conserve tout son pouvoir de décision et que je veux seulement qu'il fasse un choix éclairé.

12. Si mon client commet une ingérence, je prends garde à ne rien faire qui puisse signifier que je suis prêt à être son complice. Au besoin, j'ai recours à une stratégie d'information sur le processus pour définir comment le pouvoir sera partagé au cours de la rencontre.

13. Je suis toujours en mesure de discerner les choix qui appartiennent à mon interlocuteur ; je l'incite à utiliser au mieux ses capacités et je lui fournis l'information susceptible de l'aider à faire un choix éclairé.

CONCLUSION

Le modèle intégré exige que le consultant et son interlocuteur se concertent en vue de l'atteinte d'un ensemble de cibles qui correspondent aux différentes étapes décrites dans les chapitres précédents. S'il ne réussit pas à établir dès le début et à maintenir tout au long de l'intervention les conditions de base d'une bonne coopération, le consultant ne pourra utiliser le modèle de consultation de façon efficace.

Dans un dialogue, le consultant et son interlocuteur créent des conditions qui favorisent la coopération lorsqu'ils s'entendent sur un but commun, qu'ils définissent clairement leurs champs de compétence et qu'ils partagent le pouvoir en évitant l'ingérence. Le consultant contribue à établir et à maintenir une relation de coopération en mettant en œuvre des techniques de réception, de facilitation, d'information sur le processus et d'information sur le contenu. Il se sert de ces techniques pour appliquer les cinq règles pratiques suivantes : partenariat, concertation, alternance, non-ingérence et responsabilisation.

VÉRIFICATION DES CONNAISSANCES

Le lecteur peut évaluer les connaissances qu'il a acquises au cours du présent chapitre en répondant aux questions suivantes, puis en vérifiant ses réponses à l'aide du corrigé placé à la suite de cet exercice.

Est-il vrai ou faux que les auteurs soutiennent les énoncés suivants ?

	VRAI	FAUX
1. Pour qu'un consultant puisse établir des rapports de coopération, il est essentiel que son interlocuteur adopte des attitudes favorables à une telle approche.	❏	❏
2. La dépendance du client à l'égard du consultant est incompatible avec l'établissement d'une coopération.	❏	❏
3. Pour qu'il y ait équilibre du pouvoir, le consultant doit accepter le fait que « le client a toujours raison ».	❏	❏
4. Pour qu'il y ait coopération, il faut que le consultant renonce à sa façon de voir lorsqu'il y a divergence d'opinions entre son interlocuteur et lui.	❏	❏
5. La coopération n'existe jamais au début d'une relation.	❏	❏
6. On peut dire que le consultant maîtrise bien le décodage empathique lorsque ce qu'il pense des faits et gestes de son interlocuteur lui est confirmé par celui-ci.	❏	❏
7. Les techniques de facilitation portent exclusivement sur l'information que l'interlocuteur a déjà introduite dans le système de communication.	❏	❏
8. Les procédés d'information portent sur le contenu de l'interaction : pour qu'ils soient efficaces, il suffit que le consultant exprime clairement ce qu'il pense.	❏	❏

▼

▼

	VRAI	FAUX
9. Si les deux partenaires dans une intervention n'ont pas besoin l'un de l'autre, il ne peut y avoir de coopération.	❏	❏
10. S'il veut établir des rapports de coopération, le consultant ne doit jamais considérer qu'il est plus compétent que son interlocuteur.	❏	❏

CORRIGÉ

		10. *Faux*	9. *Vrai*
8. *Faux*	7. *Faux*	6. *Vrai*	5. *Vrai*
4. *Faux*	3. *Faux*	2. *Vrai*	1. *Faux*

CHAPITRE 12
Coopération et efficacité

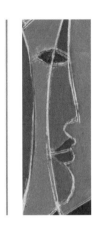

*La compétence n'élimine pas l'erreur ;
elle permet de la corriger.*

U n livre peut contribuer à la formation d'un consultant, mais la compétence ne s'acquiert pas grâce à un livre. Les spécialistes de la pédagogie de la formation professionnelle s'accordent pour dire que les compétences s'acquièrent dans l'action (Argyris, 1993 ; Le Boterf, 1999 ; Schön, 1983, 1987, 1991). Pour faciliter l'apprentissage de la consultation, le présent chapitre propose une méthode d'auto-perfectionnement, une sorte de test personnel d'efficacité, que le consultant pourra utiliser dans son travail pour évaluer sa façon d'appliquer le modèle intégré. Il apprendra comment s'approprier et modifier, s'il y a lieu, les éléments du modèle d'intervention décrit dans les chapitres précédents.

Un modèle est utile à l'apprentissage s'il s'appuie sur l'expérience des auteurs, mais il peut devenir une entrave si on le suit de façon aveugle. Le présent modèle d'intervention peut aider d'autres consultants à éviter certains types d'erreurs que les auteurs de ce livre ont commises dans l'exercice de leur travail et aussi à connaître, comme eux, de beaux succès. Le modèle est essentiel à l'acquisition d'une compétence professionnelle, mais il peut aussi emprisonner celui qui le suit à la lettre. Le présent chapitre met en garde contre ce danger. Il apprend au lecteur à se passer du modèle et à s'occuper lui-même de son apprentissage. Ce chapitre aurait pu s'intituler : « Comment s'affranchir du modèle que l'on a suivi ».

La partie du modèle intégré qui traite des relations fait de l'intervention une école de formation. C'est en travaillant avec les membres des systèmes-clients qui ont recours à ses services que le consultant accroît ses capacités. Le modèle présenté dans les chapitres précédents est un guide précieux pour l'action, mais rien ne peut garantir la réussite d'une consultation. Il est nécessaire d'avoir une grande capacité d'adaptation en raison de la diversité des caractères et des situations que l'on rencontre.

Le guide de réflexion qui est proposé dans ce chapitre est basé sur des recherches dans le domaine de la praxéologie. Celle-ci se définit comme un ensemble ordonné de démarches visant à rendre l'action consciente, autonome et efficace (Lhotellier et St-Arnaud, 1994 ; St-Arnaud 1992, 1995 et 2001b). La méthode décrite plus loin aide le consultant à évaluer de façon rigoureuse l'efficacité de ses rapports avec les autres, à trouver les causes de ses échecs et à concevoir des stratégies adaptées aux besoins. Le consultant est invité à construire progressivement son propre modèle à partir de celui qui lui a été proposé. Le présent chapitre décrit d'abord le mode classique d'évaluation de l'action et en indique les limites ; il propose ensuite un mode plus satisfaisant, celui de la réflexion sur l'action et de la réflexion dans l'action. Ce mode, conçu par Schön (1983), sert à décrire comment un praticien développe ses compétences. Le chapitre se termine par un commentaire sur le passage de la théorie à la compétence.

12.1   LA CRITIQUE OBJECTIVE

Pour savoir s'il a été efficace dans une interaction avec une autre personne ou avec un groupe, le consultant exerce habituellement ce que l'on appelle une « critique objective », basée sur les règles suivantes :

1. Il se rappelle ce qui s'est passé au cours de l'interaction ;

2. Il examine son comportement suivant un modèle qu'il a appris ;

3. S'il découvre des écarts par rapport à son modèle, il prend la résolution de se corriger ;

4. S'il ne trouve aucun écart, il attribue son manque d'efficacité à l'attitude négative de son interlocuteur ou à des facteurs indépendants de sa volonté. Il en conclut qu'il ne peut rien faire.

Lorsque l'on donne du feed-back à une autre personne que l'on a observée ou qui décrit sa conduite dans une situation donnée, on procède de la même façon : on l'aide à déterminer, à partir d'un modèle, ce qu'elle aurait pu faire et ce qu'elle pourrait faire à l'avenir.

12.1.1 Les limites de la critique objective

La critique objective constitue un bon moyen de se perfectionner pour un consultant qui a peu d'expérience. Celui-ci découvre les faiblesses principales de son action et apprend rapidement à faire face à toutes sortes de difficultés. Les critères présentés dans les autres chapitres de ce volume lui permettent, par exemple, d'exercer une critique objective de sa manière de gérer le processus et d'établir des rapports de coopération avec ses interlocuteurs.

La pratique courante ainsi que les études dans le domaine (voir Argyris et Schön, 1974 ; Argyris, 1980 ; Schön, 1991) montrent cependant qu'après un certain temps l'activité du consultant atteint une limite au-delà de laquelle il ne progresse plus. Le consultant continue à prendre des résolutions mais, dans les faits, cela ne change rien. Cette situation est illustrée dans le schéma de la figure 12.1, laquelle présente une échelle indiquant le degré approximatif d'efficacité attribuable à une action déterminée. Si le consultant se situe au bas de cette échelle, la critique objective lui permet de progresser rapidement. Il s'analyse, reçoit peut-être le feedback de son interlocuteur, d'un collègue ou d'un superviseur, prend des résolutions et, la fois suivante, il est plus efficace.

Au-delà de 60 p. 100 environ, la critique objective est sans effet : le consultant continue à prendre des résolutions en se basant sur son modèle, mais il ne les tient pas au moment de l'action. Certains consultants considèrent cette limite comme infranchissable ; ils « se font une raison », comme on dit, ils adoptent une attitude fataliste. Ils attribuent ordinairement leur manque d'efficacité à des facteurs indépendants de leur volonté, par exemple l'attitude négative ou les insuffisances de leur interlocuteur.

D'autres consultants ont de plus hautes aspirations ; ils persistent à vouloir accroître leur compétence dans leurs rapports interpersonnels et l'efficacité de leur action même lorsque les modèles connus se révèlent insuffisants. La méthode proposée ici pour remplacer la critique objective s'adresse à eux ; elle est utilisée pour échapper à ce que l'on peut appeler « la loi d'Argyris et Schön ».

12.1.2 La loi d'Argyris et Schön

Les recherches menées par deux auteurs américains, Chris Argyris et Donald Schön (Argyris, 1983, 1980 et 1993 ; Argyris, 1985 ; Argyris et Schön, 1974 ; Schön, 1983, 1987 et 1991), fournissent une explication du plafond que l'on atteint quand on a recours à la critique objective.

FIGURE 12.1
Échelle d'efficacité

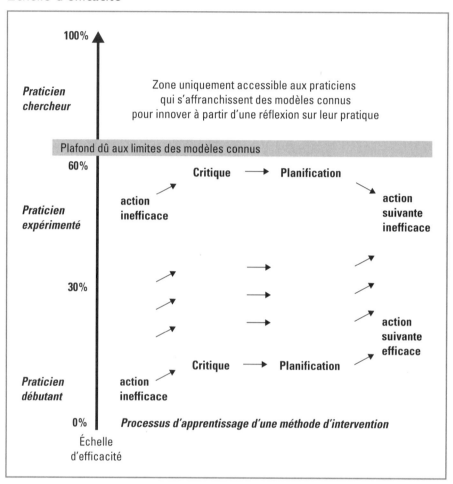

En comparant les observations faites sur des milliers de cas, ces deux auteurs ont été conduits à formuler la loi suivante :

Dans une situation de stress, il y a constamment un écart entre la théorie professée par l'acteur pour rendre compte de son comportement et la théorie employée en réalité, tel qu'on peut l'inférer d'un dialogue réel.

Les résolutions que l'on prend à la suite d'une critique objective procèdent uniquement de la théorie que l'on professe. Comme on ignore le système réel dont dépend notre action, les raisons invoquées pour expliquer son manque d'efficacité sont fausses. En conséquence, les résolutions basées sur la critique objective sont éloignées de la réalité ; elles représentent des décisions qui sont conformes au modèle ou à l'idée préconçue ; mais, dans l'action, c'est une autre théorie qui se trouve être mise en application. Pour découvrir quelle est cette théorie, il est nécessaire d'examiner le contenu de l'action et d'établir comment on analyse la situation.

Partant de leurs observations, Argyris et Schön ont conçu la méthode dite « de la science action », appelée aussi « praxéologie » dans les milieux francophones. Cette méthode a pour but d'aider le consultant à découvrir la théorie qui sous-tend son action. En décrivant avec soin ce qui s'est passé, on devient capable de trouver les causes réelles de l'inefficacité et de préparer une action plus efficace que celle qui procède de la critique objective. Dans la figure 12.1, le dernier échelon définit une zone uniquement accessible aux consultants qui créent leur propre modèle d'intervention et qui deviennent, par le fait même, des praticiens chercheurs.

12.2   LA RÉFLEXION SUR L'ACTION ET LA RÉFLEXION DANS L'ACTION

Dans le domaine des sciences humaines, la formation professionnelle exige l'acquisition d'un savoir et d'un savoir-faire. Les organisations qui offrent une formation professionnelle séparent traditionnellement l'acquisition du savoir, qui est l'objet de cours et de séminaires, et l'acquisition du savoir-faire, qui est l'objet de stages et d'ateliers. Le savoir ne cesse de s'étendre, et la part du programme de formation qui est consacrée à son acquisition est de plus en plus exigeante. Pour ce qui est du savoir-faire, il se développe par le moyen de la critique objective qu'exercent le consultant, ses collègues ou son superviseur. Les qualités du consultant sont considérées dans la mesure où elles favorisent ou non l'assimilation des modèles enseignés. Depuis que la formation professionnelle existe, on se plaît à dire que l'intervention est à la fois une science et un art. *Grosso modo,* l'université développe et diffuse le savoir ainsi que les règles auxquelles le savoir-faire doit se conformer, mais laisse à l'individu le soin de se familiariser avec l'art qui lui permettra de « rendre son savoir utile dans l'action », selon l'expression d'Argyris (1980 et 1993).

Désirant rompre avec cette conception traditionnelle, un certain nombre de chercheurs se sont attachés à traiter scientifiquement ce qui auparavant appartenait au domaine de l'art. Les uns parlent de «science action» (Argyris, 1993 ; Argyris, Putnam et Smith, 1985 ; Argyris et Schön, 1974 ; Schön, 1983, 1987) ; d'autres parlent de «praxéologie» (Lhotellier et St-Arnaud, 1994 ; Quéré, 1991 ; St-Arnaud 1992, 1995). Relevant de cette «science de l'intervention», de nouvelles méthodes pédagogiques visent à faciliter l'acquisition de capacités professionnelles (Le Boterf, 1999), et l'assimilation du savoir et du savoir-faire. Le «test personnel d'efficacité» fait partie de ces méthodes. Inspiré par les travaux d'Argyris et de ses collaborateurs (Argyris, Putnam et Smith, 1985), il guide le praticien dans une réflexion sur l'action. L'emploi constant de l'instrument rend celui qui l'utilise capable de réflexion dans l'action, c'est-à-dire de déceler et de corriger dans le feu de l'action les erreurs qu'il commet.

12.2.1 Le test personnel d'efficacité

Le test personnel d'efficacité est un instrument qui s'adresse aux praticiens qui veulent augmenter leur lucidité, leur autonomie et leur efficacité dans leurs relations professionnelles. Le mot «test» ne désigne pas ici une épreuve psychologique ; il est pris dans son sens courant : «Opération ou fait-témoin permettant de juger, de confronter un fait avec une hypothèse» (*Le Petit Robert*). Il peut aussi se définir comme une activité de l'esprit qui permet, dans le cours de l'action, de régler sa conduite d'après les effets que l'on produit chez son interlocuteur. Cet instrument permet au consultant d'augmenter l'efficacité de ses interventions et de devenir ce que Schön a appelé un *reflective practitioner* (Schön, 1983 et 1987), expression qui a été traduite en français par «praticien chercheur» (St-Arnaud, 2001b).

Lorsque l'on parle d'efficacité, deux types de critères peuvent être utilisés (St-Arnaud, 2003). On parle d'efficacité extrinsèque quand on évalue une intervention à partir de critères scientifiques ou reconnus par une tradition professionnelle au sein d'une discipline ; elle correspond à la critique objective décrite plus haut. On parle d'efficacité intrinsèque lorsqu'un consultant évalue ses propres paroles en fonction de ses propres intentions professionnelles. Le test personnel d'efficacité se rapporte à ce deuxième type de critère. En supposant que les intentions professionnelles du consultant soient reconnues comme légitimes par les gens de la profession, l'efficacité de l'intervention sera fonction de celle des propos tenus au cours des rencontres.

12.2.2 L'intentionnalité de l'action

La notion d'intention est au cœur de la démarche praxéologique ; c'est sur elle que se fonde le test personnel d'efficacité. Une première version de l'instrument a été présentée dans *L'interaction professionnelle, efficacité et coopération* (St-Arnaud, 1995). Après quelques années d'expérimentation dans différents contextes, l'auteur a conçu une deuxième version (St-Arnaud, 1999, 2003). Le principe de base de la « science action », mise au point par Argyris et Schön (1974), est que toute action est intentionnelle. Par ailleurs, on observe que la plupart des acteurs ont beaucoup de difficulté à préciser leurs intentions, surtout lorsqu'ils sont dans une situation difficile. Selon Argyris et Schön, lorsque l'on demande à un praticien d'expliquer son action, on constate un écart fréquent entre la théorie professée (*espoused theory*) et la théorie employée (*theory-in-use*). La théorie employée est inférée de l'analyse de dialogues enregistrés ou transcrits de mémoire par l'acteur lui-même. Par exemple, un consultant interrogé à la suite d'un affrontement avec son client formulait ainsi son intention : « Je voulais que le client fasse un choix éclairé. » C'était sa théorie professée : il était persuadé d'appliquer un modèle favorisant la responsabilisation du client. En écoutant le dialogue enregistré, on constatait cependant que le consultant critiquait spontanément tous les arguments du client qui n'allaient pas dans le sens de ses propres recommandations. Prenant conscience de sa véritable intention (théorie employée), le consultant parvint à décrire celle-ci : « Je voulais que le client décide d'aller dans le sens de mes recommandations. » Les hypothèses ne manquent pas pour expliquer l'écart entre ce que l'on pense faire et ce que l'on fait réellement ; les visées inconscientes ne sont plus à démontrer, et le répertoire des mécanismes qui empêchent la prise de conscience est abondant.

En praxéologie, on s'intéresse moins à l'analyse de ces mécanismes qu'aux moyens de développer chez le consultant la capacité de définir rapidement ses intentions. L'objectif est de rendre l'action plus consciente, plus autonome et plus efficace. Des recherches portant sur des personnes de différentes disciplines ont permis, dans un premier temps, de constater que le processus de l'intention est complexe (St-Arnaud, 2003). L'analyse a montré que le principal indicateur de l'intention est l'effet immédiat que le consultant souhaite produire chez son interlocuteur. On a constaté que, bien que les mécanismes habituels puissent interférer, on a plus facilement accès à la théorie employée lorsque l'on se demande : « Qu'est-ce que mon interlocuteur devrait dire ou cesser de dire, faire ou cesser de faire, pour que je sois satisfait de l'effet produit par chacune de mes réparties au cours du dialogue ? »

Dans un deuxième temps, on a mis en évidence le fait que l'acteur peut avoir une idée précise de son efficacité s'il porte attention au sentiment de plaisir ou de déplaisir que lui cause la réaction de l'interlocuteur. Ainsi, même s'il ne peut définir son intention, le consultant peut conclure qu'il n'a pas obtenu l'effet recherché lorsqu'il n'aime pas la réponse de son interlocuteur : il ne sait peut-être pas ce qu'il voulait (plus ou moins consciemment), mais il sait qu'il n'a pas obtenu ce qu'il voulait. Si, par la suite, il s'efforce de décrire le comportement de l'interlocuteur qui lui « ferait plaisir », il peut découvrir quelle est son intention. S'il est incapable de formuler quoi que ce soit, il peut présumer qu'une intention non consciente guide son action. Dans un contexte de réflexion sur l'action, mieux vaut conclure qu'on ne sait pas quelle est son intention que de se mentir à soi-même en s'en tenant à une intention socialement acceptable.

L'expérience a montré qu'il est plus facile d'être honnête avec soi-même lorsque l'on prend appui sur l'affectif. On a d'ailleurs constaté, dans des ateliers où l'on s'entraîne à utiliser le test personnel d'efficacité, que le non-verbal de l'acteur est souvent révélateur du plaisir qu'il ressent lorsqu'il entend l'interlocuteur donner « la réponse souhaitée ». Un sourire, une détente du visage ou un regard peuvent parfois révéler l'intention. Une fois reconnue l'intentionnalité de l'action, le test personnel peut servir à augmenter l'efficacité de cette dernière.

12.2.3 L'autorégulation dans l'action

Dans la version originale du test personnel d'efficacité, l'acteur concentre son attention sur l'effet immédiat de chacune de ses réparties sur son interlocuteur et tente d'en évaluer l'efficacité. Lorsque la réaction est insatisfaisante, on propose à l'acteur deux façons de s'autoréguler dans l'action, deux « boucles d'autorégulation ». Il peut d'abord attribuer son manque d'efficacité au moyen utilisé (son comportement) pour produire l'effet visé, c'est-à-dire une erreur technique ou une erreur de stratégie. Les deux constituent la première boucle d'autorégulation. L'erreur dite « technique » désigne une intervention particulière, un procédé que l'on vient d'utiliser ; l'erreur dite de « stratégie » désigne un ensemble de procédés utilisés pendant une séquence plus longue.

Le cas échéant, l'acteur peut augmenter son efficacité en modifiant son comportement. On parle d'une boucle d'autorégulation de niveau I pour décrire cet ajustement du dialogue au plan du moyen utilisé. Par exemple, si, à la question qu'on lui pose, l'interlocuteur répond qu'il ne comprend pas ce qu'on lui demande, on peut reformuler la question pour la rendre plus claire. L'effet visé est le même.

Si ce premier type de régulation ne conduit pas à l'efficacité, l'acteur peut aussi conclure que son intention, définie par l'effet qu'il veut produire, est irréaliste, et employer une boucle d'autorégulation de niveau II pour la modifier. Par exemple, si, après avoir posé plusieurs questions en vue d'amener l'interlocuteur à prendre position sur un sujet, on n'obtient pas l'effet visé, on peut conclure que cette visée est irréaliste ; ou si, après avoir en vain tenté de répondre aux objections d'un interlocuteur, on s'aperçoit que son attitude se durcit davantage, on peut conclure qu'il est impossible d'obtenir son accord à ce moment précis du dialogue. On attribue alors l'inefficacité à une « erreur d'intention ». Cette dernière expression signifie qu'il faut se questionner sur l'intention prise dans sa globalité et non seulement sur les procédés utilisés pour produire l'effet visé. Dans l'exemple de l'interlocuteur qui se renfrogne, on peut conclure que mieux vaut mettre tout de suite fin à l'affrontement, obtenir au moins qu'il accepte de réfléchir à la question et reprendre la discussion plus tard. On redevient efficace par rapport à cette nouvelle intention si l'interlocuteur nous donne son accord.

Les expériences qui ont suivi l'apparition de cette première version du test personnel d'efficacité ont montré que l'expression « erreur d'intention » est ambiguë, car le moyen utilisé pour produire l'effet visé fait aussi partie de l'intention. On le constate lorsque, interrogé sur son intention, l'acteur répond qu'il veut « écouter », « confronter », « soutenir », « corriger une fausse perception », etc. Ce sont là des moyens qu'il choisit intentionnellement, mais cela ne renseigne pas sur l'effet qu'il veut produire par ces moyens. Il est préférable d'employer l'expression « erreur de visée » pour désigner ce qui est corrigé dans la deuxième boucle d'auto-régulation ; la visée est toujours définie à partir de l'effet observable que l'on veut produire chez l'interlocuteur. L'erreur consiste à garder une visée qui s'est révélée irréaliste.

Une analyse plus poussée du processus d'autorégulation a aussi conduit à la formulation d'une troisième cause d'inefficacité lorsque l'action naît d'un besoin qu'il est impossible de satisfaire. La motivation de l'acteur, formulée à partir d'une typologie des besoins de la personne (St-Arnaud, 1995), avait déjà été reconnue comme une autre composante de l'intention, mais elle n'était pas prise en considération dans l'utilisation du test personnel d'efficacité. La nécessité d'en tenir compte est devenue manifeste lorsque l'on a voulu comprendre pourquoi certains acteurs n'arrivaient pas à s'apercevoir que leur visée était irréaliste alors que tout indiquait qu'il y avait une erreur de visée. On a noté que le consultant qui éprouve un besoin intense (par exemple, le besoin de résoudre un problème, le besoin d'être apprécié, le besoin de corriger une faute attribuée au client, etc.) éprouve souvent des difficultés à conclure que sa visée est irréaliste. Le fait de devoir admettre que l'on ne peut produire l'effet visé chez l'interlocuteur peut facilement, par exemple, entraîner un sentiment d'échec ou blesser l'amour-propre. Il a donc paru nécessaire d'ajouter une troisième boucle d'autorégulation pour corriger des erreurs attribuables au fait que l'acteur s'entête à vouloir satisfaire un besoin. Cette cause de l'inefficacité constitue un troisième type d'erreur : l'erreur dite « d'aspiration ». Pour faciliter la troisième boucle d'autorégulation, le consultant peut s'attacher à déterminer les besoins auxquels il tente de répondre dans le dialogue avec son interlocuteur.

On peut conclure ce qui suit de l'analyse des intentions :

1. Toute communication avec un interlocuteur suppose une visée (cherche à produire un effet déterminé sur celui-ci) ;

2. Toute action est stratégique et peut être considérée comme un moyen de produire l'effet visé ;

3. Toute visée et tout comportement qui en procède servent à satisfaire un ou plusieurs besoins.

L'expérimentation de la nouvelle version du test personnel a conduit à employer un vocabulaire plus rigoureux que celui qui était utilisé dans la première version. On distingue d'abord deux séries de facteurs pour expliquer l'inefficacité d'une interaction. Les premiers sont les facteurs qui, chez l'interlocuteur, échappent au contrôle du consultant. Par exemple, si l'on attribue à un besoin excessif de pouvoir le refus d'un gestionnaire de déléguer une responsabilité, il serait irréaliste de penser qu'un dialogue de quelques minutes peut changer la conduite de cet interlocuteur ; il appartient au consultant de s'adapter à cette situation et de trouver une façon d'être efficace avec une personne qui a un tel besoin de pouvoir.

Les seconds facteurs qui expliquent l'inefficacité sont tous considérés comme des éléments de ce qu'on appelle globalement une « erreur d'intention ». Le test personnel d'efficacité porte uniquement sur ces facteurs qui dépendent de la volonté du consultant. Ils sont décrits dans le tableau 12.1, à la suite d'une définition qui montre que le test personnel porte uniquement sur l'inefficacité intrinsèque. Les trois boucles d'autorégulation permettent de déterminer les éléments de l'intention qui sont en cause. Lorsque le moyen ou l'ensemble des moyens (stratégie) utilisés pour produire l'effet visé est inapproprié, la boucle de niveau I permet de corriger les erreurs dites « techniques » ou « de stratégie ». Lorsqu'une visée se révèle irréaliste, on utilise la boucle d'autorégulation de niveau II pour corriger les erreurs dites « de visée ». Enfin, si on constate que l'on s'obstine malgré tout à vouloir satisfaire un besoin, on utilise la boucle d'autorégulation de niveau III pour corriger les erreurs dites « d'aspiration ».

Dans le domaine des aspirations, le mot « erreur » peut paraître excessif, car la plupart des besoins du consultant au cours d'une intervention sont naturels et légitimes : besoin d'être respecté, de trouver une solution à un problème, de comprendre la situation qu'on lui présente, etc. De plus, ces besoins sont tellement naturels qu'il est difficile de s'empêcher de les satisfaire, même dans les circonstances les plus difficiles. Le mot « erreur » a pourtant son utilité, car il évoque les capacités personnelles que l'on peut accroître pour satisfaire ses propres aspirations. L'erreur réside non pas dans le besoin lui-même, mais dans le refus de renoncer à le satisfaire alors que les évidences sont contraires. Par exemple, le besoin de se sentir utile est légitime, et le consultant a le droit de vouloir qu'un client cesse de discuter ses recommandations. Si ce dernier s'obstine à lui mettre des bâtons dans les roues, le consultant expérimenté peut renoncer temporairement à faire valoir ses droits et consacrer tous ses efforts à la gestion du processus, cherchant une confirmation de son utilité ailleurs que dans le feed-back de son interlocuteur.

TABLEAU 12.1
Définitions de l'inefficacité et des erreurs

Inefficacité (intrinsèque)	Écart entre l'effet immédiat observé chez l'interlocuteur au cours d'un dialogue et l'effet visé par le consultant.
Erreur technique (corrigée par une autorégulation de niveau I)	Inefficacité attribuable au moyen (parole ou geste) utilisé par le consultant pour produire un effet immédiat (question ambiguë, argument faux, langage inapproprié, etc.).
Erreur de stratégie (corrigée par une autorégulation de niveau I)	Inefficacité attribuable à un ensemble de moyens utilisés par le consultant au cours d'un dialogue pour produire un effet immédiat (argumentation, confrontation, questions de facilitation trop nombreuses, etc.).
Erreur de visée (corrigée par une autorégulation de niveau II)	Inefficacité attribuable au caractère irréaliste de la visée du consultant lorsque l'écart entre l'effet produit et l'effet visé se maintient malgré une variation dans les moyens utilisés pour produire un effet immédiat.
Erreur d'aspiration (corrigée par une autorégulation de niveau III)	Inefficacité attribuable au fait que le consultant veut à tout prix, pour répondre à un besoin personnel, produire un effet immédiat par le moyen de paroles ou de comportements relevant d'une visée qui s'est révélée irréaliste.

Il n'est pas toujours possible de se commander de la sorte ; souvent, le consultant doit reconnaître qu'il ne peut renoncer à satisfaire un besoin naturel et légitime. Même alors, on doit considérer qu'il s'agit d'une erreur d'aspiration. On invite ainsi le consultant à assumer sa responsabilité par rapport à la satisfaction de ses besoins, car celle-ci l'empêche d'être efficace. L'erreur d'aspiration procède souvent de la difficulté à renoncer à l'idéal et à se contenter d'un succès relatif. En s'inspirant d'un proverbe bien connu, on pourrait dire : « Le mieux est parfois l'ennemi du bien. » Même dans le cas où le consultant est incapable de corriger une erreur d'aspiration, cette perspective peut le détourner de l'idée de rejeter la responsabilité de son échec sur son client.

Dans le contexte de la réflexion sur l'action, le mot « erreur » est utilisé uniquement dans un but de description ; il sert à nommer l'élément qui est la cause de l'écart entre la visée du consultant et l'effet produit chez l'interlocuteur ; il signifie que le moyen adopté, la visée elle-même ou le besoin sous-jacent est inapproprié pour produire l'effet visé. Aucun jugement négatif ni aucun blâme n'est attaché ici à la notion d'erreur. On constate même que les personnes les plus compétentes sur le plan des relations ne sont pas celles qui commettent le moins d'erreurs, mais celles qui les décèlent et les corrigent rapidement dans l'action. Le consultant ne peut savoir, avant de l'avoir vérifié avec chaque interlocuteur, si son intention peut aboutir à ce que son action soit efficace. La méthode classique d'intervention insistait sur le caractère primordial de la démarche par tâtonnement dans les rapports entre le praticien et son interlocuteur. La réflexion dans l'action reconnaît également l'importance de ce type de démarche. Schön affirme que «le praticien fait un travail d'artiste» et qu'il s'engage dans «une conversation où il s'agit de réfléchir sur un cas particulier et imprécis» (1983, p. 130; traduction libre). Selon lui (1983, p. 128, traduction libre), dans une interaction,

> le praticien aborde le problème de la pratique comme s'il était unique en son genre. Non pas qu'il doive agir comme s'il n'avait aucune expérience, loin de là. Mais il s'attache à reconnaître les particularités de la situation […]. Il s'efforce de cerner le problème pour mettre ensuite au point une intervention.

Dans ce genre de démarche, l'erreur signifie seulement qu'une action n'a pas donné le résultat escompté. Il serait insensé de croire que l'on puisse arriver un jour à ce que les procédés et les visées produisent dans tous les cas et automatiquement l'effet recherché chez son interlocuteur. La capacité de déceler et de corriger une erreur fait partie de la compétence professionnelle.

12.2.4 L'utilisation du test personnel d'efficacité

Dans les recherches qui ont mené à la construction du test personnel d'efficacité, l'intention est définie comme une détermination à agir qui comporte toujours trois éléments : un besoin, une visée et un moyen. On présume que, dans toute action, le consultant cherche à produire un effet immédiat sur son interlocuteur ; il s'agit de sa visée. Tout comportement verbal ou non verbal du consultant est alors considéré comme un moyen pris pour produire cet effet. Enfin, chaque action est liée à un besoin personnel du consultant. Le schéma de la figure 12.2 met en relation l'intention du consultant et l'effet immédiat réel sur l'interlocuteur après chaque élément d'un dialogue. Dans le schéma, l'obtention de l'effet immédiat est un pas vers le résultat à atteindre au cours de l'intervention ; ce résultat est désigné comme «l'effet à venir».

Dans le test personnel d'efficacité, le consultant s'efforce d'abord de définir ce qu'il ressent face à chaque réaction (verbale et non verbale) de son interlocuteur au cours du dialogue. Selon le degré de satisfaction ou d'insatisfaction éprouvée, il assigne un code au comportement verbal ou non verbal de l'interlocuteur. Le code

FIGURE 12.2

Test personnel d'efficacité

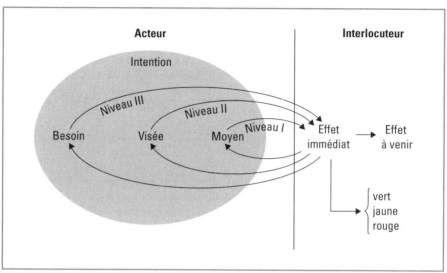

Source : St-Arnaud (1999, p. 89).

est celui des feux de circulation ; à chaque réaction est attribué un code (vert, jaune ou rouge). Le vert indique un sentiment agréable témoignant que l'effet immédiat sur l'interlocuteur est observable ; la voie qui conduit à l'atteinte de l'objectif de la rencontre est libre.

Le jaune indique un sentiment mêlé : l'effet immédiatement visé ne s'est pas produit, mais on sent qu'il est possible d'atteindre l'effet escompté si l'on maintient ou si l'on modifie sa stratégie en gardant la même visée.

Le rouge indique un sentiment désagréable provenant du fait que l'interlocuteur ne réagit pas du tout dans le sens de l'effet visé ; parfois même il réagit à l'opposé. L'interlocuteur apparaît au consultant comme un « sujet récalcitrant », pour le dire avec humour. Il ne dit pas ou ne fait pas ce qu'il « devrait » dire ou faire pour que l'acteur soit satisfait ; il résiste à l'influence que l'on tente d'exercer sur lui. La voie étant bloquée, il faut prendre un détour pour aller vers l'objectif de la rencontre.

Lorsqu'on utilise le test personnel d'efficacité, c'est un peu comme si on mettait l'ensemble de son propre organisme à contribution. La réaction subjective, l'affect, est plus rapide que toute analyse rationnelle : on aime ou on n'aime pas ce qu'on entend ou ce qu'on voit. On peut donc se référer à l'affect pour savoir de façon rapide si l'on est efficace ou non et corriger son intention quand l'effet visé ne se produit pas.

Si le consultant a attribué à la réaction de l'interlocuteur un code jaune ou rouge, il peut augmenter son efficacité en modifiant soit son comportement, c'est-à-dire le moyen pris pour produire l'effet visé (autorégulation de niveau I), soit sa visée si celle-ci se révèle irréaliste (autorégulation de niveau II), soit son aspiration si un besoin est impossible à satisfaire (autorégulation de niveau III). Lorsque c'est le moyen qui rend l'action inefficace, on se reprend le plus tôt possible et on trouve par tâtonnement comment produire l'effet visé. Souvent, dans les cas difficiles, le consultant ne peut être efficace que s'il modifie sa visée ou renonce à la satisfaction d'un besoin.

La notion d'escalade est utilisée pour déterminer à quel moment il est indiqué de passer à la deuxième ou à la troisième boucle d'autorégulation en modifiant sa visée ou en renonçant à satisfaire son besoin. L'escalade est définie comme une succession de plus de trois comportements qui sont apparus inefficaces (comportements suivis de réactions auxquelles le consultant attribue un code rouge). Dans un dialogue, si l'on observe quatre codes rouges d'affilée ou plus, on conclut que l'on est en pleine escalade. Pour y mettre fin, on répond aux trois questions clés qui résument la façon concrète d'utiliser le test personnel d'efficacité. Ces questions figurent dans le tableau 12.2.

Chaque boucle d'autorégulation comprend deux temps : la constatation de l'erreur et la correction de cette erreur. Dans le premier temps, on examine son erreur lorsque l'effet visé n'est pas produit (code rouge ou jaune).

L'échec de la communication tient souvent au fait que le consultant ne réfléchit pas, au cours de l'action, aux effets qu'il veut produire. Plus il prend le temps de

TABLEAU 12.2
Trois questions clés

Si j'observe chez mon interlocuteur une réaction qui me déplaît, je peux devenir efficace en cherchant les réponses aux questions suivantes :

1. Qu'est-ce que je pourrais faire d'autre (moyen) pour produire l'effet visé ?

2. Est-il possible d'avoir une visée (réaction attendue de l'interlocuteur) plus réaliste ?

3. Puis-je accepter de ne pas satisfaire immédiatement mon besoin et le remplacer par un autre qui soit plus réaliste ?

préciser ce qu'il souhaite obtenir de ses interlocuteurs (le code vert attendu), plus il devient capable de s'autoréguler. Si l'effet ne se produit pas, il peut découvrir rapidement soit que le moyen utilisé ne convient pas, soit que la visée est irréaliste, soit que son besoin ne peut être satisfait.

Cette meilleure compréhension de la situation permet au consultant, dans un second temps, de modifier son intention et de corriger ses erreurs. Comme on ne peut savoir d'avance lequel de ces éléments est en cause, il paraît indiqué d'utiliser les trois boucles dans l'ordre. Le niveau I est le plus facile, car le consultant qui ne produit pas l'effet visé, pour trouver un autre moyen, puise automatiquement dans le répertoire de procédés qu'il a établi au fil des ans. Cette première boucle se fait quasi automatiquement ; elle n'apporte rien de nouveau par rapport à ce que l'on fait spontanément. Le test personnel ne devient vraiment utile que lorsque le consultant se demande si sa visée est réaliste. S'il arrive à prendre conscience qu'il se fait des illusions, il peut attribuer les comportements à code rouge qu'il observe à une erreur de visée et changer celle-ci. Si, après quelques essais, il est toujours dans le rouge (en escalade), le consultant a avantage à se demander s'il a véritablement besoin de produire cet effet. Parfois, il devra conclure qu'il est incapable de renoncer à satisfaire son besoin malgré les signes évidents d'inefficacité. Il devra dès lors se résoudre à un échec. Parfois, s'il est devenu suffisamment maître de lui-même, il peut envisager de renoncer à la satisfaction du besoin et accepter la frustration passagère, ce qui favorisera l'apparition d'un autre besoin lui permettant de devenir efficace. Pour une discussion des problèmes auxquels donne lieu la troisième boucle d'autorégulation, on se reportera à « De chien à martien », de St-Arnaud (2002b).

12.2.5 Illustration

Deux exemples illustreront la façon d'utiliser le test personnel d'efficacité. Le premier est une réflexion dans l'action. Elle a permis à un animateur de groupe de s'autoréguler en se basant sur les réactions des participants. Le deuxième exemple proposera une réflexion sur l'action dans une interaction inefficace avec une seule personne.

L'autorégulation de Pascal

Pascal est consultant en relations humaines dans un établissement de soins de longue durée. On lui a demandé d'aider une famille à prendre une décision au sujet du père qui est dans le coma depuis plusieurs mois à la suite d'un accident de voiture et qui est maintenu artificiellement en vie. Une décision doit être prise concernant le maintien du système. Le groupe est composé de la femme du patient,

Martine, et de ses deux filles, Carole et Dominique, âgées respectivement de 27 et 32 ans. Carole ne veut pas que son père soit maintenu en vie de façon artificielle ; elle veut que la famille demande au médecin de débrancher les appareils. Dominique s'y oppose. Martine est indécise, mais elle voudrait arriver à un consensus.

Le tableau 12.3 reconstitue, dans la colonne de gauche, la réflexion dans l'action qui a permis à Pascal d'obtenir un accord du groupe sur l'objectif de la rencontre.

TABLEAU 12.3
Réflexion dans l'action de Pascal

Après avoir décrit comment il voit la situation, Pascal propose une façon de travailler. La colonne de gauche présente ses réflexions pendant le dialogue, alors que la colonne de droite reproduit ses paroles ainsi que les réactions des membres du groupe. Les chiffres indiquent les réparties de Pascal, l'animateur ; les lettres désignent les membres de la famille : M (Martine), C (Carole) et D (Dominique). La lettre G désigne le groupe.

Réflexion dans l'action		Discussion
Je veux obtenir leur accord sur l'objectif.	1.	Ce que je vous propose comme but, c'est que vous arriviez à vous mettre d'accord sur une décision concernant le débranchement ou non du système qui maintient en vie votre conjoint, Martine, et votre père, Carole et Dominique.
Rouge. Elle se récuse.	C.	Ce ne sera pas possible. Nous en parlons depuis deux semaines et nous n'arrivons pas à nous décider. C'est le médecin qui doit décider.
Rouge. La bataille commence.	D.	Il n'est pas question de le débrancher. Mon père vit encore et je veux continuer à lui rendre visite.
J'essaie encore.	2.	Avant de commencer la discussion, Dominique, j'aimerais que vous vous prononciez toutes sur la proposition que je vous ai faite. Je comprends, Carole, que vous ne croyiez pas à la possibilité d'un consensus entre vous. Martine, qu'est-ce que vous en pensez ?
Rouge. Elle se récuse aussi.	M.	Je ne sais pas... Je pense que Carole a raison ; elles n'arrivent pas à s'entendre, Dominique et elle.

▼

▼

Et elle ? Peut-être qu'elle acceptera de prendre position et de contribuer au consensus.	3.	Je vois que vous avez des positions opposées, Carole et Dominique. Mais, Martine, si je vous aide à peser le pour et le contre, vous pourriez arriver à prendre position vous-même, et ensemble vous pourriez prendre la décision qui vous paraît la moins douloureuse à vous trois.
Rouge.		M. Je ne sais pas ce qui est mieux ; je suis toute confuse et, maintenant que mon mari n'est plus là, je ne veux surtout pas que la famille s'effrite davantage parce que mes filles se chicanent.
Ma visée n'est peut-être pas réaliste. Je m'avance au risque de créer une escalade. Dernière tentative. Peut-être qu'un peu d'information est nécessaire.	4.	Je voudrais répondre à Carole. Vous dites que c'est le médecin qui doit décider. Ce que les médecins me disent, c'est qu'on ne peut débrancher les appareils si la famille ne le demande pas.
Rouge. C'est l'escalade. Je crois que ma visée n'est pas réaliste.		C. Je ne suis pas d'accord. Ce sont eux qui nous disent qu'il n'y a presque plus aucun espoir que mon père puisse se rétablir. Qu'ils prennent la décision.
Je veux qu'elles admettent leurs responsabilités.	5.	C'est un point qu'on pourrait débattre, Carole, mais je suis persuadé que rien de ce que nous pourrions dire au cours de la présente réunion ne changera la position des médecins ; ils ne font qu'appliquer leur code de déontologie. Je comprends par ailleurs que vous doutiez d'arriver à un consensus aujourd'hui. J'ai autre chose à vous proposer, mais je veux d'abord m'assurer que vous êtes d'accord avec moi sur le fait que les médecins ne prendront pas la décision pour vous.
Jaune. Si elle proteste, c'est qu'elle a compris.		C. Je ne trouve pas ça correct ; ils se lavent les mains, mais c'est eux qui…
Vert. Merci, Martine.		M. (*Lui coupant la parole.*) Carole, ça ne sert à rien de se battre là-dessus ; Monsieur vient de nous le dire : on ne peut rien changer.
Vert. Ça va de mieux en mieux.		D. Je pense que les médecins ont raison. C'est nous qui sommes les plus concernées.
Rouge. Oups ! Faut arrêter ça.		C. On sait bien. Tout ce que tu veux, toi, c'est qu'on fasse de papa un zombie.

▼

▼

Je maintiens ma visée : il faut qu'elles reconnaissent leurs responsabilités.	6.	S'il vous plaît, Carole. Avant de reprendre la discussion, je veux m'assurer que nous nous entendons sur ce qu'il nous est possible de faire aujourd'hui. Voici comment je vois la situation. À l'heure actuelle, votre père, Carole et Dominique, et votre mari, Martine, restera branché tant que vous ne demanderez pas aux médecins de le débrancher. Du point de vue légal, c'est à vous, Martine, que la décision incombe. Dans les faits, Dominique, par choix, et Martine, par abstention, vous êtes en majorité favorables au *statu quo*. Ce que je propose donc, c'est que vous acceptiez d'entendre les raisons de Carole, qui aimerait vous faire changer d'idée. Vous pourrez aussi lui répondre, et ce sera à vous, Martine, de dire au terme de la réunion si vous désirez maintenir le *statu quo* ou si vous demandez à Dominique d'accepter une autre solution.
Jaune : le message passe.		G. [*Silence. Le non-verbal indique un malaise chez tous les membres du groupe.*]
Jaune : le message passe.		C. Je n'aime pas ça. C'est moi qui passe pour la grosse méchante.
Jaune : le message passe.		G. [*Silence. Martine regarde Carole, et Dominique regarde Martine.*]
Il me faut leur accord.	7.	Je suis désolé de vous mettre dans l'embarras, mais je ne vois rien d'autre qui pourrait vous aider à vous tirer d'embarras aujourd'hui. Si vous avez des suggestions sur ce que nous pourrions faire pour résoudre le débat, je suis prêt à les entendre. Sinon, j'aimerais que vous me disiez si vous acceptez ce que je vous propose.
Vert. Merci, Dominique.		D. Je suis d'accord pour écouter Carole. [*Se tournant vers elle.*] Je ne crois pas, Carole, que tu sois la grosse méchante. Je sais que tu aimes papa autant que moi, mais je ne suis pas prête à le laisser partir.
Vert. C'est bien parti.		M. Je trouve ça difficile, mais je vois que nous n'avons pas le choix.
Jaune. Je crois que ça va pour elle aussi.		C. [*Silence.*]

▼

▼

La discussion s'engage sur cette base et, au terme de la réunion, toutes acceptent d'assumer leurs responsabilités. On a progressé dans la discussion et on se dirige vers un consensus pour débrancher le patient. À la demande de Dominique, on a décidé de réfléchir à la question pendant quelques jours encore et, ensuite, Martine pourra communiquer sa décision finale au médecin. L'animateur est prêt à prendre part à une autre réunion. Cinq jours plus tard, sans que l'on ait eu besoin de recourir à ses services, Martine demande au médecin de débrancher les appareils.

L'autorégulation de Ginette

L'exemple de la firme Robec a servi, dans le chapitre précédent, à expliquer les structures de la relation. Dans le premier dialogue, Ginette, qui rencontrait M. Lefort pour la première fois, n'est pas parvenue à obtenir un mandat de consultante : elle est passée d'une structure de service à une structure de pression, mais elle n'a pu établir une relation de coopération. Au cours du second dialogue, elle a réussi à établir une structure de coopération et elle a obtenu, par surcroît, le mandat qu'elle souhaitait. Entre les deux rencontres, Ginette a réfléchi sur son action et est arrivée à concevoir une stratégie plus efficace. Le tableau 12.4 illustre comment elle a utilisé le test personnel d'efficacité

TABLEAU 12.4
Réflexion sur l'action de Ginette

Après ma première rencontre avec M. Lefort, j'ai vu que je n'avais pas réussi à me faire accepter comme consultante. Mais il y a eu une ouverture de sa part dont je n'ai pas su profiter. Le test personnel d'efficacité va m'aider à découvrir les erreurs que j'ai commises.

Réflexion dans l'action	Discussion
Je veux qu'il formule sa demande. Procédé : question sur ses attentes.	1. G. Bonjour, monsieur Lefort, que puis-je faire pour vous ?
Le feu me semble être vert. La demande est claire, mais pourquoi suis-je insatisfaite ? Je sens qu'il veut me donner un mandat d'exécutante, et son offre me paraît prématurée, à cause de cet effet	L. J'ai reçu le rapport d'activités du secteur de la formation pour l'année qui s'achève. La productivité a considérablement baissé : on est passé d'une moyenne de 125 jours de formation par formateur à une moyenne de 105 jours de formation.

▼

secondaire indésirable : code rouge. Facteur indépendant de ma volonté : je ne pouvais prévoir une telle demande. Je change ma visée (autorégulation de niveau II).

Pour augmenter la productivité, j'ai décidé de modifier la ligne de conduite du service en matière de suivi. Jusqu'à présent, chaque responsable d'une activité de formation faisait un suivi d'une journée avec son groupe deux mois après la séance. Je veux remplacer ces rencontres par un questionnaire qui sera envoyé aux supérieurs hiérarchiques des employés ayant pris part aux activités de formation. Je voudrais vous charger de rencontrer l'équipe des formateurs (cinq personnes) pour élaborer avec eux ce questionnaire.

Je veux qu'il me donne un mandat de consultante.
Procédé : refléter ses propos, puis suggérer une démarche exigeant un consultant.

Rouge. Aucune ouverture dans le sens que je souhaite.

2. G. J'admets avec vous que vous avez un problème de productivité dans le secteur de la formation mais, avant d'appliquer une solution, que pensez-vous de l'idée de discuter de la baisse de productivité avec les formateurs ?

L. Comme gestionnaire, j'ai déjà rencontré les formateurs, et ils ne m'ont pas expliqué de manière satisfaisante leur baisse de productivité.

Même visée.
Je change de procédé : je fais une expertise sous forme d'hypothèse (autorégulation de niveau I).

Rouge : Erreur de stratégie : j'ai oublié les règles du partenariat et de la concertation. Nous n'avons pas de but commun. Je passe d'une structure de service à une structure de pression.

3. G. Il est possible que les demandes soient simplement moins nombreuses, et il n'est pas certain que la suppression des journées de suivi réglera le problème de la productivité.

L. Peut-être pas mais, au moins, ils auront plus de temps à consacrer à la promotion des activités du secteur et à la mise sur pied d'activités plus attrayantes.

Même visée.
Je change de procédé : je commence à agir comme consultante (niveau I).

4. G. Comment les formateurs accueillent-ils l'idée de supprimer les journées de suivi et de les remplacer par un questionnaire ?

▼

Rouge : il ne fait que persister dans sa voie. J'aurais pu commencer à m'interroger sur le réalisme de ma visée à ce moment précis du dialogue.	L. Ils m'ont dit qu'ils ne voient pas en quoi un questionnaire pourrait aider à évaluer l'efficacité des séances. C'est pourquoi je leur ai dit que je ferais appel à une spécialiste dans le domaine.
Même visée. Autre changement de procédé. Je prends le parti des formateurs (niveau I). *Rouge : je suis en escalade. Avec toutes les données dont je disposais, j'aurais pu m'apercevoir que ma visée était irréaliste. Erreur de visée.*	5. G. Vous savez, il est bien possible qu'ils aient raison. L. Je sais que, dans la Compagnie Y, on procède de cette manière, et cela semble donner de bons résultats.
Même visée. Retour à un procédé déjà utilisé : agir comme consultante (niveau I). *Rouge : Il s'entête dans son opinion. Mon besoin d'exercer un rôle de consultante m'empêche de m'ajuster : erreur d'aspiration.*	6. G. Oui, c'est possible, mais il faudrait examiner le contexte. Même si on a du succès ailleurs, rien ne garantit qu'il en sera de même ici. L. C'est à vous de trouver une méthode qui convienne à notre entreprise.
Même visée. Changement de procédé : je l'affronte (niveau I). *Jaune. Enfin une ouverture, malgré les erreurs accumulées.*	7. G. Je doute qu'un questionnaire d'évaluation puisse régler le problème de la baisse de productivité. L. Qu'est-ce que vous suggérez d'autre ?
Même visée. Retour à un procédé déjà utilisé : agir comme consultante (niveau I). *Rouge. Il n'accepte pas la discussion. Effet de la structure de pression que je maintiens. Erreur de visée : j'aurais eu avantage à lui faire comprendre la différence entre un mandat d'exécutante et un mandat de consultante avant de m'attribuer ce dernier sans demander son avis.*	8. G. Il faudrait d'abord déterminer les causes de cette baisse de productivité, puis fixer un taux de productivité qui serait acceptable pour votre service. L. Vous trouvez qu'une moyenne de 105 jours par année par formateur est acceptable ?

▼

▼

Même visée. Même procédé. Pas d'autorégulation. Je fais même de l'ingérence en lui dictant son comportement. *Rouge. Là c'est l'affrontement. Je cherche encore à répondre à mon besoin sans avoir le mandat pour le faire. Pas de coopération. Erreur d'aspiration. Heureusement, j'ai eu le réflexe de changer de visée (autorégulation de niveau II).*	9. G. Je ne sais pas. Il conviendrait, selon moi, de baser l'évaluation sur des données précises, et je pense que vous devriez demander aux formateurs eux-mêmes de participer à cette évaluation. L. Évidemment, pour eux, cela ne fait pas problème. Plus on tolérera le laisser-aller, moins ils se gêneront. Écoutez, ce que je vous demande est simple : j'ai besoin d'un questionnaire pour évaluer les activités de formation. Voulez-vous vous en charger, oui ou non ?
Je veux qu'il m'accorde un délai. Procédé : demande d'un délai. *Vert : tout n'est pas perdu.*	10. G. Je ne sais pas ; laissez-moi le temps d'y penser et je vous ferai une proposition d'ici deux jours. L. D'accord. J'attends de vos nouvelles.

12.3   DE LA THÉORIE À LA COMPÉTENCE

L'étude du modèle intégré qui a été menée dans le présent ouvrage a montré que la composante méthodologique qui consiste à gérer rigoureusement les étapes d'une intervention s'assortit d'une composante relationnelle qui consiste à utiliser et à mettre à profit les ressources du milieu où l'on intervient. Le tableau 12.5 met en regard les éléments du modèle intégré et la méthode servant à accroître les compétences du consultant.

En précisant ses intentions dans le cours de l'action et en les comparant à celles qui sont proposées par le modèle, le consultant assimilera peu à peu ce dernier. Si son action lui paraît inefficace, il utilisera le test personnel pour rechercher les causes de son manque d'efficacité dans ses stratégies, ses visées ou ses besoins plutôt que d'imputer celui-ci à son interlocuteur ou de le mettre sur le compte du modèle. En adoptant cette façon de faire, il deviendra de plus en plus habile à déceler et à corriger ses erreurs, et aussi à concevoir des stratégies adaptées à sa personnalité. Il deviendra un praticien chercheur et s'affranchira du modèle qui lui aura servi à faire son apprentissage.

La maîtrise du modèle intégré passe par le développement personnel du consultant. Elle lui permet d'intégrer le savoir, le savoir-faire et le savoir-être. La réflexion sur l'action et la réflexion dans l'action contribuent à rendre le consultant plus lucide, plus autonome et plus efficace (St-Arnaud, 2001a).

TABLEAU 12.5

Développement des compétences

	Utilisation du modèle intégré	Utilisation de son expérience
Composante méthodologique	Planifier et encadrer un processus de consultation (chapitre 1) et donner au client (chapitre 10) les instruments nécessaires pour aider le consultant dans la gestion des étapes suivantes : ■ Entrée (chapitre 4) ■ Entente (chapitre 5) ■ Orientation (chapitre 6) ■ Planification (chapitre 7) ■ Réalisation (chapitre 8) ■ Terminaison (chapitre 9)	1. Pour assimiler le modèle (Lucidité) **Le consultant précise ses intentions et évalue leur conformité avec le modèle utilisé.** 2. Pour se responsabiliser (Autonomie) **En cas d'échec, il en prend la responsabilité au lieu de faire retomber le blâme sur l'interlocuteur ou de critiquer le modèle.** 3. Pour s'autoréguler (Efficacité) **Il décèle et corrige ses erreurs lorsque son action se révèle inefficace.**
Composante relationnelle	Établir une relation de coopération (but commun, champs de compétence complémentaires et partage du pouvoir) dans le respect des principes éthiques (chapitre 3), en appliquant les règles du partenariat, de la concertation, de l'alternance, de la non-ingérence et de la responsabilisation (chapitre 11) en vue d'une mobilisation du milieu (chapitre 2).	

CONCLUSION

Ce qui doit avant tout requérir l'attention de celui qui réfléchit sur son action, c'est son attitude à l'égard des erreurs qu'il commet. La plupart des gens agissent en fonction du principe suivant : « Il ne faut pas faire d'erreur » ou « C'est mauvais de faire des erreurs ». La praxéologie remplace ce principe par celui-ci : « L'erreur fait partie de l'action efficace. » Devenir efficace, ce n'est pas éliminer toutes les erreurs ponctuelles. Plus un consultant se sent compétent, plus il prend des risques et plus il essaie des choses nouvelles. Il se place continuellement dans des situations où il peut commettre de nouvelles erreurs. La réflexion sur l'action et la réflexion dans l'action n'éliminent pas toutes les erreurs, même chez les gens les plus compétents ; elles permettent seulement de les déceler et de les réparer. L'erreur devient une source de succès psychologique à mesure qu'elle conduit à plus d'efficacité dans l'action. Au début, la réflexion sur l'action provoque ordinairement de la résistance et de la frustration, car elle consiste à mettre en pleine lumière des erreurs que l'on a tendance à cacher.

La praxéologie ne garantit pas que toute action deviendra efficace. Elle permet seulement au consultant qui l'utilise d'assumer pleinement ses responsabilités.

VÉRIFICATION DES CONNAISSANCES

Le lecteur peut évaluer les connaissances qu'il a acquises au cours du présent chapitre en répondant aux questions suivantes, puis en vérifiant ses réponses à l'aide du corrigé placé à la suite de cet exercice.

Est-il vrai ou faux que les auteurs soutiennent les énoncés suivants ?

	VRAI	FAUX
1. La critique objective est la seule façon d'accroître son efficacité dans le domaine de la consultation.	❑	❑
2. Il y a toujours un écart entre la « théorie professée » par un consultant et la « théorie employée » telle qu'on peut l'inférer de son comportement.	❑	❑
3. Selon l'échelle d'efficacité, un consultant ne peut passer du stade de praticien débutant à celui de praticien expérimenté sans devenir un praticien chercheur.	❑	❑
4. Le principe suivant lequel toute action est intentionnelle n'admet aucune exception.	❑	❑
5. Le test personnel d'efficacité met en relation l'intention du consultant et l'effet qu'il produit chez l'interlocuteur.	❑	❑
6. On peut conclure qu'une action est efficace quand l'effet visé se produit.	❑	❑
7. La cause principale de l'inefficacité d'un dialogue est l'incapacité de l'interlocuteur à préciser ses intentions.	❑	❑
8. La capacité de rallier son interlocuteur à son point de vue est la marque d'un grand savoir-faire.	❑	❑

▼

▼

	VRAI	FAUX
9. Un acteur capable de corriger ses erreurs dans le cours de l'action manifeste une grande compétence.	❏	❏
10. Plus un acteur pourra préciser ses besoins dans une interaction, plus il sera en mesure de s'autoréguler.	❏	❏

CORRIGÉ

		10. *Vrai*	9. *Vrai*
8. *Faux*	7. *Vrai*	6. *Faux*	5. *Vrai*
4. *Vrai*	3. *Faux*	2. *Faux*	1. *Faux*

CONCLUSION

C e qui a été exposé dans le présent ouvrage est le fruit de la réflexion approfondie de trois praticiens sur la façon d'intervenir comme consultant. Le
modèle qui en résulte est à la fois un cadre théorique et un guide pratique servant
à l'exercice du métier de consultant.

Les auteurs s'opposent à ce que le modèle qu'ils ont conçu soit appliqué à la
lettre dans le cours d'une intervention. Ce serait contraire aux valeurs qu'ils
défendent et au sens de leur démarche ; ils ont réfléchi sur leur pratique plutôt que
de se contenter d'employer ce qui existait déjà. Le modèle intégré est leur modèle.

Est-ce d'un esprit conséquent que de déconseiller de faire une application trop
stricte du modèle qu'on prône ? Il a été répondu en partie à cette question au
chapitre 12. « Le modèle est essentiel à l'acquisition d'une compétence professionnelle, mais il peut aussi emprisonner celui qui le suit à la lettre. » (P. 253.)

Le modèle intégré est comparable à une recette de cuisine. Les premières fois
qu'un cuisinier utilise une recette, il suit généralement à la lettre toutes les indications concernant les ingrédients et la préparation, puis, peu à peu, il se détache de
la recette, il la « personnalise ».

Il est normal, lorsque l'on débute dans l'exercice d'un art, de s'appuyer sur un
modèle reconnu. Dans l'exercice de sa profession, le consultant a cependant avantage à faire la même démarche que les créateurs du modèle, à s'affranchir petit à
petit de ce dernier et à créer le sien, à travers sa réflexion sur l'action et dans l'action,
pour y trouver un reflet de ses valeurs et un outil qui convient à sa personnalité.

ANNEXE
Instruments

INSTRUMENT

1

Description de la situation initiale

Objectif

Choisir les éléments les plus significatifs et produire une description de la situation initiale fidèle à la réalité et vérifiable par le client.

Utilisation

L'instrument s'utilise au cours de l'étape de l'entrée après chaque rencontre avec le demandeur. Le consultant a avantage à se servir de l'instrument le plus tôt possible après la rencontre. Les résultats de l'application de l'instrument n'ont pas à être partagés avec le demandeur, mais le consultant s'en servira dans la préparation d'une proposition d'intervention.

Directives

Pour chaque question, rassembler les éléments d'information recueillis susceptibles de faire partie de la réponse. À partir des éléments les plus significatifs, rédiger la description de la situation initiale. Noter les questions à aborder avec le client pour compléter ce traitement.

Questions à prendre en considération

1. Quels sont les signes observables ou les symptômes qui amènent à penser que la situation n'est pas satisfaisante ?

2. Depuis quand ces signes sont-ils observables ?

3. Dans quel(s) secteur(s) de l'organisation ou du système cette situation se manifeste-t-elle ?

4. Quelles catégories d'acteurs sont directement concernées par la situation initiale ?

5. Quelles autres personnes ou quels autres groupes subissent les conséquences de cette situation ?

6.   Certains facteurs (événements ou incidents) ont-ils contribué à produire ou à maintenir cette situation ? Lesquels ?

7.   Des tentatives ont-elles été entreprises pour améliorer cette situation ? Lesquelles ? Quels en ont été les résultats ?

8.   Qu'est-ce qui nécessite une intervention de ma part ? Quelle en est l'urgence ?

9.   Quelles personnes ou quels groupes de personnes manifestent le besoin d'agir ?

2

Réaction du consultant
à la demande du client

Objectif

Prendre une décision éclairée relativement à la demande d'intervention en appliquant un ensemble de 15 critères.

Utilisation

Après avoir recueilli les informations pertinentes, le consultant avise parfois le client éventuel qu'il désire prendre quelques moments de réflexion avant de donner une réponse définitive quant à la poursuite ou non du projet par la préparation d'une proposition d'intervention. Il utilise alors l'instrument en portant un jugement sur chaque élément proposé par les critères.

Un consultant expérimenté peut, dans certains cas, s'inspirer de cet instrument pour traiter l'information au cours de la première rencontre avec le demandeur et donner une réponse sur-le-champ.

Directives

Répondre à chaque question de l'instrument. Examiner l'ensemble des réponses en indiquant les raisons pour ou contre une acceptation de la demande. Consulter au besoin un collègue, un associé ou un superviseur pour approfondir la réflexion.

Prendre une décision et la communiquer le plus tôt possible au client éventuel.

Questions à prendre en considération

1. Ai-je les compétences de base requises pour intervenir adéquatement ?

2. Suis-je suffisamment disponible pour entreprendre l'intervention ?

3. Suis-je capable de relever le défi proposé compte tenu de la nature et de la complexité du problème ?

4. La situation peut-elle évoluer ?

5. Suis-je suffisamment intéressé par ce genre d'intervention ?

6. Suis-je à l'aise dans ce milieu ?

7. Les chances que la relation avec le client devienne ouverte et coopérative sont-elles bonnes ?

8. Puis-je, au besoin, compter sur l'appui d'un collègue ?

9. Puis-je bénéficier d'un rapport coûts-bénéfices avantageux ?

10. Cette intervention s'inscrit-elle dans mes priorités d'avancement professionnel ?

11. Le milieu m'apportera-t-il l'appui requis ?

12. Le milieu aura-t-il l'ouverture voulue pour explorer diverses pistes de solution ?

13. Les gens du milieu ont-ils la disponibilité requise pour investir de l'énergie dans une intervention ?

14. Les objectifs que le client s'est fixés sont-ils réalistes ?

15. Compte tenu de la nature de la situation initiale, les moyens que le client envisage me semblent-ils appropriés à la nature de la situation initiale ?

INSTRUMENT

3

Contexte de la demande

Objectif

Préparer à l'intention du client une présentation du contexte dans lequel se situe la demande d'intervention.

Utilisation

Le consultant utilise normalement cet instrument au cours de l'activité 21, « Produire un document de travail à l'intention du client ».

Directives

Choisir, parmi les informations recueillies et traitées au cours de l'entrée, celles qui permettront de fournir au client une première interprétation de sa demande. Pour cela :

■ Avoir en main les résultats de l'application de l'instrument 1, « Description de la situation initiale », et de l'instrument 2, « Réaction du consultant à la demande du client ».

■ Transcrire et, au besoin, reformuler la description de la situation initiale.

■ Choisir, à l'aide des données disponibles, ce qu'il semble pertinent d'ajouter pour bien situer la demande dans son contexte.

■ Rédiger un paragraphe décrivant le contexte de la demande.

Question à prendre en considération

1. Parmi les éléments retenus dans les questions considérées dans l'instrument 1, « Description de la situation initiale », et l'instrument 2, « Réaction du consultant à la demande du client », quels sont ceux qu'il serait pertinent d'utiliser pour décrire le contexte de la demande ? (Exemples : symptômes, tentatives d'amélioration, groupes affectés, etc.)

4

But de l'intervention
et critères d'évaluation

Objectifs

Choisir l'*output* ou le résultat visé par l'intervention et déterminer les signes observables ou les critères qui permettront de juger que le but de l'intervention a été atteint.

Utilisation

Le consultant utilise normalement cet instrument au cours de l'activité 21, « Produire un document de travail à l'intention du client ».

Directives

Avoir en main les résultats de l'application de l'instrument 1, « Description de la situation initiale », et de l'instrument 3, « Contexte de la demande ». Rédiger deux paragraphes : le premier précise le but de l'intervention, et le second, les critères d'évaluation.

Questions à prendre en considération

1. En utilisant un langage simple et accessible, comment pourrait-on compléter la phrase suivante : « L'intervention proposée aura pour but de... ? »

2. Quels sont les critères d'évaluation mentionnés lors de l'entrée ?

3. Ces formulations sont-elles appropriées au but de l'intervention qui vient d'être choisie ?

4. D'autres formulations sont-elles appropriées pour indiquer les critères à partir desquels on évaluera l'atteinte des buts de l'intervention ?

5. À la lumière des réponses apportées aux questions 2, 3 et 4, comment peut-on compléter la phrase suivante : « Nous serons en mesure de juger que ce but aura été atteint si nous pouvons observer les résultats suivants au terme de l'intervention : ... » ?

5

Démarche générale et première planification

Objectifs

Fournir au client un aperçu du processus selon lequel l'intervention se déroulera. Indiquer toutes les opérations de la démarche et les actions principales qui seront menées. Proposer un échéancier.

Utilisation

Le consultant utilise généralement cet instrument au cours de l'activité 21, « Produire un document de travail à l'intention du client ».

Directives

Se référer au but de l'intervention et aux critères d'évaluation formulés au moyen de l'instrument 4. Choisir le type d'intervention qui convient. Déterminer les opérations à exécuter, les actions à réaliser et les échéances à respecter.

Questions à prendre en considération

1. Les données recueillies et traitées jusqu'à maintenant permettent-elles de proposer un type spécifique d'intervention ?

2. Est-il nécessaire de recueillir des données supplémentaires pour donner une orientation au changement qui devra être implanté ?

3. Quelles opérations devra-t-on réaliser pour atteindre le but de l'intervention ?

4. Comment chacune de ces opérations va-t-elle se décomposer ? Quelles en seront les principales actions ?

5. Pour chaque action, quels seront les principaux acteurs impliqués et quelle sera leur contribution ?

6. Quelle sera la durée de chacune de ces actions ?

7. À quelle date doit débuter l'intervention ?

8. Y a-t-il une échéance ou des contraintes à respecter ?

6 Champ d'investigation

Objectif

Faire la liste des différents éléments qui feront l'objet de la collecte d'information durant les étapes de l'orientation.

Utilisation

Le consultant utilise généralement cet instrument dans l'une ou l'autre des circonstances suivantes :

1. au cours de l'activité 21, «Produire un document de travail à l'intention du client» ;

2. à l'étape de l'orientation, à l'activité 32, «Déterminer avec le client le champ d'investigation».

Directives

Avoir en main les résultats de l'application de l'instrument 1, «Description de la situation initiale». Se référer à la documentation théorique reliée à la situation initiale, par exemple les écrits sur les difficultés de fonctionnement des organisations ou des groupes restreints, sur le climat organisationnel, sur les sources de conflit, sur les problèmes reliés aux rôles, sur les profils de compétence, etc. Rédiger, si l'instrument est utilisé au cours des activités du contrat, un court paragraphe qui, dans le cas d'une entente éventuelle, annoncera le champ d'investigation.

Conserver les résultats pour les intégrer aux instruments 9, «Planification de la diffusion de l'information dans le milieu», et 10, «Planification de la collecte, du traitement et de la diffusion de l'information».

Questions à prendre en considération

1. Quels sont les symptômes principaux dont on veut tenir compte pour mieux circonscrire les facteurs qui influencent la situation initiale ?

2. Pour chacun de ces symptômes, quelles sont les dimensions théoriques que l'on désire explorer dans la situation en question (par exemple, dans un cas de conflit interne dans une équipe, la documentation peut orienter vers le partage du leadership, les mécanismes de régulation, la préparation et l'animation de réunions, les habiletés de communication, le respect, les processus de prise de décision, la clarté des cibles, la clarté des rôles de chacun, le style du responsable, etc.) ?

7 Clauses particulières

Objectif

Formuler, s'il y a lieu, certaines clauses particulières qui pourraient faire partie de l'entente.

Utilisation

Le consultant utilise habituellement cet instrument au cours de l'activité 21, « Produire un document de travail à l'intention du client ».

Directives

Choisir les clauses particulières qu'il est souhaitable d'inclure dans l'entente. Préparer une formulation pour chaque clause retenue.

Questions à prendre en considération

1. Désire-t-on prévoir une modalité d'interruption de la démarche, de réouverture ou de prolongation du contrat ?

2. Désire-t-on préciser les modalités de paiement ?

3. Doit-on spécifier les conditions d'accès aux documents internes ou d'utilisation de certaines ressources (services de secrétariat, locaux, appareils audiovisuels, etc.) ?

4. Doit-on préciser les règles de l'anonymat et de la confidentialité qui seront en vigueur ?

5. Désire-t-on apporter des précisions sur les droits d'auteur relatifs à l'utilisation des instruments ou des devis de formation, à leur reproduction ou à leur diffusion subséquente ?

6. D'autres précautions sont-elles nécessaires ? Existe-t-il des règles ou normes qui nécessiteraient d'être clarifiées dès le départ ?

Contrôle de la qualité de la proposition d'intervention

Objectif

Vérifier la qualité du document qui sera transmis au client en vue d'établir l'entente.

Utilisation

Après avoir fait une première version de la proposition à transmettre au client (activité 21), le consultant applique lui-même cet instrument ou demande à un collègue de le faire afin de recevoir du feed-back.

Directives

Répondre à chaque question.

Apporter les correctifs nécessaires ou souhaitables.

Questions à prendre en considération

1. La proposition contient-elle les éléments habituellement requis dans un projet d'intervention ?

    ■ La demande ;

    ■ Le contexte de la demande ;

    ■ Le but de l'intervention et les critères d'évaluation ;

    ■ La désignation du client ;

    ■ La désignation du système-client ;

    ■ La démarche générale et une première planification ;

    ■ Les rôles et les responsabilités de chacun ;

    ■ L'estimation des coûts ;

    ■ Des clauses particulières.

2. La proposition manifeste-t-elle de la cohérence entre les différentes composantes du projet, soit la demande, le contexte, le but, les signes de succès et la démarche proposée ?

3. Les critères d'évaluation permettent-ils de vérifier l'atteinte du but de l'intervention ?

4. La proposition est-elle rédigée en des termes accessibles au client ?

5. Le contexte de la demande exposé dans la proposition s'en tient-il aux faits recueillis auprès du client ?

6. Les rôles et les responsabilités des personnes participant à l'intervention sont-ils présentés avec clarté ? Chacun saura-t-il véritablement ce qu'il a à faire ?

7. La présentation de la proposition est-elle facilitante et attrayante pour le client ?

8. La formulation du document est-elle conforme aux règles usuelles de la langue française?

9

Planification de la diffusion de l'information dans le milieu

Objectif

S'entendre avec le client sur le contenu et sur les différentes modalités de diffusion de l'information concernant l'intervention dans le milieu.

Utilisation

L'instrument s'utilise habituellement entre la conclusion de l'entente et le début de la collecte des données.

Directives

Se référer à l'entente, à l'instrument 1, « Description de la situation initiale », et à l'instrument 6, « Champ d'investigation ».

Aborder avec le client les différentes questions suggérées.

Questions à prendre en considération

1. Quels sont, parmi les éléments suivants, ceux qui devraient être communiqués ?

   ■ Le contexte de l'intervention ;

   ■ Les symptômes relevés ;

   ■ Le but et les résultats attendus ;

   ■ Le déroulement de l'intervention ;

   ■ Le rôle du client ;

   ■ Le rôle des membres du système-client et le type de participation attendue ;

   ■ La présence du consultant et son rôle ;

   ■ L'échéancier ;

   ■ Les autres éléments à préciser.

2. À quels membres, catégories de membres, instances ou personnes extérieures à l'organisation l'information sera-t-elle diffusée ?

3. Quels seront les moyens de diffusion appropriés (communication verbale, note de service, bulletin, lettre, autres modes) ?

4. Quel sera le meilleur moment pour diffuser l'information ?

5. Qui sera responsable de rédiger le contenu du document, si l'on procède au moyen d'un document ?

6. Qui diffusera l'information dans le système-client ?

10 Planification de la collecte, du traitement et de la diffusion de l'information

Objectif

Élaborer le processus de la collecte, du traitement et de la diffusion de l'information propre à l'étape de l'orientation.

Utilisation

Avant d'entreprendre la collecte des données, le consultant et le client abordent toutes les questions relatives à l'ensemble du processus de circulation d'information.

Directives

Dans le cas des questions qui s'avèrent pertinentes à la situation, le consultant note le contenu des décisions ou indique leur report à un autre moment. Il établit ensuite un projet de planification à soumettre au client.

Questions à prendre en considération

1. Auprès de qui (personnes ou catégories de personnes) l'information sera-t-elle recueillie ?

2. De façon générale, quels contenus devraient être abordés durant la collecte ?

3. Les pistes d'investigation retenues dans l'instrument 6, « Champ d'investigation », seront-elles explicitement abordées ?

4. Certains contenus seraient-ils à exclure ? Lesquels ?

5. Serait-il approprié d'utiliser certains instruments déjà préparés ? Lesquels ?

6. Qui fabriquera les instruments de collecte ?

7. À qui seront soumis, pour obtenir du feed-back, les instruments de collecte qui auront été fabriqués ?

8. Quelles méthodes de collecte seront utilisées ?

9. Quelles seront les modalités de passation des instruments (poste, courrier interne, téléphone, face à face, groupe) ?

10. Qui recueillera l'information ?

11. Quelle est la période de temps prévue pour faire la collecte ?

12. Quelles seront les règles concernant l'anonymat ?

13. Qui se chargera des tâches administratives (convocation, préparation du matériel, distribution des questionnaires, etc.) ?

14. Qui fera la compilation des données recueillies ?

15. Qui ordonnera les résultats ?

16. Qui fera l'interprétation des résultats (première version de l'orientation) ?

17. Qui fera le choix des données à remettre au système-client ?

18. Un rapport écrit sera-t-il préparé ? Par qui ?

19. Combien de temps durera le traitement de l'information ?

20. À qui sera retournée l'information ?

21. Sous quelle(s) forme(s) l'information recueillie sera-t-elle retournée (rapport écrit, rapport verbal, etc.) ?

22. Les membres du système-client pourront-ils réagir aux résultats ? Quel sera leur pouvoir dans les décisions à prendre ?

23. Quand se fera le retour de l'information ?

24. Qui prendra les décisions concernant le choix des priorités d'action ?

25. À qui seront soumises ces décisions ?

26. Quels seront les critères à utiliser pour le choix des priorités d'action ?

27. Quand les priorités d'action devraient-elles être choisies ?

INSTRUMENT

11 Formulation d'une interprétation

Objectif

Porter un jugement sur la situation et proposer une orientation.

Utilisation

Le consultant fait le traitement d'abord pour lui-même. Par la suite, il décide s'il est pertinent de transmettre son interprétation ; si oui, il détermine à qui elle sera transmise.

Directives

Reproduire le paragraphe de l'entente qui présente le contexte de la demande.

Reprendre les pistes d'investigation.

Compléter une phrase qui commencerait par : «À la lumière des informations recueillies et traitées, voici ma façon de voir la situation… »

Questions à prendre en considération

1. À la lumière des informations recueillies, quelles sont les pistes d'investigation qui doivent être retenues dans la formulation d'une interprétation ?

2. En examinant les données retenues, en quels termes puis-je formuler ce qui influence la situation initiale de façon importante ?

3. Est-il opportun de communiquer cette interprétation ? Si oui, à quelles personnes ou à quels groupes, et à quel moment ?

12 Réactions aux résultats

Objectif

Orienter le consultant dans la fabrication d'un outil permettant d'obtenir, de façon rapide et concise, les réactions aux résultats de la collecte d'information.

Utilisation

Le consultant utilise cet outil pour élaborer un questionnaire ou une grille d'entrevue.

Directives

Prendre connaissance des questions à prendre en considération et choisir les dimensions et les domaines sur lesquels le consultant désire obtenir des réactions.

Questions à prendre en considération

1. Est-ce que je veux savoir si les répondants trouvent que les résultats :
   - reflètent bien la situation ?
   - sont formulés de façon objective ?
   - sont suffisamment complets ?

2. Est-ce que je veux savoir si les répondants trouvent que mon analyse est appropriée ?

3. Est-ce que je veux connaître les sentiments des répondants à la suite de l'examen des résultats ?

4. Est-ce que j'aimerais que les répondants formulent une interprétation des résultats ?

5. Est-ce que cela m'intéresse de vérifier si les répondants sont d'accord avec mon interprétation ?

6. Est-ce que je veux inviter les répondants à proposer des pistes d'action ?

7. Y a-t-il d'autres aspects que j'aimerais aborder ?

13

Détermination des résultats à rechercher et des opérations à exécuter

Objectifs

Préciser les résultats attendus au regard de la réalisation de chacune des priorités d'action retenues ; déterminer les opérations et les actions nécessaires pour produire les résultats attendus et répartir les activités selon un ordre chronologique.

Utilisation

L'instrument s'utilise dès qu'un consultant planifie la réalisation de priorités retenues exigeant un ensemble complexe d'opérations et d'actions.

Directives

■ Considérer chaque priorité d'action isolément.

■ Pour chacune, répondre aux questions posées plus bas.

■ Lorsque toutes les priorités ont été traduites dans des opérations, examiner l'ensemble et voir si des ajustements sont nécessaires pour faciliter l'atteinte des objectifs de l'intervention. Les ajustements consistent à joindre une opération à une autre qui découle d'une priorité différente ; à fusionner des opérations pour améliorer la cohérence entre elles ; à raffermir les liens entre chacun des éléments prévus.

Questions à prendre en considération

1. Quelle est la priorité d'action à laquelle je désire travailler présentement ?

2. Dans le cas de cette priorité d'action, quels sont les résultats qui doivent être produits ?

3. Ces résultats sont-ils cohérents avec la situation initiale qui a donné lieu à l'intervention ?

4. Ces résultats sont-ils cohérents avec les critères d'évaluation adoptés lors de l'entente ?

5. Pour satisfaire cette priorité d'action et les résultats souhaités, quelles sont les opérations qu'il faudra réaliser ?

6. Ces opérations apparaissent-elles présentement dans un ordre chronologique adéquat ? Le cas échéant, quels ajustements faut-il apporter ?

7. En prenant du recul par rapport à la planification relative à chaque priorité d'action, s'aperçoit-on qu'il y a des ajustements à faire qui pourraient apporter plus de cohérence à l'ensemble ou en améliorer l'efficacité ?

14 Élaboration du plan d'action

Objectif

Compléter le plan d'action qui a été esquissé au moyen de l'instrument 13 et qui sera par la suite soumis à l'approbation du client.

Utilisation

L'instrument s'utilise pour préparer un projet détaillé qui sera soumis au client.

Directives

Préparer une feuille de travail de format légal (22 × 36 cm ou 8,5 × 14 po) en la divisant en neuf colonnes et inscrire les en-têtes suivants dans chaque colonne : opérations, actions, effets visés, responsable, durée prévue, méthodes à employer, ressources matérielles nécessaires, acteurs impliqués, commentaires (cette dernière colonne servira à y inscrire des notes personnelles).

Mettre en ordre chronologique les opérations colligées grâce à l'instrument 13, « Détermination des résultats à rechercher et des opérations à exécuter », et déterminer les actions nécessaires pour compléter chaque opération prévue.

Questions à prendre en considération

1. Quelle opération désire-t-on réaliser ?

2. Quelles sont toutes les actions qu'il faudra entreprendre dans le cadre de cette opération ?

3. Quel effet veut-on obtenir par le moyen de chaque action ?

4. Qui sera responsable de la réalisation de chaque action ?

5. Quelle est la durée probable de chaque action ?

6. Y a-t-il une méthode particulière que l'on désire utiliser dans le cadre de cette action ?

7. Quelles sont les ressources matérielles qui seront requises dans le cadre de cette action ?

8. Auprès de quels acteurs ces actions seront-elles réalisées ?

9. Reste-t-il une opération à planifier ? Le cas échéant, reprendre les questions qui précèdent. Sinon, considérer la question suivante.

10. L'ensemble du plan d'action est-il suffisamment bien intégré pour présenter une action unifiée et cohérente ? Au besoin, apporter les ajustements requis.

15 Contrôle de la qualité du plan d'action

Objectif

Évaluer le plan d'action et en assurer la qualité avant de le soumettre à l'approbation du client.

Utilisation

L'instrument s'utilise lorsque le consultant a terminé la production de son plan d'action et qu'il s'apprête à le soumettre à l'approbation du client. Il peut aussi servir à évaluer la qualité de toute activité de planification au cours d'une intervention.

Directives

Répondre à chacune des questions formulées plus bas.

Lorsque la vérification est terminée, apporter les correctifs requis pour assurer la qualité du plan d'action.

Questions à prendre en considération

1. Les opérations et les actions retenues sont-elles justifiées ?

2. Les opérations et les actions sont-elles agencées selon un ordre chronologique ?

3. Les effets visés sont-ils cohérents avec les priorités d'action ?

4. Les effets visés sont-ils observables ?

5. Le temps prévu pour exécuter chaque activité est-il réaliste ?

6. Chaque activité relève-t-elle d'un responsable qui est désigné ?

7. Le responsable qui est désigné est-il approprié ?

8. Les méthodes envisagées sont-elles pertinentes, compte tenu des résultats visés par cette activité ?

9. Les ressources matérielles requises sont-elles justifiées ?

10. Les acteurs auprès desquels se fera chaque action sont-ils déterminés ?

11. Pour chaque action, est-ce justifié de faire participer les acteurs désignés ?

12. Est-il réaliste de croire que le plan d'action va améliorer sensiblement la situation initiale ?

INSTRUMENT

16

Information sur l'étape
de la réalisation

Objectif

Permettre au client et au consultant de s'entendre sur le contenu et les modalités
de la diffusion de l'information relative aux activités de la réalisation au sein du
système-client.

Utilisation

L'instrument s'utilise normalement dès que le client a approuvé le plan d'action.

Directives

Répondre aux questions en se basant sur le plan d'action.

Soumettre les réponses au client et en discuter avec lui.

Questions à prendre en considération

1. Quels sont les sous-systèmes qui seront éventuellement affectés par la réalisation du plan d'action?

2. Compte tenu de la participation antérieure de chaque sous-système au projet
   et du rôle qu'il aura à jouer dans les activités de la réalisation, quelle information est-il nécessaire de lui transmettre sur chacun des éléments suivants ?

   ■ L'origine du projet ;

   ■ Le cheminement suivi jusqu'à ce jour ;

   ■ Les personnes et les groupes participants ;

   ■ Les priorités d'action retenues par le client ;

   ■ Les activités de réalisation prévues ;

   ■ La contribution attendue des acteurs ;

- L'influence prévue sur le sous-système et sur le milieu;

- Les bénéfices escomptés;

- Les autres éléments (à préciser).

3. Quels moyens seront utilisés pour communiquer l'information pertinente à chaque sous-système et pour recueillir les commentaires des acteurs?

4. Comment se partageront les responsabilités entre le client et le consultant pour ce qui concerne la diffusion de l'information?

17 Planification d'une séance de travail avec un expert

Objectif

Préciser les éléments qui seront utilisés lors de la formulation d'une demande de collaboration faite à un expert.

Utilisation

L'instrument est utilisé chaque fois qu'un expert est mis à contribution dans le cadre d'une intervention.

Directives

Le consultant, en collaboration avec le système-client, répond aux questions à prendre en considération en se référant au contrat ou au plan d'action.

Au moment de solliciter l'expert, le consultant lui présente les réponses à la première partie des questions qu'il faut prendre en considération. Si l'expert accepte de collaborer, la deuxième partie est complétée conjointement.

Questions à prendre en considération

Partie 1 : Le contexte de l'intervention

1. Quel est le but de l'intervention ?

2. Quelles sont les étapes projetées ?

3. Qu'est-ce qui aura été accompli au moment de la participation de l'expert ?

4. Quelles sont les données relatives à l'intervention qui seront disponibles au moment de la participation de l'expert ?

Partie 2 : Les modalités de la contribution de l'expert

1. Quel est le résultat escompté de la contribution de l'expert ?

2. Quelles sont les modalités de la contribution de l'expert ?

3. Quel sera le partage des responsabilités entre le consultant et l'expert ?

4. Dans ce contexte, quelles sont les personnes qui auront d'autres responsabilités ?

18 Aide-mémoire pour l'étape de la réalisation

Objectif

Fournir au consultant les données nécessaires pour assurer la concertation, notamment pour que chacun exécute sa tâche au moment opportun et pour que les activités s'accomplissent dans l'ordre approprié.

Utilisation

L'instrument s'utilise au début de chaque période de réalisation.

Directives

Procéder à la planification périodique en utilisant le plan d'action approuvé par le client, les informations obtenues dans le cadre de l'évaluation des progrès ou d'activités d'autorégulation, et les décisions prises avec le client concernant les activités de la réalisation.

Questions à prendre en considération

Partie 1 : Planification périodique

1. Quelle est la période couverte par cette planification ?

2. Quelles sont les actions à mettre en marche ?

3. Quelles sont les actions à maintenir dans le milieu ?

4. Quelles sont les actions à compléter ?

5. Comment se répartit chacune de ces actions dans la période qui s'amorce ?

Partie 2 : Ajustements requis relativement aux actions mises en marche

1. Les résultats obtenus au cours de la période précédente étaient-ils conformes aux résultats visés ?

2. Le cas échéant, quels correctifs faut-il mettre en place ?

19 Gestion d'un incident critique

Objectif

Gérer adéquatement un incident critique.

Utilisation

L'instrument s'utilise normalement dès qu'un incident critique survient dans le cadre d'une intervention.

Directives

Compléter d'abord les trois premières parties des questions à prendre en considération. Au besoin, consulter un collègue pour revoir avec lui les décisions prises et les scénarios envisagés. À la suite des actions entreprises, évaluer l'efficacité des choix faits à la lumière des résultats observés dans le système-client.

Questions à prendre en considération

Partie 1 : Description de l'incident

1. Comment puis-je décrire l'événement ?

2. Quels sont les enjeux en cause ?

Partie 2 : Analyse de la réaction initiale

1. Quelle a été ma réaction à cet événement ?

2. Quels sont les effets prévisibles (positifs et négatifs) de cette réaction sur la relation avec le client, sur la relation avec le système-client et sur le déroulement des suites de l'intervention ?

3. Y a-t-il lieu d'apporter des correctifs à cette réaction ? Le cas échéant, lesquels ?

Partie 3 : Ajustements à prévoir

1. Si je prends en considération la relation avec le client, la relation avec le système-client, les valeurs en cause, les préférences personnelles et l'efficacité de la démarche, quelles sont les actions qui pourraient être entreprises ?

2. Quels sont les effets probables de ces actions ?

3. Quelles sont les actions que je retiens ?

4. Quelles mesures dois-je prendre dans l'immédiat et auprès de qui ?

5. Dois-je modifier le plan d'action ou le projet actuel ?

Partie 4 : Évaluation des décisions après leur application

1. Les ajustements apportés se sont-ils révélés appropriés ?

2. Qu'est-ce que j'apprends de cette expérience ?

Gestion d'une résistance

Objectif

Composer avec une résistance rencontrée au cours de l'intervention.

Utilisation

L'instrument s'utilise dès qu'une résistance au changement se manifeste.

Directives

Compléter d'abord les trois premières parties de la section «Questions à prendre en considération». Au besoin, consulter un collègue pour valider l'analyse et avoir une autre opinion sur les actions à entreprendre.

Lorsque des ajustements importants du plan d'action s'imposent, rencontrer le client et examiner la situation avec lui. Puis, compléter la quatrième partie.

Après avoir réalisé les actions prévues, évaluer son comportement.

Questions à prendre en considération

Partie 1 : Description de la résistance

1. Chez quelles personnes ou à quels endroits du système-client se manifeste cette résistance ?

2. Quels comportements observés m'incitent à croire qu'il y a résistance ?

3. Qui d'autre dans le système-client perçoit cette résistance ?

Partie 2 : Analyse de la résistance

1. Cette résistance est-elle mineure ou majeure ?

2. À mon avis, pourquoi résiste-t-on ?

3. Qu'est-ce que cette résistance m'apprend de nouveau sur le système-client ?

4. Quelles informations cette résistance sur l'état de l'intervention me fournit-elle ?

5. Quels sont les impacts actuels de cette résistance sur le système-client ?

Partie 3 : Identification de mes réactions

1. Au moment de la première manifestation de cette résistance, quels sentiments ai-je éprouvés ?

2. Ai-je cherché à nier, à écouter, à trouver des coupables, à comprendre ou à me remettre en question ? Ai-je eu une autre réaction ?

3. Ai-je contribué, par mes comportements, à augmenter ou à diminuer cette résistance ? Comment ?

Partie 4 : Actions à entreprendre

1. Comment puis-je gérer cette résistance de façon constructive ?

2. Doit-on modifier quelque chose dans le plan d'action ?

3. Comment aider mon client à bien utiliser cette manifestation de résistance ?

Partie 5 : Évaluation de mon comportement

1. Quel jugement est-ce que je porte sur la façon dont j'ai géré cette résistance ?

2. Si j'avais à réagir de nouveau, qu'est-ce que j'aimerais changer ?

3. Quels apprentissages professionnels cette résistance m'a-t-elle permis de faire ?

21 Évaluation du processus de responsabilisation du milieu

Objectif

Évaluer et ajuster, avec le client et les membres du système-client, le processus de responsabilisation du milieu dans le cadre de l'intervention.

Utilisation

Le consultant utilise régulièrement cet instrument pour vérifier si le changement amorcé est pris en charge par le client et par les membres du système-client.

Directives

Le consultant répond aux questions à prendre en considération. Il fait part au client du jugement qu'il porte sur l'état du processus de responsabilisation (parties 1 et 2). Il complète avec le client la troisième partie de l'instrument.

Questions à prendre en considération

Partie 1 : Évaluation des démarches du consultant

1. Ai-je prévu des moyens pour transférer les responsabilités de l'intervention au client et aux membres du système-client ?

2. Les ai-je appliqués ?

3. Ai-je décrit clairement les responsabilités que certains membres du système-client peuvent assumer ?

4. Ai-je évalué les compétences requises pour assumer ces responsabilités ?

5. Ai-je identifié avec le client les personnes susceptibles d'assumer ces responsabilités ?

6. Ai-je vérifié si les personnes désignées désirent vraiment prendre ces responsabilités ?

7. Ai-je vérifié si les personnes désignées sont en mesure d'assumer ces responsabilités ?

8. Ai-je fourni aux personnes qui ont accepté de prendre les responsabilités en question des informations suffisantes pour qu'elles comprennent les tâches à remplir ?

9. Ai-je conclu une entente claire sur la façon de soutenir ces personnes en cours de route ?

Partie 2 : Jugement sur la situation

Le milieu assume-t-il progressivement la responsabilité du changement en cours ?

Partie 3 : Correctifs à envisager

Quels sont les correctifs qui devront être mis en place pour faciliter la responsabilisation du milieu ?

22 Projet d'évaluation de l'intervention

Objectif

Préparer un projet d'évaluation de l'intervention.

Utilisation

Dès qu'il amorce les activités de la terminaison, le consultant se sert de cet outil comme d'un guide pour préparer une rencontre avec le client.

Directives

À la lumière des réponses aux différentes questions à explorer, le consultant élabore un projet à soumettre au client.

Questions à prendre en considération

1. Quelles personnes ou quels groupes devraient être invités à contribuer à l'évaluation de l'intervention ?

2. Quelle serait la méthode la plus appropriée parmi les méthodes de collecte suivantes : le questionnaire, l'entrevue individuelle, l'entrevue de groupe, l'observation, ou l'analyse documentaire ?

3. Quels étaient, dans l'entente initiale, les critères d'évaluation ? Ont-ils été modifiés en cours de route ? A-t-on fini de les établir au cours du travail fait au moyen de l'instrument 13, « Détermination des résultats à rechercher et des opérations à exécuter » ?

4. Serait-il conseillé de considérer d'autres aspects à évaluer, comme la pertinence de l'intervention ?

5. Peut-on prévoir que les changements entrepris seront durables ?

6. Quelles seraient les opérations à exécuter pour procéder à l'évaluation de l'intervention ; selon quel échéancier ?

23 Suites à donner et recommandations

Objectif

En tenant compte des résultats de l'évaluation de l'intervention, déterminer, d'une part, les différentes suites qui permettront d'assurer la continuité des actions entreprises et, d'autre part, les recommandations appropriées.

Utilisation

Le consultant utilise cet instrument pour inclure dans son rapport des propositions concernant les suites de l'intervention.

Questions à prendre en considération

1. Compte tenu des résultats de l'évaluation de l'intervention, que reste-t-il à entreprendre ? Faut-il :

   ■ compléter la poursuite de certains objectifs inscrits dans le projet d'intervention et le plan d'action ? De quelle façon ?

   ■ formuler de nouveaux objectifs à poursuivre ? De quelle façon ?

   ■ trouver des mécanismes d'enracinement pour consolider les acquis ? Lesquels ?

2. Est-il conseillé d'avoir recours à une ressource externe pour appuyer certaines démarches ? Quel type de ressource ? Quel type d'appui ? À quel moment ?

24 Contrôle de la qualité du rapport d'intervention

Objectif

Fournir au consultant un certain nombre de critères permettant de porter un jugement de qualité sur son rapport.

Utilisation

À la suite d'une première version de son rapport, le consultant applique les différents critères proposés; s'il le juge à propos, il demande à un collègue de faire la même opération; il procède ensuite à la rédaction de la version finale de son rapport.

Questions à prendre en considération

1. Le rapport contient-il les éléments suivants, habituellement requis?

   ■ Le rappel de la demande et les principaux éléments de l'entente;

   ■ Une description sommaire du déroulement de l'intervention;

   ■ Les grandes lignes du plan d'action;

   ■ L'évaluation de l'intervention;

   ■ Les suites à donner.

2. La façon dont le rapport est rédigé répond-elle aux critères suivants?

   ■ La fidélité aux éléments de l'entente;

   ■ Une description factuelle et objective de la démarche qui a été faite;

   ■ La mention de changements importants apportés à l'entente ou au plan d'action;

   ■ Une évaluation de l'intervention à partir des résultats attendus ou des critères formulés dans l'entente;

   ■ Une évaluation des activités de la réalisation à partir des modalités prévues;

- Une interprétation des résultats qui s'appuie sur des données recueillies ou sur des faits observés ;

- L'expression de suites à donner cohérentes, spécifiques et réalistes ;

- Des recommandations pertinentes, utiles et accessibles au client.

INSTRUMENT

25

Feed-back au consultant

Objectif

Orienter le consultant dans la confection d'un questionnaire lui permettant de solliciter du feed-back sur les comportements professionnels qu'il a manifestés au cours de l'intervention.

Utilisation

Au moment de conclure l'intervention, le consultant invite le client et certaines personnes associées à l'intervention à remplir le questionnaire qu'il a préparé.

Directives

Déterminer, à l'aide des questions à explorer, les dimensions sur lesquelles le consultant désire solliciter du feed-back.

Élaborer un questionnaire et le soumettre aux personnes qui ont accepté d'y répondre.

Conserver pour soi les résultats. Ceux-ci peuvent cependant être partagés avec un collègue ou un superviseur.

Questions à explorer

1. Parmi les comportements suivants, quels sont ceux pour lesquels le consultant aimerait solliciter du feed-back ?

   ■ S'appliquer à bien comprendre le milieu dans lequel il intervient ;

   ■ Prendre le temps d'écouter ;

   ■ Expliquer sa pensée avec clarté ;

   ■ Traiter son client comme un partenaire ;

   ■ Partager les informations qu'il détient ;

- Donner accès aux connaissances qu'il possède ;

- Utiliser les compétences de ses collaborateurs ;

- Ne pas prendre seul les décisions importantes ;

- Faciliter l'expression des sentiments ;

- Faire appel aux ressources existantes dans le milieu d'intervention ;

- Inviter à prendre des responsabilités ;

- Faciliter la coopération entre les participants ;

- Ne pas imposer ses idées ;

- Donner son point de vue lorsque c'est requis ;

- Poser de bonnes questions au bon moment ;

- Inviter à considérer les situations d'un regard nouveau ;

- Susciter des solutions stimulantes ;

- Encadrer suffisamment les activités ;

- Fournir des méthodes de travail adéquates ;

- Manifester un intérêt pour les suites de l'intervention ;

- Accepter des valeurs et des normes différentes des siennes ;

- Respecter les engagements qu'il prend ;

- Favoriser les apprentissages de ses interlocuteurs.

2. Serait-il conseillé de poser des questions d'appréciation générale, telles que :

    - Qu'est-ce que vous avez le plus apprécié dans la façon d'intervenir du consultant ?

    - Quels sont les comportements que le consultant aurait avantage à améliorer ou à modifier ?

BIBLIOGRAPHIE

ABRANAVEL, H. (1988). *La culture organisationnelle: aspects théoriques, pratiques et méthodologiques*. Montréal: Gaëtan Morin Éditeur.

ALLAIRE, F. (1992). «Le groupe de travail», dans R. Tessier et Y. Tellier (dir.), *Changement planifié et développement des organisations*. Québec: Les Presses de l'Université du Québec, tome 7, chapitre 6, p. 97-134.

ALLENBAUGH, G.E. (1983). «Coaching: A management tool for more effective work performance». *Management Review,* mai, p. 21-26.

ARGYRIS, C. (1980). *Inner Contradictions of Rigorous Research.* New York: Academic Press.

ARGYRIS, C. (1983). *Reasoning, Learning and Action.* San Francisco: Jossey-Bass.

ARGYRIS, C. (1993). *Knowledge for Action.* San Francisco: Jossey-Bass. Traduction française: *Savoir pour agir,* Paris: Inter-Éditions (1995).

ARGYRIS, C. et SCHÖN, D.A. (1974). *Theory in Practice: Increasing Professional Effectiveness.* San Francisco: Jossey-Bass.

ARGYRIS, C., PUTNAM, R. et SMITH, D. (1985). *Action Science.* San Francisco: Jossey-Bass.

ARNAUD, G. (1995). «L'obscur objet de la demande de conseil: une perspective psychanalytique». *Annales des Mines,* p. 82-94.

AYOTTE, G. et LAMOTHE, D. (1983). *Le ministère de l'Éducation à la veille de l'adoption de la loi 40.* Document interne du ministère de l'Éducation du Québec.

BANDLER, R. et GRINDER, J. (1982). *Reframing: Neuro-linguistic Programming and the Transformation of Meaning.* Moab (Utah): Real People Press.

BELL, C.R. et NADLER, L. (1979). *The Client-Consultant Handbook.* Houston: Gulf Publishing.

BERTRAND, Y. et GUILLEMET, P. (1989). *Les organisations: une approche systémique.* Québec: Télé-université, Éditions Agence D'Arc et Chotard et Associés.

BLOCK, P. (1981). *Flawless Consulting: A Guide to Getting Your Expertise Used.* Austin (Tex.): Learning Concepts.

BORDELEAU, Y. (1986). *La fonction de conseil auprès des organisations.* Montréal: Agence D'Arc.

BORDIN, E. (1979). «The generalizability of the psychoanalytic concept of the working alliance». *Psychotherapy,* n° 16, p. 252-260.

BOURGEAULT, G. (1986). «L'éthique face à la technologie: plaidoyer pour un nouvel esprit éthique». Actes du colloque: *L'éthique à venir.* Rimouski: Université du Québec, p. 3747.

BOUTIN, G. (1997). *L'entretien de recherche qualitatif.* Sainte-Foy: Les Presses de l'Université du Québec.

BOWERS, D.G. (1973). «O.D. Techniques and their results in 23 organizations. The Michigan ICL study». *Journal of Applied Behavioral Sciences,* n° 9, p. 21-43.

CAPELLE, R.G. (1979). *Changing Human Systems*. Toronto: International Human Systems Institute.

CARPENTER, S.L. et KENNEDY, W.J.D. (1988). *Managing Public Disputes: A Practical Guide to Handling Conflict and Reaching Agreements*. San Francisco: Jossey-Bass.

CARRIÈRE, A. (1992). « La médiation interpersonnelle », dans R. Tessier et Y. Tellier (dir.), *Changement planifié et développement des organisations*. Québec: Les Presses de l'Université du Québec, tome 8, chapitre 11, p. 397-424.

COLLERETTE, P. et SCHNEIDER, R. (1996). *Le pilotage du changement*. Sainte-Foy: Les Presses de l'Université du Québec.

COOPER, S. et HEENAN, C. (1980). *Preparing, Designing, Leading Workshops: A Humanistic Approach*. Boston: CBI Publishing.

DERR, C.B. (1972). « Successful entry as a key to successful organization development in big city school systems », dans W.W. Burke et H.A. Hornstein (dir.), *The Social Technology of Organization Development*. Toronto: University Associates of Canada.

DESCHÊNES, J.C. (1991). « L'éthique: des codes à la responsabilité ». *Avenir,* vol. 5, n° 9, p. 13-15.

DILLMAN, D.A. (1978). *Mail and Telephone Surveys*. New York: John Wiley and Sons.

DYER, W.G. (1987). *Team Building: Issues and Alternatives,* 2e édition. Reading (Mass.): Addison-Wesley Publishing.

FORD, C.H. (1979). « Developing a successful client-consultant relationship », dans C.R. Bell (dir.), *The Client-Consultant Handbook*. Houston: Gulf Publishing.

FORTIN, A. (1992). « Groupes restreints et apprentissage existentiel: les divers visages de la méthode de laboratoire », dans R. Tessier et Y. Tellier (dir.), *Changement planifié et développement des organisations*. Québec: Les Presses de l'Université du Québec, tome 7, chapitre 7, p. 135-157.

FRENCH, W.L. et BELL, C.H. (1984). *Organization Development: Behavioral Science Interventions for Organizational Improvement,* 3e édition. Toronto, Prentice-Hall.

FRENCH, W.L. et BELL, C.H. (1999). *Organization Development: Behavioral Sciences Interventions,* 6e édition. Toronto: Prentice-Hall.

GALLESSICH, J. (1982). *The Profession and Practice of Consultation*. San Francisco: Jossey-Bass Publisher.

GARNEAU, J. et LARIVEY, M. (1994). *Programme Savoir Ressentir.* Montréal: Ressources en développement.

GENDRON, P. et FAUCHER, C. (2002). *Les nouvelles stratégies de coaching*. Montréal: Éditions de l'Homme.

GLIDEWELL, J.C. (1979). « The entry problem in consultation », dans C.R. Bell (dir.), *The Client-Consultant Handbook*. Houston: Gulf Publishing.

GOODSTEIN, L.D. (1978). *Consulting With Human Service Systems*. Don Mills (Ont.): Addison-Wesley Publishing.

GORDON, R.L. (1980). *Interviewing: Strategy and Tactics*. Homewood (Ill.): Dorsey Press.

GUILLET, D., LESCARBEAU, R. et PAYETTE, M. (1997). « La psychologie des relations humaines et la pratique du développement organisationnel ». *Interactions,* vol. 1, n° 1, p. 29-46.

HÉBERT, M. (1990). « L'éthique ou la morale de l'an 2000 », dans J. Côté (dir.), *L'éthique au quotidien*. Montréal: Québec/Amérique, p. 13-23.

HORVATH, A.O. et GREENBERG, L.S. (dir.). (1994). *The Working Alliance: Theory, Research and Practice*. New York: John Wiley and Sons.

ILLICH, I. (1977). *Le chômage créateur.* Paris: Seuil.

JAVEAU, C. (1971). *L'enquête par question-naire.* Bruxelles: Éditions de l'Université de Bruxelles.

KAST, F.E. et ROSENZWEIG, J.E. (1991). « Le point de vue moderne: une approche systémique », dans R. Tessier et Y. Tellier (dir.), *Changement planifié et développement des organisations.* Québec: Les Presses de l'Université du Québec, tome 3, chapitre 13, p. 303-333.

KELLY, J. (1983). « Consultation as a process of creating power: an ecological view », dans S. Cooper et F.W. Hodges (dir.), *The Mental Health Consultation Field.* New York: Human Sciences Press.

LANDRY, S. (1995). « Le groupe restreint: prémisses conceptuelles et modélisation ». *Revue québécoise de psychologie,* vol. 16, n° 1, p. 45-62.

LAPRISE, R. et PAYETTE, M. (2001). « Le choix d'un modèle de consultation selon une perspective communautaire », dans F. Dufour et J. Guay (dir.), *Agir au cœur des communautés: la psychologie communautaire et le changement social.* Québec: Les Presses de l'Université Laval, chapitre 6.

LATANE, B., WILLIAMS, K. et HARKINS, S. (1979). « Many hands make light the work ». *Journal of Personality and Social Psychology,* vol. 37, p. 822-832.

LAYOLE, G. (1984). *Dénouer les conflits professionnels.* Paris: Éditions d'Organisation.

LE BOTERF, G. (1999). *Compétence et navigation professionnelle.* Paris: Éditions d'Organisation.

LECOMPTE, R. et RUTMAN, L. (1982). *Introduction aux méthodes de recherche évaluative.* Québec: Les Presses de l'Université du Québec.

LEFEBVRE, G. (1982). *Le cœur à l'ouvrage.* Montréal: Éditions de l'Homme et Éditions du CIM.

LEGAULT, G.A. (2001). « Interdisciplinarité, interprofessionnalité: les défis à relever ». *Interactions,* vol. 5, n° 1, p. 67-83.

LESCARBEAU, R. (1983). « L'évaluation du processus de consultation ». *Liaison du Réseau OD Canada,* vol. 7, n° 1, p. 1-5.

LESCARBEAU, R. (1992). « Une méthode d'intervention en consultation: la méthode du tutorat ou *coaching* ». *Bulletin de l'IRECUS,* Faculté des Lettres et Sciences humaines, Université de Sherbrooke, avril.

LESCARBEAU, R. (1994). *L'enquête feed-back.* Montréal: Les Presses de l'Université de Montréal.

LESCARBEAU, R. (1995). « L'utilisation du feed-back en consultation ». *Psychologie du travail et des organisations,* vol. 1, n°s 2 et 3, p. 104-115.

LESCARBEAU, R. (1997). « Une méthode d'intervention en développement organisationnel orientée vers l'individu: le "coaching". *Interactions,* vol. 1, n° 2, p. 245-265.

LESCARBEAU, R. (1998). « La consolidation d'équipe: associer l'équipe à la construction d'un instrument d'analyse approprié ». *Interactions,* vol. 2, n° 2, p. 309-325.

LESCARBEAU, R. (2003). « La consolidation d'équipe naissante ». *Interactions,* vol. 7, n° 1, p. 151-183.

LESCARBEAU, R., Payette, M. et ST-ARNAUD, Y. (1996). *Profession consultant.* Montréal: Les Presses de l'Université de Montréal, et Paris: Éditions de l'Harmattan.

LEWIN, K. (1951). *Field Theory in Social Science.* New York: Harper and Row.

LEWIN, K. (1959). *Psychologie dynamique.* Paris: Presses Universitaires de France.

LHOTELLIER, A. et ST-ARNAUD, Y. (1994). « Pour une démarche de praxéologie ». *Nouvelles pratiques sociales,* vol. 7, n° 2, p. 93-109.

LIPPITT, G. et LIPPITT, R. (1978). *The Consulting Process in Action.* La Jolla (Calif.): University Associates.

LIPPITT, G. et LIPPITT, R. (1980). *La pratique de la consultation.* Victoriaville: Éditions N.H.P.

MASSARIK, F. (1990). *Advances in Organization Development,* tome 1. Norwood (New Jersey): Ablex Publishing Corporation.

MASSARIK, F. (1993). *Advances in Organization Development,* tome 2. Norwood (New Jersey): Ablex Publishing Corporation.

MEALIA, L.W. (1978). «Learned behavior: the key to understanding and preventing employee resistance to change». *Group and Organizations Studies,* vol. 3, n° 2, p. 211-223.

MERRY, U. et ALLERHAND, M.E. (1977). *Developing Teams and Organizations: A Practical Handbook for Managers and Consultants.* Don Mills (Ont.): Addison-Wesley Publishing.

MUCCHIELLI, R. (1968). *Le questionnaire dans l'enquête psycho-sociale.* Paris: Éditions sociales françaises.

NADLER, D.A. (1977). *Feedback and Organization Development: Using Data-based Methods.* Don Mills (Ont.): Addison-Wesley.

OTIS, L. (1990). «Éthique et travail: un défi vers l'égalité», dans J. Côté (dir.), *L'éthique au quotidien.* Montréal: Québec/Amérique, p. 55-83.

PAYETTE, M. (1984). «Du concept de prise en charge communautaire à celui de développement collectif autogéré». *Revue québécoise de psychologie,* vol. 5, n° 3, p. 104-118.

PFEIFFER, W. et GOODSTEIN, L. (1990). *Répertoire de l'animateur de groupe II: 168 nouvelles expériences structurées en relations humaines.* Montréal: Actualisation.

PFEIFFER, W. et JONES J. (1982). *Répertoire de l'animateur de groupe I: 316 expériences structurées en relations humaines.* Montréal: Actualisation.

PUEL, H. (1989). *L'économie au défi de l'éthique.* Paris: Cujas/Cerf, coll. «Éthique et société».

QUÉRÉ, L. (1991). «D'un modèle épistémologique de la communication à un modèle praxéologique». *Réseaux,* n°s 46-47.

RICHARD, B. (1995). *Psychologie des groupes restreints.* Cap-Rouge: Presses Inter-Universitaires.

ROGERS, C.R. (1957). «The necessary and sufficient conditions of therapeutic personality change». *Journal of Consulting Psychology,* vol. 21, p. 95-103.

ROGERS, C.R. (1968, 1976). *Le développement de la personne.* Paris: Dunod.

ROGERS, C.R. (1977). *Carl Rogers on Personal Power.* New York: Delacorte Press; traduit en français sous le titre: *Un manifeste personnaliste,* Paris: Dunod (1979).

ROSNAY, J. DE (1975). *Le macroscope.* Paris: Seuil.

SAFRAN, J.D. et MURAN, J.C. (1996). «The resolution of ruptures in the therapeutic alliance». *Journal of Consulting and Clinical Psychology,* vol. 64, p. 447-458.

SAFRAN, J.D. et MURAN, J.C. (dir.) (1998). «The therapeutic alliance». *Brief Psychotherapy.* Washington: American Psychological Association.

ST-ARNAUD, Y. (1982). *La personne qui s'actualise.* Chicoutimi: Gaëtan Morin Éditeur.

ST-ARNAUD, Y. (1983). *Devenir autonome.* Montréal: Le Jour.

ST-ARNAUD, Y. (1992). *Connaître par l'action.* Montréal: Les Presses de l'Université de Montréal.

ST-ARNAUD, Y. (1995). *L'interaction professionnelle; efficacité et coopération.* Montréal: Les Presses de l'Université de Montréal.

ST-ARNAUD, Y. (1996). *S'actualiser par des choix éclairés et une action efficace.* Boucherville: Gaëtan Morin éditeur.

ST-ARNAUD, Y. (1999). *Le changement assisté: compétences pour intervenir en relations humaines.* Boucherville: Gaëtan Morin Éditeur.

ST-ARNAUD, Y. (2001a). *Relation d'aide et psychothérapie: le changement personnel assisté.* Boucherville: Gaëtan Morin Éditeur.

ST-ARNAUD, Y. (2001b). «La réflexion-dans-l'action, un changement de paradigme». *Recherche et formation,* n° 36, p. 17-27.

ST-ARNAUD, Y. (2002a). *Les petits groupes: participation et communication,* 2ᵉ édition. Boucherville: Gaëtan Morin éditeur.

ST-ARNAUD, Y. (2002b). «De chien à martien». *Interactions,* vol. 6, n° 1, p. 63-86.

ST-ARNAUD, Y. (2003). *L'interaction professionnelle; efficacité et coopération,* 2ᵉ édition. Montréal: Les Presses de l'Université de Montréal.

SCHEIN, E.H. (1969). *Process Consultation: Its Role in Organization Development.* Don Mills (Ont.): Addison-Wesley Publishing.

SCHÖN, D.A. (1981). «Generative metaphor: a perspective on problem-setting, social policy», dans A. Ortoni (dir.), *Metaphor and Thought.* Boston: Cambridge University Press.

SCHÖN, D.A. (1983). *The Reflective Practitioner: How Professionals Think in Action.* New York: Basic Books. Traduction française par Heynemand, J. et Gagnon, D. (1994). *Le praticien réflexif, à la recherche du savoir caché dans l'agir professionnel.* Montréal: Les Éditions Logiques.

SCHÖN, D.A. (1987). *Educating the Reflective Practitioner.* San Francisco: Jossey-Bass.

SCHÖN, D.A. (dir.) (1991). *The Reflective Turn: Case Studies in and on Educational Practice.* New York et Londres: Teachers College Press.

SCHÖN, D. A. (1992). «La métaphore générative, une façon de voir la formulation de problème dans les politiques sociales»,

dans R. Tessier et Y. Tellier (dir.), *Changement planifié et développement des organisations.* Québec: Les Presses de l'Université du Québec, tome 7, chapitre 13, p. 311-344.

SWARTZ, D. et LIPPITT, G. (1975). «Evaluating the consulting process». *Journal of European Training,* vol. 4, n° 5, p. 310-317.

TESSIER, R. (1991). «Relations de pouvoir et structure des buts: une typologie des tactiques de changement social intentionnel», dans R. Tessier et Y. Tellier (dir.), *Changement planifié et développement des organisations.* Québec: Les Presses de l'Université du Québec, tome 5, chapitre 9, p. 257-274.

TESSIER, R. et TELLIER, Y. (dir.) (1990, 1992). *Changement planifié et développement des organisations,* 8 tomes. Québec: Les Presses de l'Université du Québec.

THIÉBAUD, M. et RONDEAU, A. (1995). «Comprendre les processus favorisant le changement en situation de consultation». *Psychologie du travail et des organisations,* vol. 1, n° 1.

WATZLAWICK, P., WEEKLAND, J. et FISCH, R. (1974). *Change: Principles of Problem Formation and Problem Resolution.* New York: Norton and Co.

WATZLAWICK, P., WEEKLAND, J. et FISCH, R. (1975). *Changements: paradoxe et psychothérapie.* Paris: Seuil.

WOLFE, B.E. et GOLDFRIED, M.R. (1988). «Research in psychotherapy integration: recommendations and conclusion from an NIMH workshop». *Journal of Consulting and Clinical Psychology,* vol. 56, p. 448-451.

ZUNIGA, R. (1994). *L'évaluation dans l'action.* Montréal: Les Presses de l'Université de Montréal.

INDEX DES SUJETS